Contents

1. 초보 라이더를 위한 조언 / 13
2. 초보 라이더의 첫걸음 / 31
3. 기본기 구축 / 41
4. 자세 / 61
5. 제동 / 75
6. 터닝(조향 : 방향 전환) / 83
7. 스로틀 제어 / 95
8. 힐 클라임(언덕 오르기) / 101
9. 가파른 언덕 내려가기 / 117
10. 산허리 비탈에서의 터닝과 사이드힐 / 127
11. 일어선 자세에서 조향하기 / 137
12. 휠리(Wheelies) / 147
13. 후프(whoop) 주행 / 159
14. 점프(Jump)하기 / 165
15. 브레이크 슬라이드와 파워 슬라이드 / 175
16. 지형과 기타 조건 / 189
17. 주행 예절과 책임 / 213
18. 바이크 준비 / 223
19. 오프로드부터 일반 도로로 / 233
20. 모토크로스 / 239
21. 트라이얼 / 251
용어 해설 / 262

Editor's Note
By Steve Casper

 더트-바이크(dirt bike) 라이딩은 내가 평생 해 왔던 스포츠 중에서도 가장 스릴 만점의 스포츠이다. 오랜 세월, 운 좋게도, 여러 가지 종류의 극한적이면서도 특이한 스포츠를 많이 했다는 사실을 감안하면, 이 말에는 많은 것이 함축되어 있다. 하지만 내가 어떻게 오프로드 모터사이클을 타기 시작했는지를 뒤돌아보면, 얼마나 준비 부족이었던가 하는 생각에 민망하기 그지없다. 당연한 일이었지만 1970년대의 소년, 소녀들은 그저 시행착오를 거듭하면서 미니-바이크를 타는 방법을 배우는 것이 고작이었다. 그러나 엔진, 스피드, 바위 그리고 나무 등이 관련된 스포츠를 그렇게 시작하는 것은 결코 좋은 방법이 아니었다.
 살아오면서 나는 현명하게도 스쿠버 다이빙, 스키, 심지어는 카트(kart) 레이싱과 같은 아주 기술적인 스

스티브 캐스퍼 : 전직 미국 비고속도로 차량 보존 평의회 선전부장, 및 〈더트 휠스 매거진〉(Dirt Wheels Magazine) 전 편집인

포츠를 하게 되었을 때는 미리 레슨을 받거나 특별 강습을 받았다. 시작 단계부터 관련 지식과 경험을 전수받은 것이 큰 도움이 되었으며, 신속하고 안전하게 실력을 더욱더 발전시킬 수 있었다. 한편 더트-바이크 운전기술은 10년이 지나도 좀처럼 발전이 없었다. 물론 항상 재미는 있었지만 지금 와서 되돌아보면, 비록 내가 밥 해너(Bob Hannah, 1956-)와 같은 경주자가 될 것이라고 마음먹었으면서도 내가 하고 있는 일에 대한 해결책을 찾지 못하고 있었다.

마침내, 나는 더트-바이크 라이딩에 몰두해 전문 라이더들과 함께 타고, 전문잡지에 게재된 온갖 정보들을 읽고, 정상에 오른 레이서들의 비디오를 보기 시작했다. 결국 나는 아주 경쟁력이 있는 라이더가 되었으며, 레이스에서 몇 번 트로피를 타기도 했다. 그러나 내가 바로 처음부터 더트-바이크를 타는 방법에 대해 올바른 지도를 받았더라면, 어떻게 되었을지 생각해 보지 않을 수 없다. 아주 빠르게 그리고 더 훌륭한 라이더가 되지 않았을까? 그리고 팔꿈치에서 산딸기 가시를 빼내는 횟수도 훨씬 줄이고, 레버나 핸들이 파손되는 바람에 지불한 비용도 아주 많이 절약할 수 있지 않았을까?

더트-바이크 라이딩이나 레이싱을 배울 수 있는 교습소를 찾기란 스쿠버 다이빙이나 스키 교사를 찾기보다 훨씬 더 어렵다는 것은 비밀이 아니다. 전국적으로도 몇 군데 밖에 없으며, 미국에서 가장 집중적으로 오프로드 라이딩을 가르치는 교습소 중 하나가 캘리포니아 앤자(Anza) 근교에 있는 모토벤처스(MotoVentures)이다. 1998년 베테랑 라이더이자, 레이서, 바이크 회사의 테스트 라이더이며, 이 책의 저자인 게리 라플랜트가 설립한 이 교습소는 수천 명의 초보자들을 이 스포츠에 입문시키면서, 그들에게 온갖 종류의 지형이나 장애물을 극복하고 오프로드 모터사이클을 탈 수 있는, 튼튼한 토대를 마련해 주었으며, 또한 동시에 항상 안전하게 다음 단계로 나아갈 수 있는 자신감을 심어 주었다.

모토벤처스의 교습과정은 기술이 필요한 스포츠에 대한 시행착오 학습방법 즉, 가장 먼저 배워야 할 기본기에 대해 설명하고, 이어서 연습을 거쳐, 마지막으로 실제 트레일에서 실습하는 과정으로 구성되어 있다. 라플랜트는 해를 거듭하면서 오프로드 모터사이클 운전의 기본기에 초점을 맞춘, 치밀한 단계별 학습 계획으로 모토벤처스의 교과과정을 다듬어 놓았다.

라플랜트는 모토벤처스의 교습과정의 혜택을 전국의 오프로드 바이커, 여러분들에게 제공하기 위해, 이 책을 출판하였다. 이제 독자들은 어떻게 하면 모터사이클을 올바르게 그리고 안전하게 운전을 할 수 있는지에 대한 여러 가지 상세한 내용들을 단계별 사진과 설명을 보고 습득하면 된다. 그리고 마지막으로 친구들과 함께 실제 트레일에 나설 때 이들 원칙을 어떻게 적용할지에 대해 배우게 될 것이다.

자, 자신만만하고, 유능하며 안전을 모토로 하는 오프로드 모터사이클 라이더가 되기로 결심했다면 이제 일생일대의 모험에 나서기로 하자. 이 스포츠는 분명히 우리 인간이 할 수 있는 가장 멋진 스포츠 중의 하나이다!

Foreword

By Lee Parks

위대한 모터사이클-레이서와 챔피언들의 대다수에게 공통적인 것이 하나 있다면, 그것은 바로 오프로드에서 모터사이클을 타기 시작했다는 것이다. 나 자신도 1982년 내가 12살이었을 때 BMX와 모토크로스(motocross)에 참가하였다. 내게 들판에서 바이크를 타는 방법을 처음 가르쳐 주신 분은 바로 아버지였다. 아버지는 모터사이클 교사 자격증 같은 것을 소지하지는 않았지만, 클러치를 조작하고 변속하거나, 터닝하며 정지하는 방법 등을 훌륭하게 가르쳐 주셨다. 그 외에 다른 것은 모두 내 몫이었다.

두 달 정도 타면서 손, 팔꿈치, 무릎 등을 다치고 나서야 라이딩기어를 갖추는 것이 좋겠다는 최초의

리 파크스 : 〈토탈 컨트롤 & 레이스 텍 모터사이클 서스펜션 바이블〉의 저자이자, 토탈 컨트롤 트레이닝 및 리 파크스 디자인의 사장

깨달음을 얻었다. 그 후 여러 해에 걸쳐 모두 그와 똑같은 방법으로 더 많은 깨달음을 얻었다. 나는 다른 라이더들이 실행하고 있는 새로운 테크닉을 보면, 그들이 어떻게 하고 있는지 제대로 이해하지도 못하면서도 해 보려고 시도했다. 이처럼 시행착오를 거치면서 배우는 방법 때문에 몸이 거꾸로 땅바닥에 내동댕이쳐지는 경우도 예사였으므로, 내가 일찍부터 라이딩기어를 착용하는 교훈을 얻었던 것이 천만다행이었다. 비록 나중에 전국 도로 주행 선수권자가 되었지만, 내가 지금 토털 컨트롤 트레이닝(www.totalcontroltraining.net)에서 가르치고, 보호용 라이딩기어(www.leeparksdesign.com)를 제조하는 현재의 내 경력에서 알 수 있듯이, 이들 경험은 내게 깊은 심리적 상처를 남겼음에 틀림없다.

이와 같은 모든 경험을 우리는 여러분이 읽고 있는 이 책에 담았다. 이 책의 저자에게 아주 유감스럽게 생각하는 것은, 내게 그처럼 간절하게 필요로 했던 이 책이 30년 전에 출판되지 않았다는 것이다. 오프로드 라이딩에 관한 이 책의 정보를 미리 알고 있었더라면, 내 생애의 그 많은 고통과 좌절을 당하지 않았을 수 있었을 것이다. 생각만 해도 너무 고통스러운 기억이다. 여러분—그리고 미래 세대의 독자들—에게는 다행스럽게도 이제 더 이상 이들 교훈을 '어렵게' 배우지 않아도 될 것이다.

나는 1993년부터 게리 라플랜트를 친구라 부르고 있다. 그는 내가 이륜 바이크를 처음 배우고 있었던 때부터 이 업계에 정통한 사람이었다. 그가 운영하는 모토벤처스 교습소에서는 수천 명의 라이더들에게 기본기와 고도의 기술에 이르는 '쉬운 길'을 가르쳐 왔으며, 우리 모두는 엄청난 지식을 〈오프로드 모터사이클 타는 방법〉에 쏟아 부을 수 있었던 그의 능력을 다행스럽게 생각하고 있다.

게리 라플랜트의 경험과 전문성도 정말 놀랍지만, 나는 동료 라이더들에 대한 그의 헌신적인 태도로부터 더 많은 영감을 얻는다. 우리는 직접 대면을 하거나 전화로 사적이나 제도적으로 어떻게 하면 라이더 교육을 개선할 수 있을지에 대해 논의하면서 많은 시간을 보냈다. 이들 대화는 항상 생생하고 진심에서 우러나는 것이며, 시간이 얼마나 지났는지 알지 못한 채 휴대 전화의 배터리가 나가는 바람에 갑자기 끊어지기도 한다. 참된 열성을 가진 사람의 헌신이란 그 같은 것이다.

이 책은 좋은 점이 많다. 포괄적인 내용을 담고 있을 뿐 아니라 입증된 기술을 바탕으로 하고 있으며, 각 장의 시작 부분에는 가장 훌륭한 전문가들의 성찰이 담긴 일화와 조언까지 수록되어 있다. 게다가 게리 라플랜트는 독자들이 웃거나 때로는 울만한, '트레일에서 경험한' 개인적인 일화까지도 다수 수록하였다.

이 책은 응접실의 탁자에도 어울릴지 모르지만, 라이딩이나 레이싱을 하는 장소에 가지고 가는 것을 두려워해서는 안 된다. 많은 기술은 사진과 설명을 보고 쉽게 그리고 완벽하게 익힐 수 있다. 게리 라플랜트는 책이 더러워져도 개의치 않을 것이다. 기술 연마야말로 그가 좋아하는 여가 선용의 방법이니까.

Preface
By Gary LaPlante

여러분이 손에 들고 있는 이 책은 43년 동안 아주 다양한 모터사이클의 라이딩, 레이싱, 테스트, 그리고 일을 통해 얻은 결과물이다. 12년 전 모토벤처스를 설립했을 때부터 나는 거의 매주 다양한 종류의 모터사이클 라이더들을 직접 훈련시킴으로써 교육과 소통에 관한 내 능력을 꾸준히 연마할 수 있었다. 즉, 모터사이클 라이더를 가르치는 데 무엇이 효과가 있으며, 무엇이 효과가 없는지를 나는 알고 있다.

나는 애리조나 주 피닉스의 근처의 사막에서 라이딩과 레이싱을 했던 삼형제 중 막내로 성장하면서, 10살 때 더트-바이크를 타기 시작했다. 성장기에 나는 사막 레이싱, 모토크로스 레이스, 트라이얼(trials) 경기 등, 다양한 오프로드 모터사이클 레이싱에 참가했다. 내 아버지는 1969년 캘리포니아 주 최초의 트라이얼 클럽인 센트럴 애리조나 트라이얼(Central Arizona Trials)을 만들었다. 아버지는 트라이얼에 대해 아무것도 정립되지 않은 오래 전부터, 아마도 바위투성이의 애리조나 사막에서 모터사이클을 타는 데 필요했기 때문이겠지만, 일어선 자세나 두 발을 든 자세로 바이크를 타는 것의 가치를 이해했던 선구자였다.

당시로서는 드물었지만 나는 십대 청소년 시절에 운전 교습소에 다닌 경험이 많았다. 바로 야마하 안전 운전 교습 프로그램, 존 데소토 모토크로스 교습소, 허스크바나/롤프 티블린 모토크로스 교습소 등이었다. 한때 나는 애리조나에서 열린 거의 모든 종류의 오프로드 레이싱에서 우승할 수 있었으며, 트라이얼에 초점을 맞춘 뒤 1972년부터 1975년까지는 애리조나 주 트라이얼 챔피언이 되었다. 1975년 고교를 졸업하자마자 모터사이클 공장들이 많으며, 세계 일류의 라이더들이 연습과 경주를 하고 있던 캘리포니아로 갔다. 나는 모터사이클 업계에서 일하겠다는 생각이 아주 확고했다.

이듬해에 미국 카와사키 모터(Kawasaki Motor Corp., USA)에 입사하여, 1976년 AMA(미국 모터사이클 선수 협회) 전국 트라이얼 시리즈에서 트라이얼용 KT250을 타고 경기를 했으며, 전국 9위의 성적으로 그 시리즈를 마쳤다. 하지만 1977년 카와사키는 KT250의 생산을 중단하고 트라이얼 지원 프로그램도 중단했다. 하지만 나는 1979년 인기를 끌고 있던 카와사키 KX 모토크로스 바이크와 KDX 오프로드 바이크 연구개발부서의 테스트 라이더 겸 정비사로 일하게 되었다. 1년 뒤에는 홍보부에서 새로운 직책을 맡았으며, 그 후 6년 동안 모터사이클 전문 매체들이 취재하는 카와사키의 테스트용 모터사이클 및 ATV(전천후 사륜자동차)를 준비하고 관리하는 업무를 담당했다.

1985년 미국 혼다자동차에 스카우트되어, 제품 평가 부서의 기술자로 새로운 업무를 담당하였으며, 거기서 다시 언론을 상대로 일하며 개발 중인 바이크를 테스트하면서 미국 모델의 광고 및 홍보를 위한 기술자료나 보도 자료를 준비했다. 혼다에 재직하는 동안, 일본의 공장을 여러 차례 방문했으며, 거기서 생산 전의 바이크를 테스트하고 새로운 바이크를 디자인하는 개별 기술자들과 직접 의견을 교환하는 행운을 누렸다. 당시 나는 혼다의 1986년 형 VFR750 공도용 바이크로 5회의 FIM(국제 모터사이클연맹) 세계 기록을 수립한 엘리트 라이더 팀의 일원이기도 했다. 그 기록 중 하나는 24시간 동안 평균 시속이 143마일에 이른 것이었다. 내 친구들이 경주에 몰두하면서 경력을 쌓아가는 동안 나는 모터사이클을 제작하는 두 대기업에서 10년을 일하면서 제작되는 거의 모든 종류의 모터사이클과 ATV를 테스트하고 운전했다.

　혼다에서 4년을 일한 후에 1989년부터, 나는 내게 기업가적 소양이 있음을 발견하고 전국에 걸쳐 방영되는 텔레비전 광고와 인쇄물 광고를 위한 모터사이클 전문-라이더 및 카-드라이버로 일하기 시작했다. 2년 동안 모터사이클 산업 평의회(오토바이 산업계의 협의체)의 부품 시장 프로그램 디렉터로, 그리고 1년 동안 부품 시장의 성능검사 회사인 화이트-브라더스(White Brothers)의 마케팅 매니저로 일하면서 모터사이클 산업에 대한 경험을 계속 쌓았다.

　1998년 모토벤처스를 설립하기 전부터도 나는 사람들에게 모터사이클을 타는 방법을 꾸준히 가르치고 있었다. 실인즉 내가 다른 사람을 가르친 경험은 1973년으로 거슬러 올라간다. 당시 16세의 소년이었던 나는 트라이얼 운전 기술을 가르쳤으며, 그 기술로 애리조나 주 트라이얼의 선수권자가 되었다. 그리고 여러 해가 지나면서 윌로-스프링스 경주로(Willow Springs Raceway)와 라구나세카 경주로(Laguna Seca Raceway)에서의 여러 가지 도로 경주, 셀 수 없을 정도로 많은 지방의 모토크로스 경주, 바스토에서 라스베이거스까지 달리는 경주(Barstow to Vegas)와 바하(Baja) 1000을 비롯한 주요 사막 경주, 그리고 트래스크 마운틴 2일간 예선 주행(Trask Mountain 2-Day Qualifier), 퀵실버 전국대회(Quicksilver National), 테카테(Tecate) 250, 심지어 플로리다에서 개최되는 앨리게이터 인듀로(Alligator Enduro) 등을 비롯한 여러 클래식 AMA 전국 인듀로(Enduro) 경주에도 참가했다.

　나는 항상 모터사이클링에 진정한 열정을 가지고 있었으며, 평생을 오프로드 모터사이클 운전기술을 연구하고 실천하는 데 헌신해 왔다. 여러분이 이 책을 재미있게 읽기 바라며, 여러분도 오랫동안 다른 무엇보다 안전하게 모터사이클과 다정한 관계를 유지하기를 진심으로 기원한다.

Introduction

이 책과 모터사이클 라이딩에 대한 소개

아무 경험이 없는 사람들에게는 오프로드 모터사이클을 타는 것이 시트에 앉아서, 발을 발판에 올리고, 스로틀을 조작하는 것으로 간단하게 보일지도 모른다. 하지만 더트-바이크를 타고 오프로드 트레일을 달려 본 경험이 있는 사람이라면, 그것이 얼마나 힘든 일인지 잘 알고 있다.

오프로드 모터사이클 라이딩 즉, 더트-바이크 라이딩이 어떤 종류의 모터사이클이든, 운전하는 방법을 배우거나 운전 실력을 높이는 가장 훌륭한 방법이며, 적절한 훈련과 연습이야말로 앞으로 포장도로에서든, 아니면 오프로드에서든 안전하게 모터사이클을 탈 수 있게 되는 가장 훌륭한 투자임은 널리 알려져 있는 사실이다.

이 책은 1998년 남부 캘리포니아에 설립된 독특한 운전자 훈련 센터인 모토벤처스의 교습과정을 바탕으로 하고 있다. 모토벤처스에서는 40년 이상의 세심한 연구, 그리고 최고 수준의 라이더들이 구사하는 온갖 기술들을 실습을 통해 가르치는, 집약적인 교습 과정을 운영하고 있다.

오프로드 모터사이클을 탄 채 고속으로 날아올랐다가 착지할 때의 느낌은, 극소수 선택된 사람들만이 경험하는 특권이다. 일단 그 느낌을 맛본 사람이라면, 그 마력(魔力) 때문에 결코 그만두는 법이 없을 것이다.

이 책이 필요한 사람은?

이 책은 라이더들이 오프로드 기술을 스스로 연마하는 것을 돕기 위해 집필된, 단계별 연습 지침서이다. 이 책은 처음 타기 시작할 때의 기본기 연습에서부터 시작해서 전문가 반열에 오른 사람들에게 모토크로스 트랙에서 남들과 어깨를 나란히 할 수 있는 정보까지 제공한다. 이 책에 수록된 교육 및 훈련 내용은 1998년 이후 모토벤처스에서 이루어지는 교육 및 실습과 동일하다. 평이하게 서술되어 있을 뿐 아니라, '마찰경계(friction zone)'가 무슨 뜻인지도 모르는 초보자부터 시작해서, 불행하게도 '하이사이드(high side)'가 무엇인지 너무나 잘 알고 있는 전문가에 이르기까지, 모든 사람에게 도움이 될 실제적인 현장 정보와 조언이 수록되어 있다.

이 책은 모토크로스와 트라이얼에 사용되는 특수한 테크닉까지도 다룸으로써 더트-라이딩(dirt riding) 세계의 모든 것을 다 설명하고 있다. 이 책이 공도주행, 크루이징(cruising) 또는 스포츠 바이크(sport bike) 라이더를 위해 집필되지 않았음은 분명하지만, 그들도 이 책을 읽음으로써 무엇인가를 배울 수 있을 것이며, 또한 듀얼스포츠(dual-sport)나 더트-바이크를 탈 기회에 대비하는 것이 될 수 있을 것이다.

이 책은 성인이나 미성년자, 초보자나 전문가를 막론하고 모터사이클 라이딩 기술을 진일보시키려는 더트-바이크와 듀얼-스포츠 라이더, 모토크로스 레이서, 트라이얼 참가자 등 기본적으로 모든 종류의 모터사이클 라이더를 위한 책이다.

〈오프로드 모터사이클 타는 방법〉을 읽으면 좋은 점

이 책은 독자에게 지금 자신이 모터사이클을 타고 있는 방법에 대해 생각하게 하고, 실습을 통해 개선할 수 있는 특별한 정보를 제공할 것이다. 모터사이클을 타는 사람이라면 거의 모든 사람이 이 책을 읽음으로써 가벼운 사고는 물론이고, 부상을 당하거나, 또는 불행하게도 죽음에 이르는 끔찍한 사고를 방지하는데 도움을 얻을 것이다. 이 책에는 라이더의 자세만 다루는 장을 비롯해, 라이더가 바이크를 타기 전에 반드시 이해하고 갖추어야 할 수많은 정보와 기본적인 사항을 앞부분의 4개의 장에서 설명하고 있다. 그 다음의 14개의 장에서는 혼자 라이딩 테크닉을 연습하여 완벽하게 구사할 수 있도록 설계된 다양한 훈련방법을 상세하게 설명하고 있다. 각각의 단계별 훈련은 차츰 어려워지며, 고난도의 연습까지도 포함하고 있다. '파워슬라이드(power slides)'를 다룬 장 다음에는 독자들이 마주치게 될 다양한 지형에서의 운전방법, 훌륭한 품행과 책임감 있는 운전 자세, 모터사이클 관리 방법, 오프로드 라이딩 테크닉을 극적으로 개선시킬 수 있는 특별한 트라이얼 기술, 오프로드 기술이 공도주행기술에 도움이 되는 방법 등 중요하면서도 논의되는 경우가 드문 문제들을 다루는 여러 개의 장이 뒤따르고 있다. 이 책의 맨 뒤에는 오프로드 기술의 설명에 사용되는, 다양한 용어들에 대한 해설도 수록되어 있다.

더 나은 더트-바이크 라이더가 되고자 하는 독자 여러분의 건승을 기원한다.

배워야 할 것이 아주 많다.
여러분은 올바른 선택을 하셨습니다.

오프로드는 모터사이클 타는 방법을 배울 수 있는 가장 좋은 장소이며, 오프로드에서 모터사이클을 타는 것은 아주 재미있는 스포츠이다. 그러나 불행하게도 대부분의 사람들은 제대로 안전하게 타는 법을 배울 시간을 가지려고 하지 않는다. 한시라도 빨리 그저 달리고 싶을 뿐이다. 하지만 제대로 달리기 위해서 먼저 타는 방법을 제대로 배워야 한다는 점은, 자동차 운전을 배우거나 항공기 조종을 배우는 것과 마찬가지이다.

모터사이클을 타는 것이 로켓 과학은 아니다. 그렇지만 대부분의 사람들은 전혀 또는 거의 아무런 교습을 받지 않고도 모터사이클을 탈 수 있다고 생각하며, 실제로 여러 해 동안 아무 일 없이 타는 경우도 있지만 이는 결코 안전한 방법이 아니다.

모터사이클을 올바로 타기 위해서는 훌륭한 교습과 끝없는 연습이 필요하며, 이것이 바로 이 책에서 다루고자 하는 핵심이다.

불행하게도 많은 사람들은 여러 해 동안 모터사이클을 타다가 뒤늦게 교습을 받으려 하며, 그때는 이미 버리기 힘든 나쁜 습관에 젖어 있는 경우가 허다하다. 훌륭한 교습을 받는 것은 특히 초보자일 때 제대로 된 라이딩 기어(안전 장비)를 착용하는 것 이상으로 중요하다. 어느 나이에도 초보자가 될 수 있으며, 설사 이미 공도용 바

"오늘날에는 아주 훌륭한 모터사이클, 라이딩 기어(안전 장비), 라이더 훈련정보가 홍수를 이루고 있다. 누구나 예산에 맞는, 라이더의 체격이나 능력에 맞는 모터사이클을 찾아낼 수 있어야 할 것이다. 가능한 한, 많은 바이크를 시운전해 보고, 반드시 몸에 잘 맞고 안전한 복장(라이딩기어)을 착용해야 한다. 추가로 적절한 라이더 교습을 받는다면, 오프로드에서 모터사이클을 타는 것이 아주 재미있고 안전하며 값진 보상을 받는 경험이자 멋진 스포츠가 될 것이다."

앤디 라이스너(Andy Leisner)
사이클 월드(Cycle World) 발행인

이크나 듀얼-스포츠 바이크를 타고 있더라도 제대로 된 운전기술을 배우거나 실력을 개선하는 일은 이제부터 시작해도 좋다. 그리고 더트-바이크 라이딩은 단지 그 시작일 뿐이다.

제 1장에서는 어린 아이들이 모터사이클을 타기 시작할 수 있는 최소 연령, 자신에게 가장 적합한 바이크를 고르는 방법, 바이크를 탈 때 필요한 보호 장비(라이딩 기어)를 갖추는 것 등이 더트-바이킹의 가장 핵심 중의 하나인 이유 등에 대해 상세하게 설명할 것이다. 또한 여러분이 가지고 있는 듀얼-스포츠 모터사이클의 옵션, 좋은 중고 더트-바이크를 구하는 비결, 그리고 처음에 교습을 받고 연습하기에 좋은 장소를 선택하는 요령도 배우게 될 것이다.

이 책의 일관된, 가장 중요한 첫째 목표는 사고와 부상을 피하면서 안전하게 탐으로서, 미래에도 계속해서 오프로드 라이딩을 즐기는 것임을 명심해야 한다.

좋은 지도를 받는다.

초보자 라이더들에게 맨 처음 드리는 최상의 조언은 이 책을 숙독하고 연습에 연습을 거듭하라는 것이다. 교습 과정의 속도를 정말 높이고 싶다면 전문가가 가르치는 모터사이클 라이더 훈련과정에 참가하라. 스키를 처음 탈 때는 대부분 강습을 받았을 것이다. 초보 라이더가 강습과정에 참가한다면 혼자서 여러 달, 심지어는 여러 해 동안 타는 것보다 아마도 더 많은 것을 하루 만에 배우게 될 것이며, 나쁜 습관도 들이지 않을 것이다. 그리고 혼자 힘으로 기술을 익힌 사람은 그 자신의 나쁜 습관까지도 타

친구와 함께 자연 경관에 몰입하는 순간은 더트-바이크 모험의 가장 멋진 부분 중의 하나이다.

DPF는 사용하는 중에 매연에 의한 「막힘」으로 기능이 저하된다. 기능을 재생시키기 위해서는 포집된 매연을 모조리 연소시켜야 되지만 이 과정에서 여분의 연료를 소비하기 위하여 연비가 악화되면 동시에 이산화탄소(CO_2)가 여분으로 발생한다는 문제를 안게 된다.

인에게 전수하게 될 것이므로 다른 사람을 가르치지 않는 것이 좋다. 게다가 배우자나 자녀 등 가까운 사람을 가르치는 것은 불필요한 스트레스와 갈등을 유발할 수도 있다.

이 책을 읽거나 전문가의 도움을 받아 안전하게 라이딩을 시작하는 것은 다소 비용이 들더라도 결코 비싼 것이 아니다.

오프로드 모터사이클을 탈 수 있는 나이는?

10대 이상의 사람으로서 주행에 요구되는 건강과 체력 그리고 물리적인 능력을 갖추고 있다면 누구나 모터사이클을 탈 수 있다. 하지만 우리는 가끔 "자녀들에게 더트-바이크를 타게 할 수 있는 적합한 나이는 몇 살인가?"라는 질문을 받는다. 일반적으로 자녀가 보조 바퀴 없이도 자전거를 잘 탈 수 있고 정말로 자전거 타기를 좋아한다면 더트-바이크를 탈 준비가 되었다고 할 수 있다.

미니-바이크에 보조 바퀴를 부착할 수도 있지만, 어린이는 먼저 자전거를 통해 속도감과 균형감을 터득해야 한다고 생각되며, 따라서 미니-바이크를 타고자 할 때는 이미 보조 바퀴가 필요 없다고 생각한다. 보조 바퀴가 달려 있으면 바이크가 제대로 기울어지지 않아 방향 전환도 매끄럽지 않기 때문이다. 그리고 자녀가 ATV(사륜바이크: all-terrain vehicle)를 타고 있을지도 모른다.

ATV에 대해서 말인데, 만약에 자녀들에게 나중에 더트-바이크를 타게 하고 싶다면, 자녀들이 ATV를 타게 해서는 안 된다. 그들이 나쁜 습관에 젖어들지도 모르며, 그것보다는 더트-바이크를 타는 것이 상당히 힘들기 때문에 타려고 하지 않을 수도 있다. 이미 2륜차를 탈 줄 아는 어린이들은 바로 4륜차를 타는 법을 배울 수 있지만, ATV를 타는 것만 알고 있다면 더트-바이크에 적응하기가 어려울 수도 있다. 물론 자녀의 성숙도에는 개인차가 있으며, 체격만 크다고 해서 정신적으로 준비가 되어 있는 것도 아니다. 부모라면 미니-바이크가 아이를 돌봐주는 사람이 아님을 명심해야 한다. 어린 자녀에게는 많은 지도와 인내심, 감독이 필요하다.

어린 자녀는 때때로 정신을 집중하거나 초점을 유지하는 데 어려움을 겪기도 한다. 집중력이 산만해지기 쉽고, 가끔 우리 어른들이 당연시하는 상식(건전한 사람이라면 가질 수 있는 두려움)이 없는 경우도 있다. 일반적으로 일부 어린이들은 4살 때 벌써 더트-바이크를 탈 준비가 되어 있다. 우리는 나이가 아주 어린 라이더들을 위해 야마하의 멋진 바이크 PW50과 TTR-50을 사용하고 있다. 이들 초보 어린이용 바이크는 많은 레이싱 챔피언들의 생애 최초의 모터사이클이었다.

내게 가장 좋은 바이크는?

오늘날 모터사이클을 타는 사람에게는 공도용 바이크, 듀얼-스포츠, 미니-바이크, 오프로드 바이크, 모토크로스 바이크, 트라이얼 바이크 등, 선택할 수 있는 바이크의 종류가 아주 많다. 여기서는 바이크 본체의 크기와 엔진의 크기를 선택할 때의 조건을 먼저 살펴보기로 하자.

먼저(특히 운전을 빨리 배우고 싶다면) 충돌해 조금 손상되어도 무방한 바이크를 골라야 한다. 그 다음에는 높이가 너무 높지 않고, 출력이 너무 세지 않은, 빨리 더 많은 것을 배울 수 있는 바이크를 고르는 것이 더 좋다. 가까운 모터사이클 대리점에 찾아가 여러 종류의 바이크에 실제로 앉자 보고 어느 것이 적합한지, 어떤 느낌을 주는지 살펴본다. 만약 더트-바이크를 가지고 있는 친구가 허락한다면 그 친구의 바이크를 여러 번 타 보고 얼마나 마음에 드는지 살펴보는 것이 좋다. 공도용 바이크나 듀얼-스포츠 바이크를 타는 사람이 실력을 향상시키기 위해 할 수 있는 가장 좋은 방법 중 하나는 마음에 드는 소형의 오프로드 바이크와 이 책을 가지고 한동안 험한 길에서 연습에 연습을 반복하는 것이다.

오프로드 모터사이클의 제품 구색은 엔진 배기량 50cc 내지 125cc의 어린이용 미니-바이크에서부터 엔진 배기량 250cc 내지 650cc인 성인용 바이크까지 다양하다. 오프로드 모터사이클은 앉거나 서 있을 때 편안한 느낌을 주어야 한다. 그리고 어떤 속도에서나 자신감을 가지고 모터사이클을 제어하고 있다는 느낌이 들어야 한다. 초보자에게는 발이 땅에 닿아야 하기 때문에 높이가 너무 높지 않은 바이크, 또는 일어선 채 타는 동작이 방해를 받지 않아야 하기 때문에 너무 작지 않은 바이크를 권한다. 어릴 때부터 바이크를 타기 시작한다면 성장함에 따라 더 큰 바이크를 필요로 하게 될 것이다. 평균 이하로 키가 작은 사람이라면, 로워링-키트(높이를 낮출 수 있는 부품 세트)를 사용해서 서스펜션을 조정하거나 시트의 스펀지를 일부 절단하여 시트 높이를 낮출 수 있다. 반대로 평균 이상으로 키가 큰 사람의 경우에는, 높이가 높은 핸들이나 핸들바 라이저(핸들바 높이를 높일 수 있는 키트)와 높이가

트레일에서 나온 이야기 : 모터사이클 엔진의 진화

1970년대 후반에 미국 정부는 공도용 바이크 배기가스 기준을 강화함으로써 야마하 RD400과 같은 대형, 2행정 엔진을 사용한, 공도용 바이크의 생산과 판매를 효과적으로 종식시켰다. 물론 그 당시에 4행정 엔진을 장착한 바이크는 아직 2행정 엔진을 장착한 바이크에 비해 경량화와 고성능화가 되지 않았기 때문에, 바이크 마니아들은 최신 2행정 엔진을 장착한 공도용 바이크를 구입할 수 없을 것이라는 전망에 당황했다. 엔지니어들은 그 성능의 차이를 좁히기 위해 심혈을 기울였다. 여러 해가 걸렸지만, 결국은 2행정 엔진과 마찬가지로 훌륭하게 작동하는 4행정 엔진이 완성되었다. 오늘날 4행정 엔진의 스포츠 모터사이클은 이제 아무도 2행정 엔진의 공도용 모터사이클을 더 이상 그리워하지 않을 정도로 탁월한 성능을 가지고 있다. 이와 똑같은 일이 오프로드 바이크의 경우에도 일어나고 있으며, 앞으로 2행정 엔진의 오프로드 바이크를 그리워하지 않는 시대도 도래할 것이다.

초보자는 언제나 지형이나 지리를 잘 알고 있는 베테랑과 함께 모터사이클을 타는 것이 좋다.

높은 시트를 장착하면 된다.

　시트가 얼마나 높아야 할지는 대부분의 경우 바퀴의 크기와 서스펜션 스트로크에 의해 결정된다. 시트와 페달 사이의 거리는 같은, 두 모터사이클을 비교할 때 하나는 서스펜션 스트로크(모터사이클이 노면의 요철부에 부딪쳐 튀어 올랐다가 착지할 때 서스펜션이 움직이는 거리)가 255mm이고, 다른 하나는 300mm(일반 규격의 모터사이클에서 표준거리)라면, 300mm인 모터사이클의 시트가 더욱더 높게 느껴질 것이다. 높이에 불편을 느끼는 사람이라도 항상 몸의 균형을 유지한 채 발을 들고 있을 수 있다면 높이가 높은 모터사이클을 타는 데 아무런 문제가 없다. 문제가 되는 것은 몸의 균형을 잡거나 모터사이클을 멈추기 위해 발을 내려야 할 때이다. 비록 키가 크지 않는 사람이라도 타는 방법만 알면 높이가 높은 모터사이클을 탈 수 있다. 다만 모터사이클을 정지할 때 엉덩이를 완전히 들어 올려 한쪽으로 옮기면서 단번에 한 발을 땅을 딛는 기술을 배워야 한다. 키가 작은 사람은 모터사이클을 멈출 곳을 매우 신중하게 선택하는 경향이 있다.

　지금 몸에 맞는 바이크냐, 아니면 나중에 몸에 맞게 될 바이크냐를 놓고 둘 중에서 하나를 선택해야 한다면, 친근하게 느껴지고 자신의 키나 운전 솜씨에 적합한 바이크를 고르는 것이 좋다. 그래야만 크기와 출력이 커진 바이크로 바꿔 타기 전에 운전을 빨리 배워 지금의 바이크를 마음껏 탈 수 있을 것이기 때문이다. 현재 주요 생산회사들은 대략 아래와 같은 엔진 배기량의 오프로드 모터사이클을 연령대별 레크리에이션용으로 판매하고 있다. 즉 5-7세는 50cc 자동 클러치 바이크, 7-11세는 90cc 내지 110cc의 자동 클러치 바이크를 탈 수 있다. 모토크로스 레이싱 바이크는 어린이용으로 50cc, 85cc, 125cc 등의 2행정 엔진과 150cc의 4행정 엔진을 장착한 제품이 출시되어 있다. 그리고 12-16세는 각자의 키에 맞춰 수동 클러치를 장착한, 엔진 배기량 125cc 이상의 바이크를 탈 수 있다. 키가 170-175cm 범위인 사람은 서스펜션 스트로크가 250mm이고 시트 높이가 중간 정도인 바이크가 알맞을 것이다. 그리고 키가 175cm 이상인 사람은 서스펜션 스트로크가 300mm이고 시트가 상대적으로 높은 일반 규격의 오프로드 바이크에도 편안하게 앉을 수 있을 것이다.

반드시 내가 통제할 수 있는 엔진 출력을 가진 바이크를 선택해야 한다. 오늘날의 오프로드 모터사이클은 대개 4행정 엔진이며, 대부분의 엔진 배기량은 최소 50cc에서부터 큰 것은 650cc까지에 이른다. 처음에는 모터사이클이 자신에게 얼마나 적합하고 제대로 조작할 수 있는지가 중요하지, 엔진출력은 그리 중요하지 않다. 모터사이클을 타는 법을 배울 때는 출력이 클수록 좋은 것이 아니라 작을수록 좋다. 자신이 배운 기술을 모터사이클이 수행하도록 만들기 위해서는 모터사이클을 능수능란하게 통제할 수 있어야 하기 때문이다.

성인들의 공통적인 딜레마는 "250cc 엔진을 선택할 것인가? 아니면 450cc 엔진을 선택할 것인가?" 하는 엔진 선택의 문제이다. 물론 체격이 큰 사람이거나 고도가 높은 곳, 무른 땅이나 모래가 많은 곳 아니면 진흙탕에서 타거나 산에 오르기를 좋아하는 사람이라면 450cc 엔진이 더 좋을 것이다. 하지만

이 롤러코스터는 분명히 재미있어 보이지 않는가? 미국 서부의 라이더들은 광야의 탁 트인 길에 더 익숙한 반면에, 동부의 라이더들은 대체로 숲속에서 즐긴다.

최근에 출시된 250cc도 성능이 아주 좋기 때문에 대부분의 사람에게는 더 나은 선택이 될 것이며, 450cc보다 더 빨리, 더욱더 자신감을 가지고 탈 수 있음을 알게 될 것이다.

레이싱 바이크 : 2행정 엔진, 아니면 4행정 엔진?

과거에는 2행정 모터사이클이 흔했지만 이제는 더 이상 흔하지 않다. 오늘날에도 레크리에이션용이나 경주용으로 2행정 모터사이클을 구입할 수 있다. 그러나 생산회사들에게는 강화된 배기가스 기준을 충족시키기가 점점 더 어려워지고 있으며, 그래서 2행정 엔진은 주로 경주용으로만 생산하거나 아예 생산을 중단하고 있다. 생산회사들은 정부나 경주를 주관하는 단체의 규정을 충족시키는 모터사이클을 생산해야만 한다.

2행정 엔진이 4행정 엔진보다 환경을 더 오염시킨다는 사실을 제외하면, 2행정 엔진은 훌륭한 모터사이클 엔진이며 기종에 따라서는 달리 대체하기도 어렵다.

2행정 엔진에는 크랭크축과 커넥팅로드 베어링을 원활하게 작동시키기 위해 연료와 윤활유를 일정 비율로 혼합해서 사용해야 한다.(일반적인 혼합비율은 40:1, 즉 연료 40에 윤활유 1의 비율, 가솔린 20리터에 엔진오일 0.5리터를 혼합하는 비율이다.) 2행정 엔진은 가동부품 수가 적기 때문에 훨씬 가볍고, 비출력(출력/무게)이 더 크며, 제작·구입·유지·정비·업그레이드 비용도 훨씬 적게 든다. 2행정 엔진은 회전속도를 빠르게 높일 수 있으며, 파워밴드(엔진이 가장 큰 출력을 발휘하는 rpm의 범위)가 좁고, 엔진 브레이크 효과가 적으며, 또 부하를 상승시키지 않고 장시간 공회전하는 것을 좋지 않다. 회전 속도가 빠르게 상승하는 2행정 엔진은 약간의 스로틀 상태에서 킥-스타트시키기 쉬우며, 클러치를 더 많이 사용할 필요가 있으며, 제어하기 어려운 휠-스핀이 발생하기도 하며, 더 쉽게 터닝 자세를 취할 수 있으며, 그리고 빠르게 가속할 수도 있다.

언덕길을 올라갈 때, 2행정 엔진은 스로틀을 차단한 다음에도 계속해서 올라갈 것이다. 반면에 4행정 엔진의 경우는 정상에 오를 때까지 스로틀을 계속 작동시켜야 한다. 2행정 엔진의 활동적인 특성 때문에 2행정 모터사이클로 경주할 경우, 4행정 모터사이클로 경주할 때보다 레이서는 더 빨리 지치게 된다.

특히 4행정 엔진은 정확한 작동순서(보통은 공전속도 세팅을 정확하게 하고, 스로틀은 필요로 하지 않는다.)에 따르지 않을 경우 킥-스타트하기가 어렵다. 4행정 엔진이 장착된 레크리에이션용 모터사이클은 거의 모두 전기 시동장치와 수동식 강제 시동장치인 킥-스타트가 함께 장착되어 있다. 4행정 엔진은 가동 부품이 많기 때문에 더욱더 복잡하며, 당연히 더 무겁다. 따라서 제작·구입·유지·수리·업그레이드에 시간과 비용이 더 많이 소요된다. 4행정 엔진은 회전속도(rpm) 상승이 느리고, 출력폭이 넓으며, 미끄러운 노면에서 더 큰 구동력을 발휘하는 경향이 있고, 엔진 브레이크 효과가 더 크다. (따라서 스로틀을 풀어줄 때 엔진의 브레이크 작용 때문에 감속된다.) 4행정 엔진을 장착한 모터사이클로 경주하면, 출발할 때 더 큰 구동력을 기대할 수 있고, 스로틀을 감을 때 엔진이 더 민감하게 반응하므로 클러치의 사용을 줄여야 할 필요가 있으며, 코너링할 때는 2행정 엔진을 장착한 모터사이클에서 사용하는 턴-앤-번(turn-and-burn) 기술 대신에 더욱더 넓은 트랙을 도는 방법으로 구동력을 활용할 수 있다.

더트-바이크를 타는 즐거움은 그 어느 것과도 견줄 수 없다. 스릴이 넘치고 도전적일 뿐 아니라 하루 종일 타면, 누구에게나 좋은 체력 단련이 될 것이다.

   이제는 2행정 엔진의 성능을 뛰어넘는 4행정 엔진이 생산되고 있지만, 4행정 엔진으로 2행정 엔진과 똑같은 출력을 얻기 위해서는 배기량이 더 커야한다.(일반적으로 450cc 4행정 엔진의 출력이 250cc 2행정 엔진의 출력과 거의 비슷하다.) 이들 새로운 대형 4행정 엔진은 2행정 엔진보다 훨씬 비싸다. 가볍게 제작하기 위해서는 희귀 경금속을 더 많이 사용할 수밖에 없으며, 따라서 값은 더 비싸지게 된다. 앞으로 소비자들은 대기를 오염시키지 않는 고성능 기관을 사용하려면, 그에 합당한 비용과 더 무거운 중량기준을 감수해야 할 것이다.

   더트-바이크의 디자인이 진화하여 더욱 전문화되면서 모델간의 차이가 더욱 커졌다. 수많은 종류의 바이크들이 판매되고 있는 오늘날, 선택 요령이라면 자신이 어디서 어떻게 탈 것인지를 생각해 본 뒤 그에 걸 맞는 모터사이클을 세심하게 고르는 것이다. 이미 바이크를 타고 있는 다른 사람들과 이야기를 나누고 전문 잡지를 읽거나 대리점 점원과 이야기를 나누는 등 나름대로 조사를 하는 것도 필요하다.(대리점 점원은 "안성맞춤인 모델이 있다"면서 대리점에 있는 아무것이나 판매하려 들지 모른다는 점을 감안해야 한다).

듀얼 - 스포츠 모터사이클의 옵션 : 80/20 바이크 또는 20/80 바이크

 듀얼-스포츠 모터사이클은 공도에서 합법적으로 주행할 수 있으면서도 어느 정도는 오프로드용으로도 사용할 수 있다.

 듀얼-스포츠 모터사이클은 한때 이중 목적 바이크라는 기치를 내걸고 모터사이클 시장의 점유율이 가장 높은 적도 있었다. 현재 듀얼-스포츠 바이크는 미국의 오프로드 모터사이클 시장의 약 3분의 1을 차지하며, 나머지 3분의 2는 오프로드 바이크와 모토크로스 바이크가 차지하고 있다. 보통 듀얼-스포츠 모터사이클은 공도용 모터사이클 운전면허를 소지한 성인들이 탄다. 엔진 배기량은 125cc에서부터 무려 1200cc까지 매우 다양하다. 듀얼-스포츠 모터사이클은 공도 및 오프로드라는 두 가지 전혀 다른 세계에서 사용할 수 있도록 디자인되어 있다. 이 때문에 모터사이클의 성능은 어느 한 세계에서는 다소의 부족이 불가피하다. 특히 타이어가 그렇지만, 그래도 두 세계에서 놀랍게도 잘 작동된다. 라이더가 원한다면 언제라도 공도용 타이어 또는 오프로드용 타이어로 교체할 수 있다.

 모터사이클 생산회사들은 듀얼-스포츠 바이커들이 그들의 바이크를 어떻게 사용하는지(주로 도로에서 사용한다)를 나타내는 통계를 바탕으로 듀얼-스포츠 바이크를 생산한다. 듀얼-스포츠 바이크의 다수가 80/20 바이크인데, 이는 80%가 공도용, 20%가 오프로드용이라는 뜻이다. 다행스럽게도 20/80 바이크도 구입(또는 개조) 가능하다. 만약에 선호하는 오프로드 주행 구역까지 가는 데 공도를 많이 이용하지 않는다면 20/80 바이크를 고른다. 만약 주로 공도에서 타다가 가끔 오프로드를 달린다면 80/20 바이크가 좋을 것이다.

인기가 많은 새로운 종류의 대형 듀얼-스포츠 바이크를 어드벤쳐 바이크(Adventure Bike)라고 하며, 이 바이크들을 제대로 타기 위해서는 이 책에 소개된 기술을 필요로 한다. 하지만 오프로드에서 이들을 제대로 타는 데 정말로 중요한 것은 대형 모터사이클의 한계를 이해하고 그 한계를 넘지 않는 것이다.

좋은 중고 더트-바이크 구하기

 신제품 바이크를 살 형편이 못 될 경우, 어디 가서 어떤 것을 찾아야 할지를 알고 있다면 좋은 중고품을 구할 수 있을 것이다. 중고 바이크를 구입하는 가장 좋은 방법은 바이크에 대해 잘 알고 있는 사람으로서 좋은 가격을 제시하고 구입 후에도 조언을 해 줄만한 그런 사람에게 구입하는 것이다. 동호인 클럽 회원이 신제품 바이크를 구입할 의사를 가지고 있고, 그 사람이 내가 원하는 데로 세팅된 바이크를 소유하고 있다면 직접 구입하기에 더 없이 좋은 조건이다. 이와 같은 경우는 특히 중고 트라이얼 바이크를 찾아내는, 좋은 방법이다. 그런 바이크를 찾지 못했다면, 가까운 대리점을 찾아가, 내가 찾고 있는 바이크가 있는지 알아볼 수도 있고, 지역신문을 통해 개별적으로 판매하는 광고를 확인해 볼 수도 있을 것이다.

 오늘날은 보통 지역별 크레이그-리스트(Craigslist) 웹사이트, 또는 〈사이클 트레이더〉(Cycle Trader)의 웹사이트나 잡지를 통해서도 찾고 있는 바이크를 발견할 수 있을 것이다. 중고품을 구입할 때는 그 바이크에 애정을 가지고 있는 소유자가 어쩔 수 없이 판매하는 경우로, 그에 의해 정상적으로 마모된 바이크를 구입하는 것이 가장 이상적이다.

 바이크의 상태에 관한 단서를 찾기 위해서는 소

바이크 스포츠에 입문하는 여성의 수는 해마다 꾸준히 증가하고 있다. 이젠 더 이상 더트-바이킹이 남성의 전유물이라 할 수 없을 정도이다.

유자에 대한 평가로부터 시작한다. 소유자가 바이크를 원상태로 사용했는지? 확인해야 한다. 좋은 예는 경주용으로 사용된 레크리에이션용 모터사이클의 경우이다.

- 이 과정은 때로는 비난을 받을 수도 있다는 사실을 염두에 두기 바란다.

어떻게 사용했는지?, 얼마나 자주 어디서 탔는지? 물어 보라! 엔진과 서스펜션이 순정품인지, 아니면 개조했는지도 물어 보라. 뭔가 파손되어 수리가 필요한 것이 있는지?, 관리나 수리가 얼마나 자주 이루어졌는지도 확인하라. 그리고 엔진 오일 레벨을 점검하고 엔진 오일과 필터의 교체 간격에 대해서도 물어 보라. 공기 필터는 깨끗한가? 타이어와 체인, 그리고 스프로켓의 마모 상태를 확인하라. 곧 교체할 필요가 있는지 확인해야 한다. 휠을 회전시켜 보라: 휠이 신품처럼 정상적으로 작동하는가, 아니면 림이 변형되어 진동이 심하고 좌우로 흔들리면서 회전하는가? 바이크의 스키드-플레이트와 언더캐리지를 점검해 보라. 변형되거나, 긁히거나, 많이 닳았는가? 그렇다면 이 바이크가 바위투성이의 땅을 많이 달렸다는 증거이다. 언더캐리지 가장자리의 맨 앞부분에 모래가 묻어 있지 않는가? 그렇다면 이 바이크는 모래밭이나 사막을 고속 주행하는 데 사용되었을 수도 있다. 바이크의 전반적인 상태는 어떤가? 차고에 주차되어 있었는가, 아니면 바깥의 비바람 속에 방치되어 있었는가?

마지막으로, 또 하나의 중요한 문제는 안전 측면에서 타는 데 문제가 없는 바이크인지 확인하는 것이다. 브레이크는 제대로 작동하는가? 스로틀이 걸림이 없이 제 위치로 자연스럽게 복귀하는가? 타고 싶은 바이크가 있으면 항상 위에 언급한 사항들을 꼭 확인해야 한다.

마지막으로 한 가지 더, 내가 직접 확인할 수 있다는 자신이 없을 경우에는 바이크에 대해 잘 아는 친구를 데리고 가서 친구의 도움을 받는 것이 좋다.

전기 모터사이클

바이크를 정말로 좋아하는 우리들은 자연환경을 훼손하지 않으면서도, 성능이 뛰어난 바이크를 원할 뿐이다. 바이크가 제대로 달리기만 한다면, 무슨 힘으로 달리든 정말로 개의치 않는다. 그러나 미래의 바이크는 전기의 힘으로 달릴 것이라는 사실을 알아두라. 하지만 놀라지 말라. 우리가 익숙해져 있는, 가솔린 엔진 바이크로부터 전기 바이크로 대체되기 까지는 아직도 긴 시간이 남아있다. 지금 시장에 출시된 전기 바이크는 대부분의 경우 가솔린 바이크의 비교 대상이 되지 않으며, 불행하게도 아직은 단점이 장점보다 더 많다. 그렇지만 계속해서 관심을 가져야 한다. 전문가들의 말에 따르면, 급속하게 발전하는 기술에 의해 언젠가는 전기 바이크가 가솔린 바이크를 대체할 것이라는 점에 동의하고 있다. 그때까지는 지금 우리가 가지고 있는 가솔린 바이크를 최대한 즐기기로 하자.

항상 보호 기능을 가진 라이딩기어를 착용한다

어리석게 굴지 말고 항상 충돌에 대비하는 복장을 하라. 안전장비를 갖추는 비용은 오히려 값싼 보험료일 뿐이다. 다른 스포츠의 경우도 마찬가지이지만, 해당 스포츠에 이용 가능한 올바른 장비와 장구를 갖춘다면 그 스포츠를 더욱더 즐길 수 있다. 따라서 모터사이클을 탈 때는 언제나 적절한 보호기능을 갖춘, 풀-세트의 라이딩기어를 반드시 착용해야 한다.

오프로드 라이딩기어의 풀-세트에는 부츠, 튼튼하고 목이 긴 양말, 무릎 패드, 튼튼한 바지, 히프-패드, 튼튼한 긴 팔 셔츠, 팔꿈치 패드, 어깨 패드, 폭이 넓은 벨트, 장갑(한 켤레는 정상적인

트레일에서 나온 이야기 : 바이크 크기만 보고 바이크를 판단하지 말라

내 첫 바이크는 1966년식 중고 호다카 에이스(Hodaka Ace)였으며, 내게는 체격이 큰 사내아이들이 타는 풀사이즈 바이크처럼 보였다. 어느 날 사막에 타러 나갔다가 우연히 베스파(Vespa)를 타는 사내아이를 만났다. 내가 진정한 바이크를 타고 있고 그는 단지 스쿠터를 타고 있을 뿐이라 생각한 나는 그에게 경주를 하자고 제안했다. 놀랍게도 그가 쉽게 이겼다. 나는 심지어 그가 어떤 엔진을 장착하고 있는지도 생각하지 못했다. 나중에 알았지만 내 엔진은 90cc인데 비해 그의 엔진은 250cc이였다. 이제 나는 경주 상대를 고를 경우 바이크의 외관에는 상관하지 않고 항상 내 엔진 배기량과 배기량이 같은 바이크인지 확인한다.

날씨용, 다른 한 켤레는 추운 날씨용), 풀-페이스 헬멧, 어둠과 밝기에 따라 렌즈가 다른 여러 가지 고글, 비가 올 때 또는 진흙탕에서 뗐다 붙였다 하거나 젖힐 수 있는 고글, 그리고 장시간 주행할 경우에 필요한 고글 세척 키트, 라이너를 탈/부착할 수 있는 튼튼한 재킷, 이들을 모두 넣을 수 있는 큰 가방 등이 포함된다.

오프로드 라이딩기어의 옵션과 액세서리에는 귀마개, 목 보호대, 무릎 보호대, 반바지, 니삭스, 하이드레이션 팩, 배낭, 패니팩, 보온성 내의, 목이 긴 스웨터, 재킷(추울 때를 위한 두꺼운 것과 온화한 날씨용의 가벼운 것), 비옷 등이 포함된다.

운전을 하면 땀을 흘리게 되는데 그 습기를 방출하지 않으면 재킷을 입지 않을 때와 마찬가지로 몸이 땀으로 흠뻑 젖을 것이기 때문에 통기성이 좋은 고어텍스 재킷이 안성맞춤이다. 그리고 마찬가지 이유에서 바이크를 탈 때는 말할 필요도 없이 삼각팬티가 사각 팬티보다 더 낫다.

오늘날에는 부츠도 모토크로스, 레크리에이션을 위한 트레일 라이딩, ATV, 심지어는 트라이얼 등에 맞추어 특수 제작된 부츠를 구입할 수 있다. 그리고 오프로드 라이딩기어도 여성용, 듀얼-스포츠 모터사이클용, 모토크로스용 등으로 특수 제작된 복장을 구입할 수 있다.

바지도 호주머니가 달린 바지, 부츠 속에 집어넣지 않아도 되는 바지, 다리 부분을 탈착하여 반바지로도 입을 수 있는 바지까지도 나와 있다.

또한 추운 겨울철에 적합한 아주 두툼한 복장과 무더운 여름철에 적합한 통기성이 뛰어난 복장도 구할 수 있다. 적절한 가격으로 구입할 수 있는 안전한 복장이 있는데도 불구하고 이를 착용하지 않는다는 것은 변명의 여지가 없는 일이며, 라이더용의 안전한 복장을 착용하면 사고 시에도 부상의 위험을 크게 줄여 줄 것이다.

라이딩 장소

더트-바이크를 처음 타거나 이 책에 요약된 초보 라이더를 위한 기술을 연습을 하기에 알맞은 장소를 선택하는 것도 중요한 일이다. 자기 집 앞의 포장도로나 공공의 모토크로스 트랙은 분명히 초보자가 처음 바이크를 타기에 가장 좋은 장소는 아니지만, 그보다 더 나쁜 곳에서 첫 경험을 하는 라이더들도 많다. 더트-바이크를 공도(도로)에서 타는 것이 불법이라는 사실은 말할 필요도 없으며, 도로는 접지력이 너무 크고, 자동차가 많이 다니고, 연석 등이 아주 딱딱해서 위험 요소가 흔하게 널려 있다.

가까운 곳에서 타기 좋은 곳을 찾으려면 바이크를 타는 사람들에게 묻거나, 인근의 모터사이클 판매점을 방문하거나, 지방자치단체의 토지 이용 담당자에게 문의한다. 타는 장소로는 미국의 경우, 기본적으로 사유지(물론 허가를 받아야 한다), 일련의 크고 작은 길을 갖춘 연방정부 산림청 및 토지관리국 관할 토지와 같은 허가된 공공 주행 구역, 레이스 트랙, 관리하지 않은 상태로 방치된 사유지와 같은 '정체가 모호한 구역' 등 4가지 종류가 있다. 공공 주행 구역은 대부분의 지도에서 찾아볼 수 있다. 해당 지역의 토지관리국에서 가장 최근에 나온 지도를 구한다.

너무 붐비거나 정신을 산란케 하지 않는 장소, 너무 모래가 많거나 진흙탕이 아닌 곳, 지형이 너무 험

더트-바이크를 탈 때 가장 중요한 안전 장비는 헬멧이다. 오늘날의 헬멧은 매우 가벼우면서도 값싸고 보호 성능도 탁월하다.

하지 않은 곳 등을 찾아보자. 일반적으로 모토크로스 트랙은 사람이 너무 많고 너무 험준하다. 이상적인 장소는 나무, 바위, 기타 장애물이 없으며, 넓고 평탄하고 흙이 단단한 들판이다.

일단 좋은 장소를 선택한 다음에는 여러 사람이 함께 그곳에 위험성이 없는지 확인하고 가야 할 곳이나 가지 말아야 할 곳의 경계를 정해 둔다.

항상 초보 라이더를 감독하고 눈을 떼지 말아야 한다. 어린 라이더들에게는 성인들이 당연하게 생각하는, 눈에 띄지 않는 곳이라도 항상 우측통행을 해야 한다는 등, 도로교통의 일반 규칙에 대해 자상하게 설명해 주어야 한다.

초보자에게는 처음에는 어설플지 모르지만, 실수를 반복하면서 바로잡을 수 있는 공간이 필요하다. 일단 기본 사항을 익힌 다음에는 좀 더 돌아다니면서 바이크를 탈 만한 다른 곳도 찾아본다. 바이크를 타는 것이 얼마나 재미있는지 알면 놀랄 것이며, 다양한 들판이나 트랙에서 타는 경험을 거듭하면 할수록 훨씬 더 나은 라이더가 될 것이다.

라이딩 파트너 찾기

적어도 한 사람의 훌륭한 라이딩 파트너, 자신보다 더 낫고 지식도 많아 배울 것이 있는 사람이 필요하다. 세심하게 라이딩 파트너를 고른다. 함께 모터사이클을 탈 사람이 전혀 없다면, 특히 오늘날과 같은 소셜 네트워크와 인터넷 검색을 통한 의사소통이 가능한 시대에 누군가를 찾아내기란 그리 어려운 일이 아니다. '아무 일요일이나' 인기 있는 라이딩 구역을 찾아가면(그리고 '아무 일요일이나'(On Any Sunday)라는 제목의 1971년 다큐멘터리도 찾아보라) 아마도 바이크를 함께 탈 수 있는 사람을 많이 만날 수 있을 것이다.

모터사이클 판매점도 또한 주행 파트너를 찾아내기 좋은 곳이다. 자신이 살고 있는 지역의 동호인 출판물에는 해당 지역의 레이스나 랠리, 투어, 모금 행사, 포커런(poker run)(바이크 경주와 포커를 겸하는 행사) 등의 일정을 안내하고 있을 것이다.

해당 지역의 레이스에 참가하거나 바이크 라이더 클럽에 가입하거나 바이크를 타는 조직적인 행사에 참가해도 많은 사람을 만날 수 있을 것이다.

라이딩 전/후에 해야 할 일들

바이크를 성공적으로 타기 위해서는 사전 준비가 가장 중요하다. 바이크를 탈 때는 항상 바이크에 아무 문제가 없는지 확인해야 한다. 자신의 바이크를 관리하는 데 의문이 있을 경우에 기본 정보는 바이크의 오너 매뉴얼에서, 바이크에 대한, 보다 더 자세한 정보는 바이크 서비스 매뉴얼에서 확인하는 것이 좋다.

어떤 바이크라도 시동을 걸기 전에 브레이크를 점검하고, 스로틀을 을 감았다가 놓았을 때 자연스럽게 제 위치로 복귀하는지, 완전히 닫히는지 등을 반드시 확인해야 한다. 핸들바를 돌려 스로틀을 시험해 본다. 스로틀을 놓은 뒤에도 여전히

이들 서로 전혀 다른 타이어 트레드는 그들이 사용되는 각 노면의 요구 조건을 반영한다. 맨 왼쪽에서부터 포장도로용 타이어, 듀얼-스포츠용 타이어(포장 또는 오프로드용), 트라이얼 타이어(바위가 많은 노면), 노비 타이어(knobby tire, 오프로드 및 모토크로스용), 패들 타이어(paddle tire, 모래 언덕용)

짤깍하면서 닫히는가? 클러치와 변속 레버는 제대로 작동하는가? 연료탱크에는 연료가, 엔진에는 엔진 오일이 있는가? 가스밸브는 열려 있는가? 공기 필터는 깨끗한가? 체인은 윤활상태이며, 적절하게 조정되어 있는가? 배터리는 충전되어 있는가? 전등은 제대로 작동하는가? 풀려서 느슨해진 너트, 볼트, 또는 스크루는 없는가? 바이크는 자연스럽게 회전하는가? 아니면 지난번에 탈 때 실수로 브레이크 로터가 휘어진 것을, 지금 타기 직전에 발견하지 않았는가?

　타이어와 공기압: 바이크에서는 타이어 2개의 트레드(접지면)가 라이더와 지면을 연결하는 유일한 수단이므로 타이어의 접지면 상태와 타이어 튜브의 공기압은 바이크를 안전하고 올바르게 타는 데 아주 중요하다는 사실을 명심하라. 오프로드-바이커를 위해서는 신품 노비 타이어(knobby tire)를 장착하는 것이 가장 좋지만, 안타깝게도 그 울퉁불퉁한 트레드는 어떤 노면에서는 금방 마모되고 만다. 물론 타이어 마모는 예상하고 있으며, 바위가 많은 지형 등 노면이 거칠수록 마모는 더욱 심할 것이다. 그리고 포장도로에서는 짧은 시간동안에 노비(knobby)가 마모되고 만다. 하지만 타이어는 제 기능을 다할 때 마모되도록 디자인된 것이다. 그러므로 타이어의 중요성을 고려하면 항상 좋은 타이어를 사용하는 것이 현명한 일(그리고 값싼 보험)이다.

　타이어의 적절한 공기압은 모든 모터바이크에서 중요하므로 탈 때마다 점검해야 한다. 오프로드-바이크의 타이어에는 가시가 박히거나 밸브 스템이 느슨해지거나 여러 번 타는 사이에 공기가 서서히 빠질 수도 있다. 적절한 공기압은 바이크에 따라, 그리고 타이어의 종류, 주행속도, 노면의 종류 및 상태에 따라 달라진다. 타이어 공기압이 높으면 펑크가 나거나 림이 변형될 위험은 피할 수 있지만, 접지력이 감소하여 달리는 느낌이 나빠진다. 타이어 공기압을 낮추면 펑크가 나거나 림이 변형될 위험은 증가하지만, 접지력이 개선되어 달리는 느낌을 즐길 수 있다. 그러므로 타이어 공기압은 적절한 선에서 타협해야 하며, 적정 공기압을 실험해 볼 수도 있다(그리고 경험이 많은 다른 라이더에게 물어보아도 좋다). 일반적으로 공도용 바이크 타이어에는 튜브를 사용하지 않는다. 튜브 타이어는 타이어의 수축이 심하고, 펑크가 나는 경우가 많은 더트-바이크, 오프로드 바이크나 듀얼-스포츠 바이크에 사용한다.

라이딩 장소까지 몇 시간을 자동차로 이동한 후에, 바이크를 내려놓은 다음에 비로소 바이크가 아직 탈 수 없는 상태임을 발견하는 사람들을 보면 놀라지 않을 수 없다. 경험이 많은 라이더는 바이크를 타기 전에 매번 철저하게 점검한다.

특히 잘 모르는 바이크의 경우에는 더욱더 철저하게 점검해야 한다. (바이크의 튜닝, 유지 및 관리, 업그레이드 요령에 대해서는 제 20장을 참고할 것).

운반 차량과 지원 장비의 준비

운반 차량은 준비되었는가? 오랫동안 험한 길을 가야 한다면 무엇보다 피해야 할 것이 운반 차량에서 발생하는 문제이다. 노면의 돌출부와 충돌하더라도 바이크가 튀어나가거나 바이크와 운반 트럭에 아무런 손상이 발생하지 않도록 바이크를 운반 트럭에 단단히 고정시켜야 한다. 오픈 픽업이나 트레일러로 운반할 경우에는 쇠사슬, 바퀴 버팀목, 케이블-록(cable lock) 등과 같은 고정 장비를 사용해도 된다. 운반 차량의 시동키를 운반 차량의 은밀한 장소에 숨겨두고 필요할 때 다른 사람이 키를 가져오게 하는 것도 좋은 생각일 수 있다.

물론 운반 차량에는 여분의 가솔린이 주입된 스페어 캔(트럭의 화물칸에서 가솔린을 캔에 주입할 경우, 정전기에 의해 점화될 우려가 있으므로 밖으로 꺼내어 지상에서 주입하도록 한다.), 바이크 지지대, 공기 펌프, 연장 등 여러 가지 지원 장비를 함께 실어야 한다. 교체용 예비 부품도 챙겨 두어야만, 클러치 레버의 손상 같은 사소한 고장 때문에 바이크를 아예 타 보지도 못하는 상황을 피할 수 있다.

마지막으로 오프로드 주행에서는 배고픔과 갈증을 느끼게 마련이므로 충분한 음식과 물을 준비하는 것을 잊지 말아야 한다.

주행 구역의 요구에 대한 준비

라이딩 구역마다 요구 사항이 각기 다르다. 가기 전에 반드시 해당 구역의 규칙과 규제사항을 파악해야 한다. 몇 가지 좋은 예를 들면, 만약 모래 언덕에서 바이크를 탈 경우에는 휩-안테나(whip antenna)를 갖추어야 하며, 대부분의 공유지에서 탈 경우에는 스파크 방지기와 주정부 등록증을 필요로 할 것이다.(캘리포니아에서는 허가증까지 필요할 것이다). 이제 점점 더 많은 구역에서 소음수준까지 제한하고 있다. 야영을 할 수 있는 공간이 마련되어 있는 구역이 있는가 하면, 구역에 따라서는 산발적인 공간으로 제한되기도 한다. 대부분의 공공 라이딩 구역은 크고 작은 트레일에 표지를 붙여 관리하고 있다.

이것은 그곳이 갖가지 이유로 폐쇄되어 거기서 바이크를 타려던 계획 자체가 무산될 수도 있음을 뜻한다. 그러므로 라이딩 구역을 찾아가기 전에 먼저 관리 당국에 그 같은 점을 확인하고 가장 최근의 지도까지 확보하는 것이 좋을 것이다.

더트-바이크는 어린이에서부터 성인에 이르기까지 모든 사람에게 안성맞춤이 되도록, 아주 다양한 본체 및 엔진 배기량의 제품이 출시되고 있다. 이 사진에 보이는 더트-바이크들은 최신 레크리에이션용 야마하 제품으로 왼쪽부터 PW50, TTR50, TTR90, TTR125, TTR125L, TTR230, WR250, WR450 등이다.

체력, 라이딩기어, 그리고 라이딩할 때 소지해야 할 물품 준비

  바이크를 타기 전날 밤에는 잠을 푹 자고 아침에는 샤워를 한 다음에 식사를 든든히 하고, 출발하기 직전에는 준비 체조와 스트레칭으로 근육을 풀어 준다. 좋은 식사가 주행의 성패를 좌우할 수도 있다. 그러므로 라이딩을 하기 전에는 양파나 땅콩 등 위에 부담을 주는 식품을 섭취하지 말아야 한다. 뱃속의 가스와 극심한 몸의 움직임이 결합되어 속이 거북해질 수도 있기 때문이다.

  머리에서부터 발끝까지 완벽한 라이딩기어를 착용하여, 베테랑 라이더가 말하듯 항상 사고에 대비하는 복장을 하는 것이 좋다. 무엇을 어떻게 가지고 다닐지도 결정해야 한다. 바이크에 비치해 둘 수 있는 것이 있고, 특히 휴대 전화, 물, 구급상자, GPS와 같은 위치 탐지기 등과 같이 반드시 소지해야 하는 비상용품도 있다. 몇 가지 공구, 바이크 등록증, 지도 같은 것도 필요하다. 이들을 모두 소지하고 다니기 위해서는 배낭이나 패니팩을 사용한다. 만약 친구들과 함께 라이딩할 경우에는 서로 조금씩 나누어 소지할 수도 있다. 자신이 직접 소지하고 다니기 싫을 경우에는 반드시 그 일을 대신해 줄 친구를 동행해야 한다.

  바이크에 비치하거나 몸에 소지하는 이들 물품은 모두 철저하게 관리해야 한다. 바이크를 탈 때 발생하는 진동이 믿을 수 없을 정도로 심하기 때문에 확실하게 고정하지 않으면 쉽게 느슨해질 것이다.

  오프로드 바이크 라이더는 모두 충돌이나 바이크 자체의 문제 때문에 꼼짝할 수 없게 되기도 하는 데

이에 대비해야 한다. 만약 자신이나 동료 라이더의 바이크의 타이어가 펑크 났다면 어떻게 할 것인가? 엔진에 고장이 나거나 연료가 떨어졌다면 어떻게 할 것인가? 체인이 파손되기라도 하면? 인공위성으로 중계되는 전화가 없다면 누구에게 도움을 청할 도리가 없고, 도움을 청하더라도 트럭이 들어올 수 없는 외딴 곳에 갔을 경우도 있을 수 있다.

당장 그 자리에서 수리를 하거나, 아니면 모터사이클에 견인되지 않으면 안 된다. 펑크가 날 경우에 대비해 필요한 모든 것—18 내지 19인치 규격의 뒷바퀴 타이어에도 사용할 수 있는 21인치 규격의 튜브를 여분으로 가지고 다녀야 한다.

타이어용 공기도 가지고 다녀야 한다.(우리는 이산화탄소 카트리지와 주입기를 사용한다). 튜브를 수리하기 위해서는 바이크에서 바퀴를 떼어낼 공구, 그리고 림으로부터 타이어를 분리할 때 사용하는 '타이어 아이언(tire iron)'도 필요할 것이다. 미리 자신의 차고에서 편안하고 깨끗한 환경에서 타이어 펑크를 수리하는 연습을 통해, 공구를 다루어 보고 자신의 기술도 테스트해 보기 바란다.

바이크 엔진이 작동하지 않거나 구동체인이 파손되었더라도 견인용 로프를 가지고 다닐 경우 다른 바이크로 견인할 수 있다. 마지막 수단으로 다른 사람의 바이크를 손으로 밀 경우도 있을 수 있으나, 이 방법은 어렵고도 위험한 일이다. (견인이나 다른 사람의 바이크를 손으로 미는 경우에 대한 보다 더 상세한 내용은 제 7장 언덕 오르기 비법과 범프-스타팅(bump starting)을 참조할 것.)

라이딩을 끝내고 해야 할 일

라이딩을 끝내고 나면, 몸도 피곤하고 또 집으로 돌아갈 긴 여정이 남아 있다. 먼저 짐을 꾸리고 바이크를 안전하게 운반할 준비를 한다. (쓰레기는 절대로 남겨 두지 말라. 이는 바이크 주행 구역이 폐쇄되는 구실이 될 수도 있다.) 집에 도착한 뒤 아주 피곤하지 않으면 모든 짐을 푼 뒤에 가능한 한 빨리(늦어도 다음 날까지) 바이크와 라이딩 기어를 세탁하도록 한다. 가능하면 바이크를 리프트에 올려놓고 서스펜션을 이완시켜 주고 두 바퀴, 특히 뒷바퀴를 돌려 본다. 바이크를 세척하기 위해서는 먼저 물을 적셔주고, 중성세제를 사용하여 먼지와 기름을 제거한다. 배기관(마개로 막는다)이나 서스펜션 피벗처럼 물이 들어가서는 안 되는 부분에는 수압이 가해지지 않도록 주의하라. 흙탕물이 많았던 날은 펜더 안쪽의 흙을 긁어내는 데는 머드 스크레이퍼가 편리하다. 물로 씻어낸 다음에는 플라스틱의 물기를 수건으로 깨끗이 닦아내고 부식방지제인 WD-40을 모든 접합부, 피벗 포인트, 드러난 금속 표면, 체인 등에 뿌려 준다.

씻은 뒤에는 엔진의 시동을 걸어 예열하면서 건조시킨다. 일단 깨끗해지면 마모되거나 부서진 부품이 없는지 육안으로 검사해서 다음 라이딩에 대비하여 수리하거나 교체한다. 바이크에 별다른 유지 관리나 수리가 필요하지 않다면, 연료잔량이나 엔진 오일을 점검하고 체인을 조정하거나 윤활유를 바르고, 타이어 공기압을 점검하기만 해도 무방하다.

마지막으로 자신의 장비나 라이딩 기어를 검사한다. 장비 가방을 열어 모든 것을 건조시킨다. 세탁이 필요한 것은 세탁하고, 마모나 손상된 것이 없는지 모든 라이딩기어를 검사하여 다음 라이딩 전에 수리하거나 교체한다. 미리 해야 할 일을 라이딩을 준비하는 마지막 순간까지 미루다 보면, 쉽게 피할 수도 있는 문제를 그냥 지나쳐, 라이딩 전체를 망치는 결과를 자초할 수도 있다.

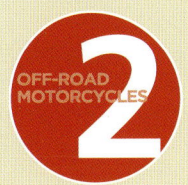

2 초보 라이더의 첫걸음
이 중요한 시기를 즐거운 학습경험으로 만드는 방법

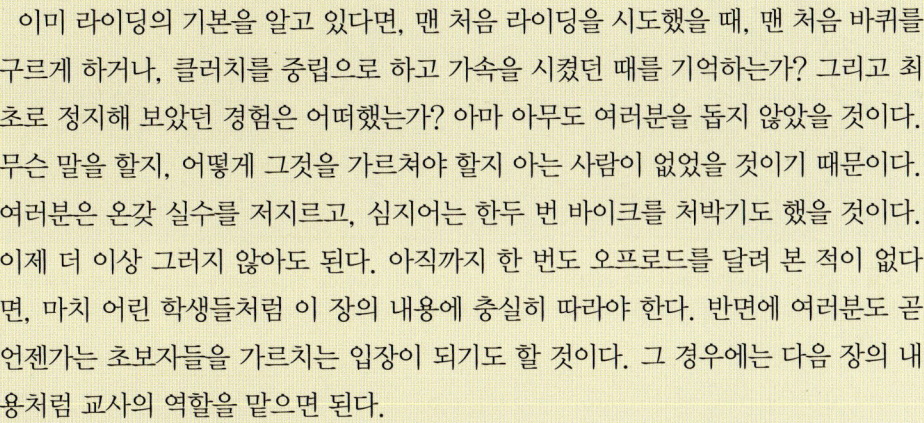

이미 라이딩의 기본을 알고 있다면, 맨 처음 라이딩을 시도했을 때, 맨 처음 바퀴를 구르게 하거나, 클러치를 중립으로 하고 가속을 시켰던 때를 기억하는가? 그리고 최초로 정지해 보았던 경험은 어떠했는가? 아마 아무도 여러분을 돕지 않았을 것이다. 무슨 말을 할지, 어떻게 그것을 가르쳐야 할지 아는 사람이 없었을 것이기 때문이다. 여러분은 온갖 실수를 저지르고, 심지어는 한두 번 바이크를 처박기도 했을 것이다. 이제 더 이상 그러지 않아도 된다. 아직까지 한 번도 오프로드를 달려 본 적이 없다면, 마치 어린 학생들처럼 이 장의 내용에 충실히 따라야 한다. 반면에 여러분도 곧 언젠가는 초보자들을 가르치는 입장이 되기도 할 것이다. 그 경우에는 다음 장의 내용처럼 교사의 역할을 맡으면 된다.

어린이들을 가르치거나 그들과 함께 연습할 때는 항상 그들에게 눈을 떼지 말아야 한다는 사실을 명심해야 한다. 아이들에게는 특별한 지도가 필요하며, 그들이 뒤따라 올 수 있고, 가는 길과 가서는 안 되는 길을 아는, 나이 많은 라이더가 맨 앞에 서는 것이 훨씬 더 낫다. 예컨대 어린이들은 사각 지역에서는 반드시 우측으로 주행해야 하는 규칙이나, 바이크의 왕래가 심한 구역을 피해야 하는 이유를 모른다.

"나는 다른 어떤 지형에서 보다 진흙투성이인 오프로드에서 바이크를 타는 방법을 가르치기를 좋아한다. 적합한 환경에서는, 안전하고 상대적으로 스트레스를 덜 받는 방법으로 변속이나 제동 기술과 더불어 스로틀과 클러치의 제어를 이해하도록 할 수 있다. 통상적으로 나는 초보자들에게 약 70m 길이의 8자를 그리게 하는 것부터 시작한다. 이렇게 하면 초보자들은 필요한 온갖 제어에 대한 근육의 움직임을 기억하게 되며, 좌회전 및 우회전에 대한 몸의 자세를 터득하게 된다. 그리고 마침내 그들은 직진하면서 속도를 낼 수 있게 되고, 이어 방향 전환에서는 신중하게 정신을 집중하게 된다."

켄 포트(Ken Faught)
전 〈더트 라이더 매거진〉(Dirt Rider Magazine) 편집장, 전 〈사이클 뉴스〉(Cycle News) 부편집인, 폴 포지션 레이스웨이(Pole Position Raceway) 공동 설립자, 모터사이클 속도 기록 3회 보유자, 전 I.S.D.E. 선수, 전 마키타 스즈키 MX 팀의 홍보 담당자

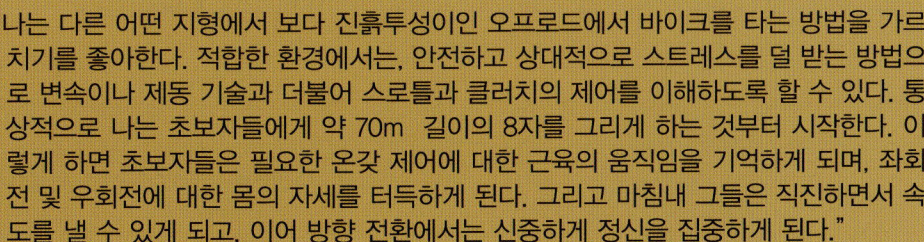

초보자가 훌륭한 강사에게 배운다면, 배우는 속도를 훨씬 더 높일 수 있다. 가장 훌륭한 강사는 연습할 내용을 설명하고 시범을 보여 준 다음에, 초보자들이 연습을 반복하는 동안에 그들을 관찰하면서 적절하게 지도해 줄 것이다.

먼저 '라이더 미팅'에서 강사는 교습자들에게 오늘 무엇을 배울 것이며, 무엇을 기대하고 있는지를 이야기한다. 그리고 이 기회를 빌려 그들에게 안전에 대한 주의 사항, 행동 규칙, 책임, 주행의 예절, 풀-세트 라이딩기어의 중요성, 주행 구역의 요구 사항과 그 구역에 대한 숙지, 환경에 대한 배려, 시각적·정신적 습관, 신체의 자세 등을 대략적으로 이야기할 수도 있다.

그런 다음에는 그들이 타게 될 바이크를 소개한다. 바이크 주위를 돌면서 모든 것을 하나도 빠짐없이 확인하며, 모든 제어장치를 지적하면서 엔진을 시동시키지 않은 상태에서 각 장치들을 어떻게 조작하고, 사용하는지를 시범을 보인다. 그리고 교습생들에게 엔진을 작동시키지 않은 상태에서 직접 조작해 보게 한다. 클러치를 훌륭하게 제어하는 것의 중요성을 설명한다. 마찰력 전달시점(클러치를 놓을 때 바이크가 움직이기 시작하는 시점)에 대해서도 상세하게 설명한다. 변속 패턴에 대해서도 설명한다. 그들에게 바이크에 오르기 전에 사이드스탠드를 걷어차 올리고, 바이크에서 내릴 때 그대로 두는 것도 가르친다. 이유는 바이크에 앉아 있을 동안은 라이더 자신의 몸무게가 서스펜션의 긴 이동 거리를 움직여 사이드스탠드를 사용할 수 없을 것이기 때문이다. 또 바이크를 타고 내릴 때 앞 브레이크를 (물론 손가락 두 개로) 작동시킴으로서 바이크를 안정시켜 정지하는 방법도 시범을 보여 준다.

이어 엔진이 작동하지 않은 상태에서 바이크에 있는 모든 제어 장치를 직접 조작하고 드라이-시프트(dry shift)를 해보게 한다. 드라이-시프트를 할 때는 클러치를 사용하지 않고 변속기 기어를 바꾸기 위해 바이크 차체를 앞/뒤로 움직이는 것이 도움이 된다. 적절한 신체의 위치도 시범을 보여 준다. 그들에게 발을 놓는 위치도 이야기한다. 양쪽으로 바이크를 타고 내리게 한다. 그리고 바이크 곁으로 가서 바이크를 잠깐 밀면서 바이크의

일부 학생들의 경우에는, 강사는 시범을 보여 주기만 하면 된다. 문제는 강사의 시범이 올바르지 못하면 강사의 나쁜 습관이 학생들에게 전수될 수도 있다는 점이다.

무게와 균형감각을 느끼게 한다. 또한 바이크가 지면과 수직을 유지할 때 속도가 전혀 없거나 낮으면, 제어하기가 얼마나 쉬운지도 설명한다.

마지막으로 그들에게 엔진의 시동을 걸고 끄는 방법을 시범을 보인다. 엔진이 차갑다면, 기화기 초크를 사용하는 방법도 시범을 보여 준다. 그리고 라이딩기어(운전복장)를 착용한 다음에 시동이 걸린 바이크에 앉아 스로틀을 작동시켜 엔진 회전속도(rpm)가 상승 또는 하강하는 상태를 파악하도록 한다. 그 다음 단계로 넘어가기 전에 초보자들에게 꼭 당부하는 말 중의 하나는 "바이크 기어를 넣기 전에 반드시 헬멧을 쓰라."는 것이다.

많은 4행정 엔진들이 전기 시동장치를 갖추면서 이제 킥-스타터로 시동을 거는 기술은 사라져 가고 있다. 바이크를 킥-스타트하기 위해서는 킥레버(kick lever)를 발로 힘껏 그리고 재빠르게 밟아야 한다. 키가 작거나 다리 힘이 약하거나, 또는 바이크의 압축압력이 너무 세면 왼쪽 다리를 이용하여 몸을 공중에 띄웠다가 강하게 내려누르는 방법으로 몸무게와 다리의 힘을 킥레버에 강하게 가할 필요가 있을지도 모른다. 킥레버에 큰 힘을 가하기 위해서는 왼쪽 다리를 스탠드, 통나무, 바위와 같이 노면보다 높은 곳에 올려놓는 것도 도움이 된다. 4행정 엔진을 킥-스타트하기 위해서는, 압축행정 때 시동을 걸면, 스로틀을 작동시키지 않아도 공전속도를 정확하게 유지할 수 있다. 이미 정상 작동온도 상태인 2행정 엔진을 킥-스타트하기 위해서는 킥-레버를 끝까지 세게 밟아 엔진 피스톤이 가장 빠르게 상/하로 움직이는 순간에 스로틀을 약간 당겨주는 것이 도움이 된다.

주: 대부분의 오프로드 모터사이클은 클러치 케이블을 잡아당기고 기어를 넣은 상태에서 시동을 걸 수도 있지만, 상당수의 오프로드 모터사이클은 엔진조정이 불량하거나, 수동 클러치가 마모되어, 클러치를 잡아당기고 기어를 넣은 상태에서 시동을 걸면, 클러치가 완전히 분리되지 않거나, 엔진

이 곧바로 정지되는 수도 있다. 물론 이에 대한 해결책은 클러치를 수리하거나, 아니면 대부분의 라이더들처럼 클러치는 그대로 두고, 기어중립에서 시동을 걸어도 된다.

출발과 정지의 반복 연습

초보자들이 주행하면서 가장 먼저 익혀야 하는 능력은 출발했다가 부드럽게 정지하는 능력이다. 기어 중립상태에서 엔진이 정상작동온도로 가열되면, 핸들위치를 똑바로 하고 전방을 주시하게 한다. 그리고 시트의 앞쪽에 앉아 팔을 조금 구부려 몸을 약간 앞쪽으로 기울이게 한다. (흔히 초보자들에게서 볼 수 있는 실수는 팔을 너무 똑바로 뻗어 시트의 뒤쪽에 앉는 것이다.) 강사는 교습생의 바이크로부터 약간 비켜선다.

주: 대부분의 소형 더트-바이크에는 수동 클러치 대신에 자동 클러치가 포함된 3단 변속기를 사용하기 때문에, 체격이 작은 어린이 라이더(4세부터 9세까지)들은 출발하기 위해 클러치를 놓을 필요 없이, 다만 (공회전 상태!) 기어를 넣고 스로틀을 부드럽게 약간만 열면 된다. 많은 소형 오프로드 바이크에는 스로틀 열림 각도를 제한할 수 있는 조정 나사가 있으므로, 부모들은 교습기간 동안 바이크의 최고 속도를 통제할 수 있다.

바이크의 1단 기어를 넣은 뒤 교습생들에게 두 발을 모두 지면에 내려놓게 한다. 이 시점에서는 초보자들이 안전하다고 느끼게 하는 것이 중요하다. 초보자들에게 천천히(그리고 약간만) 클러치를 놓아주면서 동시에 스로틀을 약간 열어, 바이크가 출발하기 시작하는 '마찰경계'를 느끼도록 지도한다. 두 발을 벌린 상태로 잠시 (지네처럼) 살살 전진하다가 클러치를 당겨서 바이크를 정지시킨다. 탈 때마다 출발연습 거리를 조금씩 늘려가면서 이 과정을 여러 번 반복한다.

이 최초의 운전교습을 하는 동안은 초보자들이 정지할 때는 꼭 뒤 브레이크를 사용도록 지도한다. 그러나 물론 차츰차츰 손가락 2개와 정확한 악력(쥐는 힘)을 사용하여 동시에 앞 브레이크도 사용할 수 있도록 지도하고 격려한다.

이어서 발진을 시작할 때는 두 발을 내뻗고 있도록 한다. 그리고 속도가 조금 상승하면 발을 발받침에 올려놓게 한다. 이제 1단 기어가 들어간 상태에서 약한 스로틀에 의한 가속과 감속에 대한 감각을 터득하면서 주행할 수 있다. 클러치와 스로틀을 동시에 자유자재로 조작할 수 있을 때까지 여러 번 출발과 정지를 반복하게 한다. 소형 바이크에서는 별문제가 되지 않지만, 초보자가 클러치를 무시하거나 너무 빠르게 놓는 것을 허용해서는 안 된다. 클러치를 제대로 조작하는 것이 언덕을 오를 때와 출력이 높은 바이크를 탈 때 왜 중요한지를 가르친다. 너무 빨리 클러치를 놓으려고 하는 초보자를 도우려면, 전방 6m 정도 떨어진 곳에 돌을 하나 던져 놓고 약간 속도를 올리면서 그 돌에 이르기까지 클러치를 놓지 말라고 지도한다. 초보자도 천천히 클러치를 놓는 능력을 먼저 익히고 난 다음에는 아예 클러치를 무시할 수 있다.

물론 초보자들은 출발과 정지를 반복하는, 이 중요한 연습과정에서 스로틀 조작방법을 배우고, 클러치와 스로틀을 연동시키면서 바이크를 타는데 자신감을 얻게 된다. 초보자들에게는 바이크를 출발하

클러치를 놓는 방법

1 초보자에게 클러치를 놓고 주행을 시작하는 법을 가르치려면, 먼저 그들이 무엇을 하기를 원하는지, 특히 클러치의 마찰경계를 처음으로 느낄 때 시트에서 앞쪽으로 몸을 기울여 앉는 자세의 중요성을 이야기한다.

2 강사는 1m 정도 앞에 서더라도 바이크 바로 앞에 서지는 않는다. 그리고 초보자는 클러치를 잡아당겼다 놓았다 하기 전에 한 번에 1m 정도씩 슬금슬금 움직인다.

3 초보자는 마찰경계의 느낌을 감지하고 약간의 속도를 내기 전까지 바이크가 조금씩 움직이는 동안 두 발을 뻗고 있다가 교대로 한 발씩 지면을 딛는다.

기 위해서는 기어를 넣기 전에 반드시 먼저 클러치를 조작해야 하고, 정지할 때에도 반드시 클러치를 먼저 조작해야 한다는 사실을 명심하도록 교육을 시켜야 한다. 클러치를 익숙하게 조작할 수 있다면, 거의 모든 바이크를 탈 수 있을 것이다.

최초의 터닝 연습

강사가 가까이에 서 있는 통제된 상황에서 초보자가 변속, 가속 및 감속 기술을 배우기 위해서는 약간 좁은 코스(협로), 아니면 타원형 트랙처럼 두 군데의 모퉁이가 있는 장소를 선택하는 것이 좋다. 이와 같은 장소에서는 다른 모든 주행기술을 연습하면서 동시에 조향하는 기술을 배울 수 있다. 초보자들에게 직진하다가 먼저 왼쪽으로 터닝하고, 그 다음에 오른쪽으로 터닝하는 연습을 하도록 한다. 단순한 8자 모양의 코스도 재미있다.

초보자들에게 1단 기어가 들어간 상태에서 두 브레이크를 약하게 작동시키면서 오른쪽으로, 그리고 이어서 왼쪽으로 조향하다가 직진하면서 상향 변속 및 하향 변속을 하도록 지도한다. (앉은 자세에서 조향하는 기술을 포함한, 보다 상세한 터닝방법에 대해서는 제6장을 참조할 것)

초보자는 출발과 정지, 변속, 최초의 터닝 연습을 마친 다음에, 제동, 직립 주행, 직립 방향 전환, 오르막 주행, 내리막 주행, 산허리 주행, 산에서의 터닝, 산에서 빠져 나가는 방법 등을 비롯한 이 책에서 설명되어 있는 주행기술의 나머지까지 계속해서 연습할 수 있다. 이와 같은 연습들을 하고 나면, 이제 초보자들은 각각 서로 다른 진도를 나타낼 것이며, 이 책의 나머지 내용으로부터 도움을 받으면서 연습을 계속할 수 있을 것이다. 이제 밖으로 나가 연습의 재미를 즐겨 보자.

변속 연습

초보자가 일단 출발과 정지를 잘 할 수 있으면, 그 다음 단계는 변속하는 방법을 배우는 것이다. 초보자들이 바이크를 타고 엔진을 시동하기 전에 먼저 그들이 타고 있는 바이크의 변속 패턴을 설명해 준다. 대부분의 모터사이클에서 표준 변속 패턴은 1하 5상인데, 이는 1단 기어는 중립에서 하나 내려오고, 2단에서 6단까지의 기어는 한 번에 하나씩 올라간다는 뜻이다. 중립은 '하프클릭(half-click)', 즉 1단 기어와 2단 기어 사이에서 변속 레버가 한 번 완전히 움직이는 거리의 절반에 해당한다. 중립 위치를 찾아내는 가장 쉬운 방법은 1단 기어로 변속한 다음, 레버를 하프클릭만큼 위로 이동하면 된다.

한 번에 기어를 한 단씩 바꾸고 그 다음에는 변속 레버에서 발을 뗀다는 점을 지적해 준다. 변속할 때마다 반드시 스로틀을 닫는다는 점을 상기시키고, 변속하기 위해 아래를 내려다보거나 뒤 브레이크를 사용하지 않도록 한다. 덧붙여 초보자가 다양한 속

클러치를 놓으면 바퀴가 구른다.

1 다음과 같은 단계별 과정에 충실히 따르면, 맨 처음이라도 클러치를 놓고 바퀴가 구르게 하는 것은 쉽다. 시트에 앉아 몸을 앞쪽으로 기울이면서 시작한다.

2 1단 기어를 넣고 두 발을 지면 위에 놓는다. 몸을 앞으로 숙인 채 천천히 조금만 클러치 레버를 놓는다.

3 바이크가 마찰경계에 도달하여 움직이기 시작하면, 두 발을 움직여 바이크와 지면이 서로 수직을 유지하게 하며 핸들을 똑바로 한다.

맨 처음에 연습해야 하는 것 가운데 하나는 기본에 집중하면서 뒤 브레이크와 앞 브레이크를 이용하여 부드럽게 정지하는 것이다. 앞 브레이크에는 두 손가락만 사용하고, 브레이크 레버를 점진적으로 움켜쥐며, 바이크와 지면을 수직으로 유지하고 두 바퀴를 일직선이 되게 하며, 핸들을 똑바로 한다. 이것은 단지 브레이크를 사용하는 연습의 시작일 뿐이며, 아무런 두려움 없이 내리막길을 내려갈 수 있을 때까지 계속해서 연습해야 한다.

트레일에서 나온 이야기 :
물 밖으로 뛰쳐나온 물고기처럼 주행하기

내가 스무 살이었을 때, 카와사키 연구개발부에서 테스트 라이더와 정비사로 일했으므로 당시에 내 신체적 조건과 바이크 운전기술이 훌륭했음은 두 말할 필요도 없다. 직장 동료들이 제트스키를 타는 데 나를 데려가기로 했지만, 정작 제트스키를 타는 방법에 대해서는 아무도 말해 주지 않았다. 우리는 태평양으로 나갔는데, 결코 초보자에게 가장 좋은 곳이라 말하기 어려운 곳이었다. 나는 제트스키를 타는 것이 쉬울 거라고 생각했지만, 온종일 사고만 내고 그들 뒤를 쫓아가느라고 바빴다. 나는 물 밖으로 뛰쳐나온 물고기처럼 제트스키를 탔다. 물론 내 친구들은 잔인하게 내가 허둥거릴 때만 되면 내 주위로 몰려들었다. 그날 밤 나는 제트스키에 대해 많은 생각을 하고 타는 방법을 알아냈다. 다음 날 나는 다시 바다로 나가 금방 제트스키를 탈 수 있었고, 한나절도 채 되지 않아 거의 그들을 따라잡을 수 있었다. 이 경험을 통해 나는 이제 초보자들 또한 조금만 시간이 지나면 스스로 방법을 터득할지 모른다고 생각하면서 그들에 대한 판단을 유보하고 있다.

도에서 가속 및 감속할 때의 느낌과 엔진 작동음에 대한 느낌을 파악하면, 변속시점과 변속해서는 안 되는 시점을 알게 될 것이며, 변속하기 위해서 초조해 할 필요가 없게 될 것이다. 하향 변속은 일반적으로 속도가 떨어질 때 하게 되는 데, 이 때 하향 변속하지 않으면, 어느 기어 단에서도 바이크는 정지할 수 있다. 그리고 저속 기어—적어도 2단 기어이며 1단 기어가 바람직하다—로 변속하기 전에는 다시 출발할 수 없다.

변속 연습을 위해 초보자들에게 커다란 정사각형, 또는 서행해야 하는 90도 각도의 코너와 상대적으로 긴 직선부분으로 구성된 직사각형의 주위를 돌게 한다(앞에서 설명한 '방향 전환 연습'의 지침에 따른다). 초보자들에게 바이크를 타고 코스를 돌게 한 다음에, 바이크 엔진의 작동음을 듣고 그들이 정확한 장소와 시점에 변속하는지 확인한다. 초보자들이 엔진 회전속도를 지나치게 올리고 있다면, 가속(그리고 감속)이 매끄럽게 진행될, 최적의 회전속도에 이르기 전에 일찍 변속할 수 있음(쇼트 시프트(short shift)라고 한다)을 지적한다. 그리고 바이크의 속도가 충분히 낮아지기 전에 한 단 이상의 저속 기어로 변속할 경우에는 엔진 브레이크가 너무 많이 걸려 뒷바퀴가 순간적으로 로크(lock)될 수도 있다는 점에 대해 주의를 주어야 한다.

초보자들이 이 훈련과정을 마치면, 안전하게 바이크를 타고 다닐 수 있으며, 이제는 클러치 조작, 변속, 제동 등과 같은 훈련을 결합하기 시작할 수 있다. 그리고 다음 장에서는 지금 알고 있는 것들을 더욱더 심화시키면서 방향 전환이라는 커다란 다음 단계를 배우게 될 것이다.

이런 산비탈의 핵심 코스와 같은 일부 훈련에서 강사는 주위에 머물면서 교습생들이 몸의 균형을 잃을 경우에 도와주어야 한다. 이 연습을 하기 위해서는 중간 정도의 가파른 오르막길에서 기어를 넣어 바이크를 정지한 다음, 바이크에서 내려 바이크를 히프에 기댄 뒤 약간 내리막길로 향할 때까지 클러치를 당겼다가 이리저리 돌리며, 아래로 내려가는 동안에는 앞 브레이크로 속도를 제어한다. 바이크에 올라탈 때나 내리막길을 내려가기 시작할 때는 언제나 한 발을 오르막 쪽에 놓은 채 몸의 균형을 유지한다는 것을 기억한다.

3 기본기 구축

모터사이클을 잘 타기 위해서는 모든 모터사이클이 어떻게 정지하고 어떻게 방향을 전환하는지에 대한 기본을 이해하는 것이 중요하다

우리는 모토벤쳐스에서 모터사이클 제어기술을 가르치고, 자신감을 기르고 좋은 습관을 형성하도록 도우며, 평생 동안 안전하게 탈 수 있는 라이더들을 양성한다. 우리는 허약한 기초 위에 좋은 집을 지으려는 사람들처럼, 잘못된 기본기를 바탕으로 훌륭한 운전 기술을 습득하려고 하는 사람은 없을 것으로 믿고 있다. 수년 동안 길들여진 나쁜 습관으로 괴로워하다가 나중에 고치는 것보다는, 처음부터 좋은 습관을 기르는 것이 훨씬 더 쉽다. 일단 올바르게 타는 방법을 배운 뒤에는 시간을 내어 연습하면 그 보상을 받을 것이다. 모터사이클을 탈 때 실력이 더 좋은 사람이 훨씬 더 많은 재미를 느끼기 때문이다. 모터사이클을 타는 것은 악기를 연주하거나 자전거를 타는 것과 같다; 얼마 동안 타지 않았더라도 탈 수는 있겠지만, 실력이 녹슬어 금방 예전의 실력을 회복하기는 어려울 것이다. 여기서 얻는 교훈은 "실력은 계속해서 사용하지 않으면, 잃어버릴 수도 있다"는 것이다.

훌륭한 라이더라고 해도 그 실력을 하룻밤 사이에 쌓은 것은 아니다: 수년이 걸린다. 만약 어린 나이에 타기 시작하면 겁도 없고 체력도 좋기 때문에 쉽게 배울 수 있다. 실수를 하더라도 툭툭 먼지를 털고 다시 시작할 수 있다. 요즘의 젊은 라이더들은

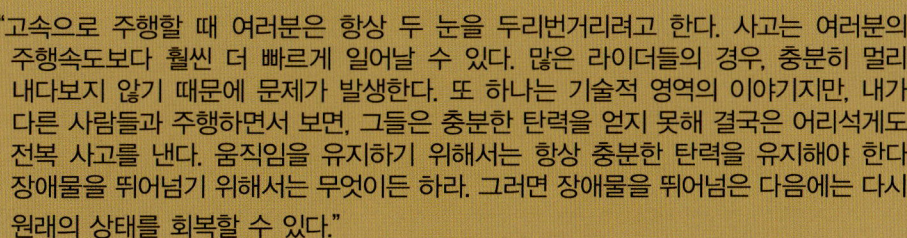

"고속으로 주행할 때 여러분은 항상 두 눈을 두리번거리려고 한다. 사고는 여러분의 주행속도보다 훨씬 더 빠르게 일어날 수 있다. 많은 라이더들의 경우, 충분히 멀리 내다보지 않기 때문에 문제가 발생한다. 또 하나는 기술적 영역의 이야기지만, 내가 다른 사람들과 주행하면서 보면, 그들은 충분한 탄력을 얻지 못해 결국은 어리석게도 전복 사고를 낸다. 움직임을 유지하기 위해서는 항상 충분한 탄력을 유지해야 한다. 장애물을 뛰어넘기 위해서는 무엇이든 하라. 그러면 장애물을 뛰어넘은 다음에는 다시 원래의 상태를 회복할 수 있다."

타이 데이비스(Ty Davis)
AMA 슈퍼크로스(Supercross) 챔피언, AMA 전국 엔듀로 챔피언, ISDE 금메달 수상자, WORCS 시리즈 챔피언, 바하 500 및 바하 1000 우승자(4회), 〈더트 라이더 매거진〉에 의해 3년 연속 '최고의 만능 라이더'로 선정됨.

컴퓨터 게임을 하는 것처럼, 아주 빨리 좋아질 것을 기대하지만, 모터사이클 라이딩의 현실적이면서도 실질적인 세계에서는 하룻밤 사이에 전문가가 될 수 없다. 만약 더 나이가 들어서 시작할 경우에는 실수를 피하고 항상 올바르게 주행하려고 노력해야 한다. 모터사이클 라이딩을 배우는 것은 무엇을 해야 할지를 완전히 이해하고 어쩌면 때로는 올바르게 하기도 하지만, 자신의 마음이 원하는 것을 몸이 따라주지 않는 사람에게는 절망적일 수 있다. 하지만 묘수는 없다. 좋은 주행 습관을 기르는 데는 나이와 상관없이 시간이 걸린다. 교습 과정의 속도를 높이는 최상의 방법은 이 책을 보고 자주 연습하는 것이다.

이 장에서는 기본이 되는 핵심 기술을 연마해 완벽하게 다듬는 것이 어떻게 여러분의 제어기술과 안전도를 개선하고 자신감을 길러, 주행의 다음 단계로 발전시킬 수 있는지에 대해 살펴보자. 그리고 훌륭한 라이더가 갖추어야 할 자질, 그리고 좋은 정신적 습관, 시각적 습관, 실천 윤리 등의 중요성에 대해서도 설명할 것이다. 또한 속도란 필요할 때 사용할 수 있는 하나의 도구일 뿐이라는 것도 논의하며, 사고가 일어나면 어떻게 되는지에 대해서도 살펴볼 것이다.

주: 기본기를 습득하고 연습을 계속한 뒤에는 다른 바이크를 타 보는 것이 좋다. 다른 바이크를 시험 삼아 타 봄으로써 자신의 바이크의 성능이 다른 바이크와 어떻게 다른지 알게 될 것이다. 어쩌면 자신의 모터사이클의 결점을 알게 됨으로써 튠업(tuneup)할 필요가 있다거나, 새 바이크를 구입할 때가 되었음을 발견할지도 모른다. 오늘날에는 종류도 다양하고 믿을 수 없을 만큼 성능이 뛰어난 바이크들이 많으므로 선택의 폭은 아주 넓다.

위험을 감수할 만큼 실력이 좋은가?

라이더가 초보자로서의 자세를 망각하고 자신의 실력을 과신한 끝에 실제로 아직 준비가 되지 않은

천천히 주행하다가 방향을 전환할 때는 넘어지는 것을 막기 위해 핸들을 돌리고 몸으로 균형을 잡아야 한다.

중속과 고속에서 방향 전환할 때는 더 이상 핸들을 돌릴 필요가 없으며, 단지 바이크를 기울이고, 몸을 약간 움직여 균형을 잡아주어야 한다.

기술까지 시험해 보려고 덤벼드는 시점이 있다. 이와 같은 위험한 상황을 파악하여, 사고가 발생하기 전에 미리 방지할 수 있는 방법이 있다. 경험이 많은 라이더라고 해서 반드시 훌륭한 라이더는 아니다. 여러 해 동안에 걸쳐 많은 경험을 했음에도 불구하고 라이더로서 형편없는 사람도 많다. 인내심이 없고, 자신감이 지나치고, 자존심이 강한 사람들은 가끔 모터사이클을 형편없이 탔다는 사실을 뒤늦게 발견하는 경우가 많다. 그런 사람들은 대부분 자신의 능력을 과대평가하고 위험은 과소평가한다. 자연스럽게 조정이 이루어져 사고 없이 잘 타는 사람도 있지만, 그렇지 못한 사람은 여러 가지 곤란을 겪기도 한다. 그런 사람을 알기도 하고 어쩌면 그런 사람이 바로 나 자신일지도 모른다면, 다음과 같은 내용을 자문해 보자: 주행할 때 자신이나 남들에게 공포감을 느끼게 하는가? 즉흥적으로 주행할 뿐 실제로는 무엇을 어떻게 해야 하는지 모르는가? 자신의 주행이 불완전하다는 말을 들은 적이 있는가? 주행할 때마다 사고를 내는가? 항상 운반 트럭에 마지막으로 도착하고, 항상 '죽을 뻔했다가 간신히 살아났다'는 말을 하는가? 자신이나 자신이 알고 있는 사람이 이와 같은 설명에 하나라도 해당된다면 위험천만한 일이 아닐 수 없다. 당장 적절한 교습을 받고 연습을 하지 않는다면, 앞으로의 모터사이클 라이딩에 어려움이 많거나, 어쩌면 더 이상 영원히 라이딩을 할 수 없게 될지도 모른다.

공포의 요인

초보자가 모터사이클 라이딩과 같은 새로운 행위를 시도하거나 도전하려고 할 때 공포, 불안, 압박감 등의 감정을 경험하는 것은 지극히 정상적인 것이다. 사람마다 배우는 속도나 실력이 느는 속도가 다르다. 따라서 다른 사람보다 시간이 더 걸리는 사람도 있다. 모든 사람은 시작할 때 이와 같은 감정을 극복해야 하며, 가장 좋은 방법은 이상적인 주행 장소(모래나 돌이 너무 많거나 지나치

빠르게 주행할 때는 브레이크 슬라이딩이나 파워 슬라이딩에 의해서도 바이크의 방향을 전환하거나 바이크를 기울일 수 있다.

선 채로 터닝을 하기에는 적절하지 못한 상체의 자세이다. 라이더의 어깨와 몸통이 교차되거나 비틀어져 있으며, 바깥쪽 무릎도 모터사이클에 붙어있어 균형을 잡는 것을 방해하고 있다. 앉은 상태나 선 상태로 터닝할 때 급선회를 하지 못하고 돌아 나와야 할 곳에서 아주 넓게 선회한다면 아마도 이런 식으로 몸이 비틀어질 것이다.

오프로드를 주행은 어려우며, 수도 없이 여러 번 모터사이클에서 떨어지기도 할 것이다. 다행스럽게도 대부분의 사고는 라이더에게 큰 부상을 입히지도 않고 바이크도 크게 손상시키지 않는다.

게 가파르지 않은 곳)에서 자신에게 적합한 즉, 크기가 너무 크지 않으면서 출력도 지나치게 강력하지 않은 모터사이클을 타면서 제어 능력과 자신감을 기름으로서 천천히 그리고 꾸준히 실력을 향상시키는 것이 좋다. 두려움을 느끼면서 주행을 잘할 수는 없지만, 그런 감정을 존중할 필요가 있다. 그리고 자신의 보조에 맞춰 충분한 시간을 들여 배우고, 주행에 요구되는 제어와 자신감을 발전시킨다면 그런 자연스러운 감정은 극복할 수 있다.

"내 모터사이클을 어떻게 도울 수 있을까?"를 항상 생각하라

무슨 일이든 진지하게 노력해야 하는 것처럼, 모터사이클 라이딩도 올바른 태도로부터 시작해서 많은 것을 요구한다. 자신이 진심으로 라이딩을 원해야 하며, 모든 세부적인 사항에도 주의를 기울이지 않으면 안 된다. 합당하지 않은 이유로 라이딩을 배우러 온 사람을 지도하는 것은 정말로 어려운 일이다. 예를 들면, 자신은 타고 싶지 않은데 아버지가 원하기 때문에 타는 어린이, 남자 친구나 여자 친구에게 좋은 인상을 주기 위해서 타는 젊은이, 직장 상사와 어울리기 위해 라이딩하는 사람 등이다. 이들은 모두 위험한 라이딩의 원인이 될 수 있다. 모터사이클 라이딩은 라이더의 세심한 주의와 노력을 요구한다. 모터사이클 라이딩을 안일하게 생각하면 곧바로 사고로 이어지기 때문에 매우 진지한 태도로 임하지 않으면 안 된다.

훌륭한 라이더의 공통적인 자질의 일부는 가르치기 어렵지만, 발전시킬 수 있다. 우선 몸과 마음의 조화가 중요하다. 내가 원하는 것을 모터사이클이 수행하도록 하기 위해서는 나 자신의 몸을 제어하여 그렇게 하도록 하지 않으면 안 된다. 무엇을 해야 하는지 충분히 알고 있으면서도 몸이 말을 듣지 않아서 그렇게 하지 못하는 사람도 있다. 상식 또한 중요하다. 모터사이클을 탈 때는 훌륭한 판단력도 사용해야 하며, 본능도 도움이 된다. 라이딩할 때의 나쁜 판단을 예로 들면, 모래사장에 들어가기 전에 가속하지 않는 것, 방향 전환을 하기 전에 감속하지 않는 것, 눈을 뜰 수 없는 먼지 속에서 주행하는 것, 위험한 트랙을 선택하는 것 등이다. 이 외에도 보기는 많다. 모터사이클 라이더가 반드시 갖추어야 할 가장 중요한 자질 가운데 하나는 존중하는 태도이다. 주행을 두려워하지 않을 수도 있으나, 두려움에 대한 건전한 존중심이 필요하며, 그래서 자신의 한계를 넘어서지 말아야 한다. 두려움을 모르는 모터사이클 라이더는 보통 오래가지 않는다.

만약 나는 겁이 없다고 생각하는 사람이라면, 정말로 훌륭한 실력을 갖추어야 한다.

처음으로 더트-바이크 교습을 받을 준비를 하는 좋은 방법은 자전거, 특히 산악용 자전거를 많이 타는 것이다. 어떤 자전거를 타더라도 모터사이클을 타는 데 신체적으로나 정신적으로 도움이 된다. 산악용 자전거를 타다가 모터사이클을 타게 된 사람은 당장 라인을 찾는 방법을 안다. 만약에 여러분이 산악용 자전거와 모터사이클을 모두 타고 있다면 앞 브레이크 레버를 모터사이클처럼 오른쪽으로 이동시키기를 권한다. 그러면 자전거가 모터사이클 라이딩 훈련에 더욱더 좋은 훈련 도구가 된다. (그렇지만 친구에게 그 자전거를 빌려 줄 경우에는 그렇게 바꾸어 놓은 사실을 친구에게 알려 주어야 할 것이다.)

모터사이클 라이딩의 재미 중의 하나는 사람마다 즐기는 방법이 다르다는 것이다. 누구나 빨리 또는 느리게 달릴 수도 있고, 왼쪽으로 가거나 오른쪽으로 갈 수도 있으며, 위로 올라가거나 아래로 내려

트레일에서 나온 이야기 :
그들이 추측하지 못한 것은 훈련

터놓고 말하자면 모터사이클을 타기는 어렵지 않지만, 올바르게(안전하게) 타기는 어렵다. 여러 해 동안 모터사이클을 타고 있지만 아직도 그 실력을 제대로 갖추지 못한 사람들이 의외로 많다. 경주에서 꼴지를 하거나 항상 사고를 일으키는 데 신물이 나면 마침내 우리를 찾아와 훈련을 받으려 한다. 여러 해 동안 몸에 익힌 여러 가지 나쁜 습관을 고치고 올바르게 타는 방법과 연습하는 방법을 가르친 뒤 우리는 그들에게 다시 친구들과 모터사이클을 타러 가기 전에 더 많은 연습을 하라고 권한다. 연습을 많이 하고 경주에 참가하면, 경주에서 앞서기도 하거니와 온종일 사고를 내지 않는다. 우스운 일은 그들의 친구들이 "열심히 운동을 했거나 바이크를 튠업한 것이 아닐까?" 의심했다는 사실이다. 그러나 진짜 이유는 그들이 마침내 바이크를 올바르게 타게 되었다는 것이다.

바이크를 지면과 완전히 수직이 되게 하면, 바이크가 넘어지지 않게 하는 데 별다른 힘이 들지 않는다.

갈 수도 있고, 직업적인 레이서가 될 수도 있거니와 마음 내키는 대로 레크리에이션으로 타기도 한다. 모터사이클은 궁극적으로 자유로운 머신이다. 훌륭한 라이더는 라이딩 그 자체를 즐기고 연습을 자주 한다. 그들은 도전을 마다하지 않으며, 더 많이 배우고자 하고, 만족하는 경우가 거의 없으며, 항상 완벽을 추구한다. 훌륭한 라이더는 믿을 수 없을 정도의 감각을 발달시키며, 모터사이클과 일심동체가 되어 마치 바이크가 자기 신체의 일부분인 것처럼 여긴다. 훌륭한 라이더는 신체적 에너지와 연료를 적게 소비하고, 마모도 덜 시키며, 사고를 일으키지도, 모터사이클을 손상시키지도 않으면서 다른 사람들보다 훨씬 더 빠르게 주행한다.

전문 라이더들은 훌륭한 라이더와 그렇지 않은 라이더를 곧바로, 특히 몇 분 동안만 함께 주행하고도 금방 구분할 수 있다. 신경질적인 신출내기임을 나타내는 신호 가운데 하나는 정지할 때나 방향을 전환하면서 천천히 돌 때 두 다리를 달랑거리는 것이다. 초보자임을 광고하고 싶지 않다면, 정지할 때는 발을 하나만 내려놓고, 방향을 전환할 때는 바깥쪽 다리를 절대로 내뻗지 말아야 한다.

모터사이클을 잘 타기 위해 반드시 멋진 균형을 유지할 필요는 없지만, 반드시 균형을 추구해야 한다. 중력의 법칙을 가지고 논쟁할 수는 없다. 단순히 말하면 모터사이클은 원래부터 불안정하며, 그래서 손을 떼면 곧바로 쓰러진다. 어떤 크기의 모터사이클이라도 지면과 완전히 수직인 상태를 유지할 때 얼마나 다루기 쉬운지를 경험한 적이 있는가? 우리가 모터사이클의 무게를 느끼거나 모터사이클이 쓰러지려고 하는 것은 모터사이클이 기울

저속이나 전혀 속도가 없는 상태에서 바이크를 기울이면, 아주 무거워 넘어지지 않게 하기가 아주 어렵다.

어져 있을 때뿐이다. 모터사이클을 잘 타기 위해서는 균형을 유지하고자 끊임없이 노력하지 않으면 안 된다. 주: 모터사이클을 배울 때, 처음에는 두 손바닥에 피부가 벗겨진 '모터사이클 근육', 심지어는 물집, 마침내 못까지 생기게 된다.

자신감이 열쇠다. 잘 타기 위해서는 자신감을 가져야 하며, 자신감을 얻기 위한 유일한 방법은 연습과 훈련뿐이다. 모든 모터사이클 레이서들은 누구나 자신감을 가지고 있다. 그들은 스스로 자신을 믿어야 하며 의심하거나 망설일 수 없다. 아니면 사고를 일으키거나 레이스에서 패할 것이다. 모터사이클 레이서들과 이야기를 해 보면 알 수 있지만, 그들은 자신들이 레이서가 되기까지 어떤 고난을 감수했는지를 이해하지 못하는 사람들에게는 오만하게 보일 수도 있다.

자신감은 그들의 궁극적인 성패를 좌우하는 핵심 요소이다.

정신적·시각적 습관 : 놀라지 않는다.

멋진 라이딩에는 좋은 정신적 습관, 좋은 시각적 습관, 심지어는 좋은 청각과 후각까지도 요구된다. 훌륭한 라이더는 자신이 마주치는 다양한 상황과 조건을 재빨리 파악하고 올바르게 대응하는 데 도움을 얻기 위해 자신이 지니고 있는 거의 모든 감각기관을 사용한다.

정신적으로는 이 책을 읽고 '완벽하게' 연습함으로써 라이딩 중 긴급 상황에 즉각적으로 반응할 필요가 생겼을 때 육감적으로 즉각 대응할 수 있는 준비를 갖추어야 한다. 연습은 자신감을 갖도록 해 주며, 연습의 정도에 따라 정신적으로나 육체적으로 준비 태세를 갖추게 된다. 준비가 제대로 되어 있지 않으면 회의하거나 망설이게 될 것이며, 오르막길에 도전하는 것을 피하거나 모래사장에서 저돌적이지 못할지도 모른다. 오프로드를 주행할 때는 머뭇거리기보다 단호하게 대응하는 것이 더 좋은 경우가 많다.

시각적으로는 단지 정면뿐만 아니라 더 멀리까지도 계속 주시해야 한다. 가고자 하는 길에 초점을 맞추되 어떤 위험에도 불구하고 '목표에 집착하는 것'은 피해야 한다. 목표에만 집착하다 보면, 위험에 빠질 수도 있다. 모터사이클의 속도가 상승하면, 그에 비례해서 더 멀리 내다보아야 하지만, 바로 발밑에 있는 것도 무시할 수는 없다. 모든 것을 파악해 놀라운 일이 벌어지거나 몰래 다가오지 못하도록 하는 것이 급선무이다. 간단히 말해 무엇인가를 보지 못했거나 그 지형에서 달리는 방법을 알지 못하면 속도를 늦추거나 아예 멈춰야 한다는 것이다.

청각적으로는 모터사이클에서 발생하는 여러 가지 소리에 귀를 기울여야 한다. 다양한 회전속도와 다양한 변속 단에서 어떤 소리가 나고 어떻게 가속되는지를 알게 되면, 더욱더 부드러운 작동이나 최고 성능을 위해서 그에 합당한 변속 또는 스로틀 개도를 조정할 수 있다. 물론 기계적인 고장과 관련해서는 항상 비정상적인 소리에 귀를 기울여야 한다. 레이서가 엔진의 소리나 냄새의 변화를 감지하여 엔진 파열을 모면할 수 있었던 사례는 아주 많다. 모터사이클이 정상적으로 작동할 때 나는 소리에 익숙해지면, 비정상적인 경우를 감지할 수 있고, 사정이 더 악화되기 전에 적절한 대책을 강구하는 것도 가능하다.

체크리스트

(1) 지형을 파악하거나, (2) 최상의 라인을 선정하거나, (3) 상황에 적합한 기술을 사용해 실행할 때 등 어려운 문제에 봉착했을 때는 다음과 같은 정신적인 체크리스트를 점검하기를 권한다. 더 많은 기술을 습득하고, 경험을 쌓아 이들 모든 정보를 뇌 속에서 즉각 처리하면, 이 체크리스트는 자동으로 점검될 것이다.

1. 지형 파악

지형을 정확하게 파악하면, 지형 때문에 놀라는 일은 없을 것이다. 지형 파악이란 라이딩할 광범위한 지역의 지표면과 그 지표면 위에 노출된 장애물들을 확인하고 이에 대응하는 능력을 의미한다. 도로를 주행하는 경우라면, 도로상의 물기, 누설된 가솔린, 모래와 자갈, 도색된 미끄러운 차선 등을 파악하는 것을 의미한다. 오프로드 모터사이클이나 듀얼스포츠처럼 다양한 환경에서 라이딩을 하기 위해서는 좋은 시각적 습관을 발달시켜, 모든 종류의 지형을 제대로 파악할 수 있어야 한다. 접근하고 있는 노면이 단단할까? 부드러울까? 평탄할까, 아니면 울퉁불퉁할까? 접지력이 좋을까 아니면 미끄러울까? 훌륭한 라이더는 빠른 속도로 접근하면서 재빨리 지형(그리고 지리와 지형까지)을 파악할 수 있다. 반면에 초보자는 위험이 예상되는 지형의 전방에서 속도를 늦추거나 멈추어 상황을 파악한 뒤에 다시 앞으로 나아가는 것이 좋다. 이 점이 바로 처음에 많은 실수를 하는 부분이다 : 즉 위험한 지형에 적절하게 대응하지 못하는 것이다. 지형을 파악하는 방법에 숙달하면 위험을 알아차리지 못해 놀라는 일은 결코 발생하지 않을 것이다.

지형을 파악하는 방법의 대부분은 경험으로 배운다.

2. 최상의 라인 선정

가능한 한 접지력이 가장 좋고, 가장 평탄한 라인을 선정하여, 이를 고수해야 한다. 모터사이클 세계에서 '라인'이란 내가 타고 있는 모터사이클의 타이어가 지나가기를 바라는 특정한 좁은 길이다. 저속에서 방향을 전환할 때는 뒷바퀴 타이어가 앞바퀴 타이어의 반경 안쪽으로 따라가게 되는 것을 염두에 두고, 그 반경 안쪽에 뒤 타이어를 위한 여지를 남겨 두어야 한다. 일단 지형을 정확하게 파악했다면 이제 성공에 대한 최상의 희망을 제공하는 특정한 라인을 선정할 순서이다. 평탄하면서도 접지력이 가장 좋은 라인을 선정한다. 그와 같은 라인은 더 안전하고 더 빠르며 에너지도 적게 소비한다. 최상의 라인을 선정하기 위해서는 언덕을 오르기 전에 먼저 언덕 아래에 정지하거나 감속해 몇 초 동안 경로를 찾는 것이, 실패한 다음에 다시 언덕 아래로 내려가 다시 시도하는 것보다 나은 방법이다. 물론 운전 기술이 향상되기만 하면, 선정할 수 있는 라인의 수는 많아질 것이다.

3. 테크닉의 구사

테크닉을 구사한다는 것은 장소와 시간에 적합한 테크닉을 사용함으로써 눈에 띄는 가장 좋은 라인을 탈 수 있음을 뜻한다. 안다는 것과 실행한다는 것은 전혀 다른 별개의 문제이다. 대부분의 스포츠에서 연습이 필요한 것도 이 때문이다. 테니스 라켓이나 골프채를 올바로 휘두르기 위해서는 많은 연습을 거쳐야 한다. 실행에 옮긴다는 것은 단계별 과정을 밟음으로써 원하는 결과를 성취한다는 의미이다. 통나무를 뛰어넘거나 큰 바위를 올라가는 방법을 모르며 이전에 시도조차 해 보지 않았다면 그런 기술을 구사할 수 없다. 그것이 바로 연습이며 테크닉을 구사하는 것이다. 그래서 여러분이 테

트레일에서 나온 이야기 : 전설이 하나 탄생하기까지

여러 해 전 어느 대규모 오프로드 레이스가 진행되고 있는 동안, 선두 주자 중 한 사람이 언덕에서 꼼짝달싹하지 못하게 되어 그를 뒤따라오던 레이서들도 어쩔 수 없이 갇히는 병목 현상이 벌어지고 말았다. 그때 맬컴 스미스(Malcolm Smith)도 거기에 도착했다. 그는 놀라운 주행 기술을 터득하고 있었으므로 재빨리 어느 누구도 시도해 보려고 하지 않았던 어려운 라인을 타고 병목을 우회했다. 주위로부터 여기저기에서 "저게 누구야?" 하는 소리가 터져 나왔고, 그 말은 곧 쫙 퍼졌다. 새로운 라인을 찾아낸 것이 그의 능력이었고, 이 같은 혼잡으로부터 빠져나올 수 있었던 것은 바로 그의 뛰어난 주행 기술이었다. 이것이 바로 그가 미국의 오프로드 모터사이클 레이서의 전설 가운데 하나가 된 비법이었다.

경주 놀이

1 재미와 기술을 배양하는 훈련으로 친구와 함께 단단하고 평탄한 타원 코스를 도는 경주를 해 보자. 사진의 두 모터사이클은 똑같은 야마하 TTR125s이다.

2 필요한 것은 삼각뿔 표지 1, 2개이다.

트레일에서 나온 이야기 : 더 빠르다고 항상 더 좋은 것은 아니다

이 이야기는 래리 로슬러(Larry Roesler)가 바하 1000 레이스를 비롯한 여러 레이스에서 우승을 하고 있을 때, 그를 주축으로 한 카와사키 팀 그린(Kawasaki Team Green)의 정비사였던 데이브 파일(Dave Pyle)의 이야기이다. 어느 날 파일이 로슬러를 불러내 모두 함께 트라이얼 주행을 했는데, 모두들 그의 실력에 경탄해 마지않았다. 그 자신도 훌륭한 트라이얼 라이더였던 파일은 놀라지 않았다. 그는 로슬러가 항상 트라이얼 라이더처럼 주행해 왔지만 여태껏 KX500밖에 타지 않았다. 그리고 KX500을 탄 로슬러가 경주의 속도 부분에서는 어느 누구 못지않게 빠르고 어쩌면 더 빠를지도 모르지만, 그의 강점은 감속하는 시점과 힘들고 기술이 필요한 지형을 통과하는 방법을 잘 알고 있는 것이라고 설명했다. 로슬러가 전속력으로 달리는 레이서가 되었다가 기술을 발휘하는 트라이얼 라이더가 되고 필요에 따라 다시 바뀌는 것은 마치 그의 뇌에 가변 저항기의 손잡이가 달린 것 같았다는 말도 했다. 로슬러와 같은 위대한 라이더는 어느 때 빨리 달릴 수 있고, 어느 때 감속하여 실수를 피하는지를 잘 알고 있는 것이다.

3 서로 아주 근접하더라도 냉정을 유지한다.

4 코너를 돌고 난 다음에는, 자세를 바로하고 차츰 속력을 낸다.

노상에서의 이야기: 주행에 대한 수학적 접근

여러 해에 걸쳐 "모터사이클을 타는 방법"에 대한 좋은 책들이 많이 나왔지만 그 가운데 하나가 특히 압권이다. 그 책은 엔지니어들이 집필한 것으로, 라이더와 모터사이클의 '시스템'이 한데 어울려 어떻게 제 기능을 발휘하는지를 수학적으로 설명하는 것이었다. 나는 미국 혼다의 제품평가부에서 일할 때 부서장이 농담하듯 "이것이 바로 내가 주행할 때 생각하는 것"이라고 적은 메모와 함께 내 책상 위에 던져 놓은 SAE 기술 보고서를 보았을 때부터 그 책을 알고 있다. 그 보고서는 1984년 혼다의 기술자들이 작성한 것으로 제목은 '라이더와 모터사이클 시스템을 위한 세로축(longitudinal) 운동방정식'이었다. 그 책은 내가 이해할 수 없는 수식으로 가득 차 있었다. 그 책은 나보다 훨씬 똑똑한 사람들이 나보다 훨씬 똑똑한 사람들을 위해 작성한, 놀라운 연구 보고서이다.

크닉을 구사하는 것을 돕기 위해, 더트-바이크를 타는 데 필요한 핵심 테크닉을 모두 연습할 수 있는 방법을 단계별로 설명하는 이 책을 집필하였다.

라인을 고수하는 기술의 연습 방법

일단 가장 좋은 라인을 선정했다면, 타이어를 완벽하게 라인 상에 위치시키는 기술을 사용해야 한다. (제5장 참조). 만약 좁은 라인을 자유자재로 달릴 수 있다면, 싱글-트랙 트레일(소가 다니는 길처럼 보인다)을 탈 수 있을 것인 데, 이는 오프로드 모터사이클로 구사할 수 있는 가장 멋진 기술 중의 하나이다. 좁은 라인을 타는 연습을 하기 위해 우리는 길이 3m, 두께 5cm, 폭 15cm인 판자 2개를 잇대어 놓고 교습생들에게 판자에서 벗어나지 않게 달리게 한다. 이 기술은 모터사이클이 바퀴 자국에 빠졌을 때 타이어 사이드가 바퀴자국의 양쪽 측면과 심하게 마찰하는 것을 피하기 위해 바퀴자국의 중심을 타고 달려야 하는 경우에도 도움이 된다. 사고는 좋은 라인을 선정하지 못했거나 좋은 라인을 제대로 타지 못했기 때문에 발생하는 경우가 많다. 사고가 발생했던 라인에서 모터사이클의 바퀴 자국을 추적해 보면 금방 알 수 있다. 이리저리 달리다가 처음에는 라인으로부터 2-3cm 벗어난 상태로 달리다가 이윽고 50cm를 벗어나고 마침내 나쁜 지형으로 들어가 사고를 일으킨다. 정말로 큰 문제는 좁은 길 위에서 선정한 라인을 놓쳤을 때 시작된다.

주행만 하지 말고 연습도 하라

'연습을 해야 완벽해진다'는 케케묵은 속담이 더트-바이크 라이딩이라는 힘든 스포츠에서는 확실히 실감나는 진실이다. 가능한 한 완벽하게 연습하라. 강도 높은 연습만이 나 자신의 장점과 약점이 무엇인지 알게 해 줄 것이다. 더 나아지기를 얼마나 절실하게 원하는가? 나아지고 싶은 열망과 훌륭한 연습 윤리를 가지고 있다면, 기술을 빨리 발전시킬 수 있을 것이다. 연습 윤리란 모든 라이딩에 대한 자신의 접근 방법이다. 우선 주행만 하지 말고 연습도 하라. 다음에 주행하러 갈 때는 이 책을 가지고 가서 가능한 한 많이 연습하면서 자신의 실력 수준에 맞추어 새로운 도전을 늘이거나 줄이거나 하라. 얼마나 자주 연습해야 할까? 두 말할 필요도 없이, 가능한 한 많이 연습하는 것이다. 안타깝게도 많은 사람들이 바빠서 한 달에 두세 번밖에 주행을 하지 못한다. 일단 기술을 배우고 발전시켰다면 그것을 자주 사용해야 한다. 흔히 하는 말처럼 '사용하지 않으면 잃어버린다.' 대부분의 사람들은 결코 연습을 하지 않는다. 그들은 단지 어느 목적지에 가거나 다른 사람과 함께 나란히 달린다는 목표를 가지고 주행할 뿐이다. 나보다 실력이 나은 사람들과 주행할 때는 그들을 따라잡겠다고 해서는 안 된다. 그들은 여러분이 따라잡겠다고 애쓰는 것보다 자신의 한계 안에서 주행하면서 부상을 피할 때 오히려 여러분을 존중하고 높게 평가해 줄 것이다. 기술과 제어에 초점을 맞추면 자신감과 속도는 곧 따라온다.

이 자세는 앉은 채 주행하면서 급선회를 할 때의 올바른 자세로서, 라이더는 앞쪽에 앉아, 발과 다리를 앞쪽으로 뻗은 채 모터사이클을 기울이고 핸들을 돌리며, 라이더의 어깨는 핸들과 평행을 유지한다.

이 라이더는 도로 주행을 하고 있다고 혼동한 듯 방향을 전환하면서 바이크가 아니라 자신의 몸을 기울이고 있다. 이 테크닉은 트랙에서 스포츠 바이크를 탈 때 필요한 것이다.

몸을 반대쪽으로 움직여 균형을 잡는 기술은, 기교가 필요한 지형을 저속으로 주행할 때의 핵심 기술이다. 몸무게를 두 발에 집중하고, 바이크는 한쪽으로 기울이며, 엉덩이를 반대쪽으로 이동하고, 중심을 유지한 상태에서 어깨는 핸들과 직각이 되게 한다. 이 간단한 기술은 많은 라이더들에게 그들의 주행기술이 정체되었을 때 이를 극복하는 데 도움을 준다.

OFF-ROAD MOTORCYCLES 53

이 자세는 바이크의 핸들을 잡은 상태에서 클러치, 앞 브레이크 및 스로틀을 작동시키는 데 도움을 주는, 아주 좋은 자세이다. 두 손가락으로 레버를 조작하고 다른 두 손가락과 엄지로 핸들을 감싸 쥐는 방법으로 바위투성이의 오프로드 조건에 적합한 힘을 유지한다.

어린이처럼 연습하라

　어린이는 자신들이 그저 놀고 있다고 생각하지만, 실질적으로는 재미를 느끼는 동안에도 자신의 한계를 넘어서려는 연습을 하고 있다. 그들이 자전거 점핑에 익숙한 것은 그들이 좋아하는 것을 거듭 연습하면서 친구들에게 도전하고 친구들보다 더 잘하려고 애쓰기 때문이다. 오프로드 모터사이클의 세계에서 많은 사람들이 하는 플레이 라이딩(play riding)은 실질적으로 연습을 하는 것이다. 만약 성인들이 무엇을 연습해야 하는지 알고 어린이들처럼 연습하는 데 재미를 붙인다면, 어린이들과 마찬가지로 실력을 빠르게 향상시킬 수 있을 것이다. 그러므로 모터사이클 라이딩을 정말로 좋아하고, 라이딩 실력을 정말로 향상시키고 싶다면, 연습을 즐겨야 한다. 그러면 다시는 연습할 필요가 없게 될 것이다. 좋은 연습 윤리란 왜 주행을 하고 어떻게 주행하고 싶은지를 분명히 하려고 노력하며, 자신의 기술과 능력(그리고 자신이 타고 있는 모터사이클의 능력)을 인식하고, 그 한계를 지켜야 한다는 것을 뜻한다. 나이와는 관계없이 늦게 시작할수록 더 인내심을 가지고 신중해야 한다는 점은 똑같이 적용된다. 먼저 자신의 두뇌를 작동시켜 단계별로 받아들이고 실험하며 자신의 모터사이클로부터 오는 피드백을 신체를 통해 민감하게 받아들여야 한다는 것을 명심한다. 가능하다면 특정한 하나의 테크닉을 적어도 이틀 연속 연습해야만 그것을 기억 속에 단단히 집어넣을 수 있다. 물론 자신보다 더 많은 기술을 가진 사람들과 함께 주행하는 것은 언제나 도움이 된다. 그리고 경주를 할 경우에는 경주하는 것보다 더 열심히 연습하면 경주가 쉽게 여겨질 것이다. 좋은 습관과 나쁜 습관을 알아차릴 수 있는 좋은 강사가 있는 것도 멋진 일이다. 친구들과 경주를 하라. 경쟁은 자신의 기술을 발전시키고 자신감을 얻으면서 동료들 사이에서 자신의 기술을 가늠해 볼 수 있는 훌륭한 방법이다.

속도를 도구로 사용한다.

스릴 만점의 짜릿한 속도감을 즐기기 위해, 우리는 자신의 바이크가 얼마나 빨리 달릴 수 있는지 알고 싶어 한다. 속도는 때와 장소에 따라 좋기도 하지만, 속도는 우리가 알고 있는 여러 가지 기술 가운데 하나에 지나지 않는다. 모토크로스와 같은 레이싱 스포츠에서는 속도가 바로 경기의 전부이다. 대부분의 사람들은 레이스를 시작하기 전부터 속도를 내기 위한 테크닉과 감각을 발달시킨다. 그러나 우리는 발전단계에 있는 라이더는 먼저 저속과 중속의 테크닉을 습득하는 데 집중하고 속도란 보너스 또는 케이크의 아이싱으로 생각하기를 권한다. 언덕을 오르는 경우처럼 속도가 성패를 가를 만큼 중요한 때가 많은 것은 의심의 여지가 없지만, 속도는 필요할 때 사용할 수 있는 도구이지 항상 의지할 수 있는 목발 같은 도구는 아니다.

올바른 자세에 관해 말하자면 고속 주행할 때는 히프를 뒤로 빼고, 저속으로 주행할 때는 다시 앞쪽으로 이동해야 한다는 점을 잊어서는 안 된다. 고속으로 주행한 뒤 천천히 방향을 전환하기 위해서는 앞쪽으로 몸을 이동시켜야 하는데 그렇게 하지 않으면, 앞바퀴 타이어에 무게가 전혀 실리지 않아 접지력을 상실하므로 사고가 발생하는 것이다. 오프로드 라이더는 속도가 상승하면 뒤쪽으로, 속도가 낮아지면 앞쪽으로 계속해서 몸을 움직여야 한다. 저속이나 중속으로 주행할 때는 안짱다리를 하고 있으면서 모터사이클 위에서 몸을 좌우로 자유롭게 움직이는 것이 중요하다. 고속 주행할 때는 몸의 좌우 움직임이 다소 줄어들 것이며, 때로는 두 다리를 모터사이클에 바짝 붙이는 동작이 바이크를 안정시키고 제어하는데 도움이 될 것이다.

이륜차에서는 속도가 실질적으로 안정기구의 역할을 한다. 대부분의 경우, 고속으로 주행하는 것보다 서행하는 것이 더 어렵다. 그러나 속도는 또한 부적합한 기술이나 테크닉을 가진 사람을 위한 보정기구의 역할도 할 수 있다. 물론 속도가 결국 문제를 일으킨다. 사실인즉, 모터사이클의 바퀴는 회전함으로서 라이더가 똑바로 설수 있도록 도와준다.

비교적 쉬운 구간에서, 도로 주행자들처럼 꽤 긴 시간을 고속으로 주행하다 보면, '실제보다 훨씬 느리게 달리는 것처럼' 착각하게 되며, 그 결과 감속하는 데 걸리는 시간을 과소평가하게 되고, 결국 코너가 나타나면 제대로 돌지 못하고 나 둥그러지게 될지도 모른다. 이와 같은 현상을 인식하고, 고속으로 달릴수록 감속하는 데는 더 많은 시간이 필요하다는 것을 명심해야 한다. 일반적으로 대부분의 사람들은 자신의 모터사이클의 엔진 배기량이나 속도성능과는 관계없이 스스로 속도를 제한하고 있으며 자신이 쾌적하다고 느끼는 만큼만 속도를 낸다.

우리는 달리기(고속 주행) 전에 걷기(저속 주행)부터 배워야 한다고 믿는다. 알아 두어야 할 테크닉의 대부분은 상대적으로 낮은 속도에서 배우고 발전시킬 수 있으며, 실수를 저지르더라도 부담이

플랫트랙(flat track) 레이싱은 미국 전역에서 볼 수 있는 여러 형태의 모터사이클 경기 중 하나일 뿐이다. 초보 레이서들은 인듀로, 크로스컨트리, 모토크로스 등으로 시작하는 경우가 많다.

적다. 값비싼 대가를 지불해야 하는 경우는 대부분 고속으로 주행하다 실수를 저지르는 경우이다. 라이더의 기술이나 지형 조건에 비해 지나치게 고속으로 주행하는 것이야말로 모터사이클 사고의 가장 흔한 이유이다.

궁극적인 관점

물론, 오프로드에서 모터사이클을 타는 경우에는, 바이크로부터 떨어지거나 부딪칠 가능성을 항상 염두에 두고 있어야 한다. 고참들이 말하기를, 모터사이클 라이더에는 두 종류의 사람들 즉, 아래에 있었던 사람과 아래로 내려가는 사람이 있다고 한다. 사실, 기술을 배우고, 도전하며, 연습하고, 한계를 뛰어 넘으려면, 때로는 사고를 일으키게 마련이다. 오프로드는 분명히 주행을 배우는 데 포장도로보다 더 우호적이고 부드러운 곳이며, 바로 그 때문에 오프로드가 모터사이클을 타는 방법을 배우는 데 가장 좋은 장소라는 데 전문가들의 의견이 일치하고 있다.

사고는 훌륭한 라이더가 되고자 하는 사람의 학습 과정에서 중요한 일부분이다. 실력을 향상시키고자 한다면 무엇이 과다하고, 무엇이 부족한 지에 대한 참된 관점을 얻기 위해 한계를 뛰어넘어야 할 것이다. 교습을 받을 때는 실수를 저지르거나, 사고를 일으키거나, 모터사이클이 손상되는 것을 두려워해서는 안 된다.(바라건대 저속 상태에서). 오프로드 모터사이클은 사고에 대비해 디자인되어 있으며, 보통 사고가 일어나더라도 멀쩡하다(글쎄, 외관상 손상을 입을 가능성은 배제할 수 없을 것이다). 공도용 모터사이클이나 듀얼스포츠의 사고가 부담이 훨씬 더 크다. 긁히거나 휘어지거나 부품이 파손되는 것은 교습 과정의 자그마한 결과이다. 모터사이클 레이서들은 이것을 알고 있으며, 한계를 뛰어 넘으려다 때로 사고가 나는 것이 예사라고 여긴다. 프로 라이더들은 때때로 사고를 일으키지 않으면, 자신이 한계를 뛰어넘으려 하지 않는다는 것, 그래서 실력을 향상시키지 못하고 있다는 것을 알고 있다.

사고가 곧 일어나기 직전이라는 것을 직감한다면, 반드시 스로틀을 닫아야 한다: 그 시점에 스로틀로 가솔린을 공급한다면, 사태를 더 악화시킬 뿐이다. 사고가 나면 사지를 편 자세로 몸을 '수평 낙하'시키려 하지 말고 반대로, 체조 선수처럼 몸을 오그린 상태로 구름으로써 착지의 충격을 흡수하도록 한다. 먼저 자신의 몸이 괜찮은지 확인한 후 모터사이클을 일으켜 세우고, 아무 문제가 없는지 점검한 뒤 다시 시동을 걸고 출발한다. 모터사이클을 일으켜 세울 때는 쭈그려 앉았다 일어서는 방법으로 다리를 사용해야지, 허리를 사용해서는 안 된다. 대형 듀얼스포츠 바이크를 일으켜 세우는 테크닉은 쭈그려 앉았다 일어서면서 몸을 모터사이클 쪽으로 기울이는 것이다.

그 다음으로는 핸들 위의 트위스트 스로틀을 점검한다. 스로틀의 개폐가 자유로운가, 아니면 모래나 흙이 끼여 사용하기 전에 청소를 할 필요가 있는가? (스로틀 케이블도 점검한다.) 핸들과 프런트 포크(front fork)는 어떻게 정렬되어 있는가? 소형 바이크의 경우, 사고가 나면 대체로 비틀어지고 제대로 정렬되지 못하지만, 앞바퀴를 움직이지 않는 물체에 끼우고 핸들을 비틀면 대부분 쉽게 바로 펼 수 있다. 만약 핸들이 구부러진 경우에는 집에 돌아와 교체해야 한다. 클러치, 브레이크, 변속 레버,

뒤 브레이크 페달 등도 점검한다. 만약 모터사이클이 드러누운 상태가 되었다면 기화기의 오버플로 튜브로부터 가솔린이 흘러나올지도 모른다. 그러므로 사고가 나면 반드시 빨리 모터사이클을 일으켜 세워 소중한 가솔린이 누설되지 않도록 해야 한다. 집으로 돌아오는 데는 가솔린이 필요할 것이다. 만약 일부러 모터사이클을 눕혀 놓아야 한다면 카뷰레터에서 가솔린이 흘러넘치거나 누설되지 않도록 가솔린 코크를 잠근다.(그리고 나중에 다시 여는 것을 잊어서는 안 된다.)

사고가 난 경우에는 다시 출발하기 전에 먼저 왜 사고가 났는지를 이해하려고 노력한다. 그것이 자신의 판단 착오 때문이었는가? 보아야 했던 것을 보지 못한 탓인가? 자신이 선정했던 라인에서 벗어났는가? 사고가 난 이유를 알게 되면 다시는 똑같은 실수를 반복하지 않을 수 있다.

실력을 꾸준히 향상 시켜라

자신의 주행을 다음 단계의 수준으로 발전시키고자 하지만, 어려움을 겪고 있다면 어떤 '관문'과 같은 중요한 기술을 얻지 못했기 때문에 '기술의 정체기'에 빠졌는지도 모른다. 자신에게 근본적인 결점이 있다는 것을 스스로도 알고 있다. 특히 경기를 할 때마다 계속 진다면 그것은 분명하다. 이때 훈련과 훌륭한 강사가 커다란 차이를 만들 수 있으며, 여러분의 교습 과정을 가속시키는 데 정말로 도움이 될 것이다.

오프로드 모터사이클 경기

나는 항상 자신의 기술을 테스트하고 향상시킬 수 있는 최선의 방법은 경기를 하는 것이라고 말한다. 오늘날 여러 가지 형태의 오프로드 모터사이클

경기가 있으며, 여러분이 참가할 만한, 지방, 시군 지역, 도, 심지어는 전국 챔피언 자리를 두고 싸우는 연례행사도 많다. 프로와 아마추어의 구분도 있고, 동년배의 사람들끼리 경주하는 어린이, 여성, 베테랑 등의 경기 구분도 있다. 보통 이들 부문은 엔진 배기량과 라이더의 실력 수준(초보자, 스포츠맨, 중급, 고급, 전문가, 마스터, 프로 등)에 따라 정해져 있다. 거의 모든 사람을 위한 오프로드 모터사이클 경주 시리즈와 등급이 있으므로, 우리는 여러분이 이 책에 요약된 기본 기술을 익힌 다음에는 경주에 참가할 것을 강력하게 권한다. 이 외에도 모터사이클 경주에 참가하면 아주 좋은 사람을 만나고 새로운 친구를 사귈 수도 있다.

이 책에서 우리는 이들 여러 가지 모터사이클 스포츠 레이스에 필요한 모든 테크닉과 지식을 다 다루지는 않을 것이다. 모토크로스와 트라이얼의 기본은 다루지만, 전문가 수준의 레이스 기술과 요구조건의 복잡한 세계에 대해서는 다른 책을 위해 남겨 놓을 것이다.

미국에서 이루어지고 있는 오프로드 모터사이클 경주의 범위는 믿을 수 없을 정도로 광범위하다. 모토크로스와 슈퍼크로스, 사막 경주, 엔듀로, 크로스컨트리, 엔듀로크로스, 언덕 오르기(hillclimbs), 트라이얼(observed trials), 플랫 트랙(flat track), 스피드웨이(speedway), 슈퍼모토(SuperMoto), 그리고 심지어 빙상 경주(ice racing)까지도 있다. 뿐만 아니라 최근 수십 년 사이에 아주 인기를 끈 여러 가지 형태의 빈티지 모터사이클 경주도 개최된다.

경주로에서 나온 이야기 : 최대의 만족을 위해서는 자신이 다룰 수 있는 바이크로 경주하라

여러 해 전, 나는 어느 빈티지 모토크로스의 전문가 부문(Open Expert Class)에서 불타코(Bultaco) 360 푸르상(Pursang)을 타고 경주하는 레이스에 초청을 받았다. 나는 그냥 지나칠 수 없었다. 그날은 즐거웠고, 레이싱은 구식의 빈티지 모터사이클의 제한된 서스펜션을 감안해 잘 관리된 트랙에서 정신없이 빠르게 진행되었다. 이 경험은 내게 모터사이클이 얼마나 진화했는지, 그리고 현대의 오픈 클래스(450cc) 모터사이클들의 놀라운 성능을 상기시켜 주었다. 그래서 평범한 레이서들은 그런 모터사이클을 성능의 한계에까지 달리게 하지 못한다. 현대의 모터사이클들은 프로의 대접을 받기 위해 제작되며, 평범한 라이더들을 무시한다. 이들 고성능 최신 머신을 잘 타기 위해서는 엄청난 신체적 단련을 필요로 한다. 나는 그 빈티지 레이싱에서 구식 불타코를 온종일 열심히 타면서 바이크의 성능을 최대한 발휘시킬 수 있었다. 일반적으로 사람들을 겁주기가 예사인 현대 모터사이클을 타는 것과 반대로 빈티지 레이싱은 매우 만족스러웠다. 만약 450cc 4행정 모토크로스 바이크의 구입을 망설이고 있다면, 그 대신 250cc 4행정 바이크의 구입을 고려해 볼 수 있을 것이다. 그것이 훨씬 만족스러운 경험이 될 수도 있을 테니까!

4 자세

오프로드 라이딩을 잘하기 위해서는 올바른 자세가 가장 중요하다

주행할 때의 올바른 자세와 체중의 이동은 훈련이나 도전적인 라이딩 상황을 이겨내는 데 필수적이다. 많은 초보 라이더들이 특히 도전적인 라이딩 상황에서 가끔 상체를 긴장시키고, 뒤로 밀거나 뒤쪽으로 이동하려는 경향이 있음을 보게 된다. 모토벤처스에서는 교습생들에게 몸을 앞쪽으로 이동하는 것이 중요한, 여러 가지 주행 상황을 상기시키는 데 상당한 시간을 할애하고 있다. 이 장에서는 올바른 자세의 가치와 이점을 다룰 것이다.

이상하게 들리겠지만 오프로드를 주행할 때는 선 자세로 주행해야 할 상황이 많다. 선 채로 주행할 때는 두 가지 기본적인 주행 자세—공격 자세와 에너지 절약 자세—가운데 하나를 취하게 될 것이다. 선 채로 주행하면 바이크의 무게 중심을 낮추는 효과가 있어 실질적으로 바이크를 수월하게 다룰 수 있다.

체중의 정확한 이동도 바이크의 운동성을 극적으로 개선시킨다. 주행할 때 몸을 움직이는 방향은 실제로 위아래, 앞뒤, 좌우의 세 가지 방향이다. 두 다리를 꾸준히 움직이려고 애쓰고 때로는 그것을 과장해야 한다. 필요에 따라 약간 안짱다리로 주행하거나 균형을 잡아 주기도 해야 한다. 일반적으로 빠르게 달릴 때는 히프를 차츰

"오늘날에는 아주 훌륭한 모터사이클, 라이딩 기어(안전 장비), 라이더 훈련정보가 홍수를 이루고 있다. 누구나 예산에 맞는, 라이더의 체격이나 능력에 맞는 모터사이클을 찾아낼 수 있어야 할 것이다. 가능한 한, 많은 바이크를 시운전해 보고, 반드시 몸에 잘 맞고 안전한 복장(라이딩기어)을 착용해야 한다. 추가로 적절한 라이더 교습을 받는다면, 오프로드에서 모터사이클을 타는 것이 아주 재미있고 안전하며 값진 보상을 받는 경험이자 멋진 스포츠가 될 것이다."

앤디 라이스너(Andy Leisner)
사이클 월드(Cycle World) 발행인

뒤쪽으로 이동시키고, 느리게 주행할 때는 체중을 앞쪽으로 이동시킨다. 이유는 터닝하기 위해 앞바퀴에 회전 접지력이 필요할 때는 체중을 앞쪽으로 이동하고, 뒷바퀴가 지면에 큰 직진 구동력을 전달해야 할 때는 체중을 뒤쪽으로 이동시키려는 것이다.

올바른 자세는 자동적으로 자연스럽게 이루어지기까지 주행할 때마다 연습함으로써 완벽해질 수 있다. 올바른 자세를 배우면 대단히 중요한 근육 기억과 감흥이 저절로 만들어질 것이며, 주행할 때마다 느끼게 될 것이다. 어떤 자세를 취하면, 바이크가 어려운 상황에 대처하고, 헤쳐 나가는 데 도움이 될 것인지를 항상 생각해야 한다.

앉아서 타는 자세

모든 사람은 앉은 자세에서 모터사이클을 타기 시작한다. 일어서는 것은 편안하게 바이크를 제어할 수 있게 된 다음이다. 물론 앉는 방법에도 좋은 방법과 나쁜 방법이 있다. 예를 들면, 오프로드를 주행하는 동안 계속해서 한 위치에 앉은 채 꼼짝하지 않는 실수를 저지르는 사람들이 의외로 많다. 체중을 이동시켜 앞 타이어나 뒤 타이어의 접지력을 지원하기 위해 시트에서 몸을 앞뒤로 움직이는 것이 중요하다.

앉은 자세는 제동, 터닝, 브레이킹, 코너, 가속 등과 같은 상황에 아주 적합하다. 앉은 자세로 언덕을 올라가고 있다면 시트에서 뒤로 미끄러지지 않도록 해야 한다. 만약 체중이 뒤쪽으로 밀리면 바이크의 앞바퀴가 들려서 제어할 수 없게 된다. 언덕을 오를 때 처음에는 일어서야 할 지 모르지만, 꼭대기에 가까워지면 앉게 될 것이다. 앉아서 주행하면 라이더의 체중이 모두 바이크에 전달된다. 이 자세의 문제점은 요철에 부딪칠 때 덜컹거림이 몸통을 통해 상체와 팔에 전달되어 무서운 '벗 스티어(butt steer) 현상' 즉, 라이더가 바이크를 조향하는 것이 아니라 바이크가 라이더의 상체를 흔들어 조향하는 현상을 유발하는 원인이 될 수도 있다. 레이스 도중 끊임없이 가속하는 바람에 두 팔이 아플 때처럼 에너지 비축이 필요할 때

스탠드에 올려놓은 모터사이클이 정지한 상태에서 보여 주는 이 자세가 바로 공격 자세이다. 라이더는 특히 고속으로 주행할 때 이 자세를 취하면서 뛰어오르거나, 까다로운 지형에 대처할 준비를 한다.

이 자세는 에너지를 아끼면서 주행하는 자세이다. 많은 사람이 아직 이 자세를 찾아내지 못해 조기에 피로에 지쳐 버린다. 이 자세를 취하면 더욱 똑바로 서게 되지만, 가속하면서 바람을 향해 몸을 앞으로 기울여 체중이 두 팔이 아니라 발판에 걸리게 한다.

는 앉은 자세로 주행한다. 적절한 장소에서 아무런 부담 없이 주행할 때, 또는 더 이상 서 있을 수 없거나 서고 싶지 않을 때에만 앉은 채로 주행한다.

서서 타는 자세

진지하게 오프로드를 주행할 계획이라면 반드시 일어선 자세로 주행하는 방법을 배워야 한다. 서 있는 자세로 주행하는 동안에 취할 수 있는 자세는 기본적으로 두 가지 즉, 공격 자세와 에너지 절약 자세(이하 설명 참조)가 있다. 오프로드를 선 자세로 주행할 때는 약간 안짱다리 상태를 유지하면서 두 손과 두 발 즉, 네 군데만 바이크와 접촉하고 있어야만 벗-스티어 현상을 피할 수 있다(제8장 참조). 오프로드 레이싱이나 모토크로스 레이싱과 같은 보다 더 극한적인 세계에서는 때때로 일시적으로 양쪽 무릎으로 연료탱크를 압착하는 자세가 제어를 유지하는 데 도움이 되기도 한다.

선 채로 주행하면 라이더의 체중이 모두 시트 대신에 양쪽의 발판에 실리게 되므로 실제로 무게중심이 낮아진다. 그리고 라이더는 두 발과 다리로 체중의 위치를 바꾸는 방법으로 바이크의 경사각을 조절하여 바이크를 조향할 수 있다. 라이더의 실력이 뛰어날수록 그의 다리의 움직임이 더욱더 활발하기 때문에, 라이더는 뛰어오르거나, 충격을 흡수하거나, 균형을 잡거나, 어느 방향으로든 주행 자세를 재빨리 적응시킴으로써 빠르게 바뀌는 지형에 더욱더 적절하게 대처할 수 있다. 일어선 자세로 주행하는 방법을 정확하게 배우면, 지형에 수동적으로 반응하는 것이 아니라 능동적으로 대처할 수 있기 때문에, 더욱더 훌륭하게 그리고 더 오래 주행할 수 있을 것이다. 그러나 일어선 자세로 주행하면, 변속할 때마다 끊임없이 왼쪽 발판을 밟을 것이기 때문에 왼쪽 부츠의 바닥 중앙에 패인 부분이 마모될 것이다. 그러므로 누가 얼마나 많은 시간을 서 있었는지는 그들의 부츠 바닥을 보면 알 수 있다.

선 자세에서 변속하는 방법

서 있는 자세에서 기어를 변속하려면 왼쪽 발목을 움직이기 위해 체중을 일시적으로 오른쪽 다리로 옮기거나, 아니면 필요한 기어 레버를 움직이기 위해 왼쪽 다리를 들어 올려야 할 것이다. 처음 일어선 자세로 주행하는 것을 시작할 때는 그런 것에 대해 생각할 필요가 있을지 모르지만, 곧 익숙해지면 자연스럽게 이루어진다.

이 자세는 주행하는 동안 실제로 취하는 공격 자세이다. 이처럼 두 다리와 두 팔로 자세를 취하면서 아무리 거친 지형과 마주치더라도 대처할 준비를 한다.

공격 자세

그 이름이 모든 것을 말해 준다. 공격 자세는 눈앞에 나타나는 어떤 거친 지형(요철, 바위, 물, 진흙 등)이라도 '공격'하기 위해서, 또는 시도하고자 하는 기술(점프, 언덕 오르기, 슈퍼 타이트 싱글 트랙(super tight single tracks) 등)을 발휘하고자 할 때 사용한다. 공격 자세는 일어서서 무릎, 허리, 팔을 굽힌 자세로서, 빠르게 뛰어오르거나 빠르게 다가오는 도전에 대응해 충격을 흡수할 만반의 준비가 갖추어진 상태이다. 공격 자세가 어떤 것인지 알기 위해서는 모토크로스 라이더가 요철에 접근하는 것을 지켜보면 된다. 그때 그들은 대부분 공격 자세를 취하기 때문이다. 문제는 공격 자세가 라이더를 빨리 지치게 하기 때문에 그 자세로 장시간 주행할 수 없다는 점이다. 장시간 공격 자세로 주행하고 싶으면, 하루 종일 주행하면서 어느 때 공격 자세로 주행하고, 어느 때 에너지 절약 모드로 주행해야 할지를 터득하는 것이 비결이다.

이 자세는 주행하면서 취하는 에너지 절약 자세이다. 라이더는 이 자세에서 실질적으로 모터사이클의 앞으로 약간 몸을 기울인다. 이 자세를 취하면 가속하더라도 두 발로 버티게 되므로 두 팔에 부담을 주지 않는다.

에너지 절약 자세

많은 사람들이 에너지 절약 자세를 모르거나 이해하지 못한다. 그래서 그들은 주행할 때 일찍 나가떨어진다(여러분은 오프로드 주행이 실제로 얼마나 육체적으로 피곤한 일인지 결코 알지 못할 것이다). 물론 베테랑 라이더들은 이 비결을 알고 있으며 장시간 계속해서 빠르게 달릴 때 이 방법을 사용한다. 그들은 필요에 따라 공격 자세에 들어갔다 나왔다 하면서, 나머지 시간에는 에너지 절약 자세로 주행한다.

에너지 절약 자세로 주행하는 연습을 하기 위해서는 일어선 자세에서 체중을 주로 자신의 발과 다리로 유지하려고 노력한다. 그렇게 하면 상체는 자유롭게 핸들만 제어하게 된다. 만약 두 팔에 힘을 주게 되면 스로틀 제어에 문제를 일으키게 되고 또 아주 빠르게 지치게 될 것이다.

에너지 절약 자세에서 가속을 하려면, 허리와 팔을 구부리고 가슴 쪽으로 불어오는 바람을 향해 몸통을 앞으로 약간 기울임으로써 가속으로 생기는 힘이 두 팔이 아니라 다리와 발판으로 가게 할 필요가 있다. 때로는 너무 몸을 기울이기 때문에 가슴이 핸들 위에 이르기도 할 것이다. 에너지 절약 자세에서는 (공격 자세와 달리) 등을 곧게 세울 수 있지만, 반드시 무릎을 약간 구부려 안짱다리를 유지해야 한다. 정말 훌륭한 주행자는 스로틀을 작동하기 전에 미리 몸을 약간 앞쪽으로 구부림으로서 가속으로 생기는 힘이 팔이 아니라 다리에 실리게 한다.

선 채 몸을 앞으로 기울이면 체중이 앞바퀴 타이어 위에 실려, 핸들을 잘 붙잡을 수 있으며, 가속할 때 두 팔이 아니라 두 다리로 체중을 지탱하게 된다.

체중 이동하기

   더트-바이크를 타면서 '몸을 너무 많이 움직인다.'는 그런 것은 없다. 라이더의 체중은 바이크와 라이더의 전체 무게 가운데 큰 비중을 차지한다. 따라서 라이더가 자신의 체중을 때와 장소에 따라 적절하게 이동하면 바이크를 다루는 데 극적인 효과를 발휘할 수 있다. 훌륭한 라이더를 자세히 지켜보라. 그들은 자신의 바이크가 최대한 부드럽게 달리도록 하기 위해 끊임없이 몸을 움직이고 있다(그들이 그처럼 많이 움직이는 것은 자신을 과시하려는 것만은 아니다). 여러분도 항상 자신의 몸을 어떻게 움직이는 것이 바이크가 어려운 상황을 헤쳐 나가는 데 도움이 될지를 생각한다면, 더욱더 성공적인 라이더가 될 것이다. 서스펜션의 움직임에 대응하는 것이 아니라 서스펜션의 움직임을 이용한다. 이 방법을 배우기 위해서는 바이크를 타러 가서 많이 앉아 보는 것이 제일이다. 자신의 체중의 이동과 서스펜션의 움직임을 조화시키는 방법을 배우고 거기에 타이밍, 제어의 조화, 판단력 등을 가미시킬 수 있다면 여러분도 곧 프로처럼 달릴 수 있을 것이다.

뒤쪽으로 앉으면 '크루즈 모드'일 때는 쾌적하다. 하지만 이 자세로는 체중의 많은 부분이 뒷바퀴 타이어에 걸리고 앞바퀴 타이어에는 거의 걸리지 않기 때문에 방향 전환 때 접지력을 잃기 쉽고, 언덕을 오를 때 뒤로 공중제비를 하기 쉽다는 것을 명심해야 한다.

타이트 플랫 턴(tight flat turn)을 하거나 언덕을 오르거나 출발하기 위해 클러치를 놓을 때나 정지할 때는 앞쪽으로 당겨 앉는다. 이 자세는 앞 타이어에 체중이 실리기 때문에 앞 타이어에 충분한 접지력이 생긴다.

몸은 세 방향으로 움직여라

라이더가 모터사이클 위에서 자신의 몸을 움직일 수 있는 방향(또는 축)에는 기본적으로 세 가지가 있다. 첫째는 위아래로 움직이는 것(또는 앉거나 서는 것)이며, 이 움직임은 거친 오프로드를 주행하는 상황에서는 필수적이다. 두 번째는 앞뒤로 움직이는 것이며, 이 움직임은 터닝, 비탈 오르기, 부드러운 노면 등에 사용된다. 세 번째는 좌우로 움직이는 것이며, 이 움직임은 터닝하거나 일어서 있는 동안, 언덕을 오르는 동안, 그리고 산허리에 빗물에 의해 생긴 홈(rain rut)이나 샌드워시(sand washes)를 저속으로 달리면서 라인을 유지하거나, 싱글 트랙(single track)을 주행하는 데 좋은 방법이다. 이 좌우 방향 움직임은 다른 두 방향보다 잘못 이해되거나 사용되지 않는 경우가 많으며, 시도하기도 매우 어렵다. 그러므로 이 기술을 완벽하게 구사한다면, 사람들로부터 테크닉이 좋은 라이더로 불리게 될 것이다. 모토벤처스에서 이 기술을 가르치고 교습생들이 그 능력을 발휘하는데도 불구하고, 실제로 바이크를 타러 나갔을 때는 잊어버리고 다시 한가운데만 고집하는 라이더를 흔히 볼 수 있다. 그런 경우에는 약간 안짱다리를 한 상태로 주행하면 좌우로 체중을 이동하는 방식으로 들어가는 데 도움이 된다

약간 안짱다리를 한 상태로 주행하기

특히 테크닉을 필요로 하는 지형에서 일어선 자세로 주행할 때는 약간 안짱다리로 한 상태로 주행함으로써 바이크의 기울기각을 억제하지 않으며, 바이크의 운동이 자신에게 전달되지 않도록 하기를 권한다. 약간 안짱다리를 한 상태로 주행하면 바이크와 라이더의 다리 사이에 간격이 생기게 된다. 무릎으로 바이크를 붙들면 모토크로스의 요철, 바퀴 자국, 점프 등과 같은 상황에서는 유용하지만, 일반적으로 일어선 채 주행할 때는 여섯 부분이 아니라 네 부분(두 팔과 두 발)만 바이크와 접촉되게 해야 한다.

이 사진은 상당히 저속인 상태에서 빗물로 생긴 홈의 바닥이나 좁은 싱글 트랙 트레일(single track trail) 등과 같은, 상대적으로 곧은 라인을 유지하는 방법을 연습하는 라이더의 모습이다. 이 라이더는 핸들을 돌리는 대신에 바이크를 기울여 조향하고 있으며, 조향하기 위해 모터사이클을 기울일 때마다 반대 방향으로 무릎을 뻗고 엉덩이를 움직여 바이크가 쓰러지지 않도록 균형을 잡아 주어야 한다.

르게 활용한다면, 실질적으로 두 팔이 아니라 하체로 바이크의 방향을 조종할 수 있다. 선 자세로 주행하는 동안에 방향을 전환하기 위해 바이크를 기울일 때는 발판의 압력을 이용한다. 상체에 너무 많은 압력을 가하지 말아야 한다. 상체에 여유가 있어야 스로틀, 앞 브레이크 및 클러치를 제대로 작동시킬 수 있다. 상체는 압박과 긴장을 일시적으로만 감당할 수 있을 뿐이다. 다리를 많이 사용할수록 더 훌륭한 라이더가 될 것이다.

발을 발판에 올려놓고 주행하기

플랫-트랙, 모토크로스, 자유형 모토크로스 등에 사용되는 일부 레이싱 기술을 제외하면, 보통 발을 이리저리 움직이지 않고 발판에 올려놓은 상태로 주행하는 것이 더 좋다. 발을 내뻗을 때마다 에너지가 소비되고 발과 다리를 부상의 위험에 노출시키기 때문이다. 발을 발판에 올리고 있으면 무게중심이 낮아지고 라이더의 체중이 바이크의 아래쪽에 실리기 때문에 바이크의 제어에도 도움이 되고 바이크를 다루기도 쉬워진다. 만약 발을 내려야 놓아야 하고, 너무 빠른 속도로 가고 있지 않다면, 그 발을 이용해 몸의 균형을 되찾고, 몸을 앞쪽으로 밀어내거나 자세를 가다듬도록 한다. 발이 바닥을 툭툭 치거나, 달랑거리거나, 몸 뒤쪽으로 질질 끌리게 해서는 안 된다.

이와 같은 방법으로 라이더를 바이크로부터 분리시켜, 라이더와 바이크 사이에 완충 역할을 함으로써, 바이크가 부딪치거나 라이더를 지배하는 것이 아니라 라이더가 바이크를 제어할 수 있게 해 준다.

다리와 발을 활발하게 움직이면서 주행하기

다리를 활발하게 움직이는 것은 더트-바이크 라이딩에서 더욱더 좋은 결과를 거둘 수 있는 중요한 요소 중 하나이다. 일어서 있을 때 라이더는 두 다리를 사용해 튀어 오르거나, 충격을 흡수하거나, 변속하거나, 균형을 잡거나, 재빨리 어느 한쪽의 바퀴로 체중을 옮기거나, 라인을 바꿀 수 있다. 우리 다리에는 몸에서 가장 큰 근육이 있는데도 불구하고 많은 라이더들이 제대로 활용하지 않고 있다. 올바

각 방향으로 넓게 180도 터닝부터 시작해 균형을 잡는 기술을 연습한다.

움직임을 과장하기

새로운 기술을 배울 때, 지나치게 많은 것과 부족한 것에 대한 중요한 관점을 터득하도록 하기 위해서 몸의 움직임을 과장하기를 권한다. 그러면 흔히 말하는 '스위트 스폿(sweet spot)'이라는 것을 감지할 수 있다. 너무 많이 움직이면 거북함을 느끼고, 그 상태에서 10%만 되돌리면 올바로 되었다는 것을 몸이 알아차릴 것이다.

몸의 자세와 바이크 컨트롤에 대한 추가 정보

● 클러치

더트-바이크의 클러치는 정지, 출발, 기어 변속 이외에도 많은 용도로 사용된다. 클러치는 구동력의 전달 및 차단, 감속, 일시 정지, 가속, 그리고 가장 효과적으로 급격하게 구동력을 전달하는 데도 사용할 수 있는 '추가 제어 장치'로 생각할 수 있다. 대부분의 바이크는 엔진회전속도를 급격하게 올리기 위해서 클러치 레버를 많이 잡아당기지 않아도 되므로, 점프를 하거나, 제동하거나 하강하는 동안에도 엔진을 멎지 않게 할 수 있다. 정지하거나 출발할 때는 손 전체를 레버에 사용할 수 있다. 아니면 단지 두 손가락(검지와 중지)만으로 클러치를 조작할 수도 있다. 대부분의 전문 라이더들이 이렇게 하는 이

할 수 있으면 핸들을 최대한으로 꺾으면서 360도 터닝을 시도한다.

유는 엄지와 다른 두 손가락으로 여전히 핸들을 단단히 붙잡은 채, 필요에 따라 클러치를 쉽게 잡아당 길 수 있기 때문이다.

주: 앉은 자세로 주행하거나 선 자세로 주행하거나 간에 두 자세 모두, 앞 브레이크, 클러치 레버, 변속 레버, 브레이크 페달을 모두 편안하게 조작할 수 있도록 위치시켜야 한다. 선 자세에서 편안하도록 핸들을 약간 앞쪽으로 돌리거나, 앉은 자세에서 편안하도록 핸들을 약간 뒤쪽으로 돌릴 수도 있다.

주: 일단 기본적인 변속 기술을 습득해 자신감이 생기면, 클러치를 최소한으로 당기거나 클러치를 전혀 사용하지 않고 스로틀을 닫고 재빠르게 다음 기어에 걸리게 하는 방법으로 변속을 시도할 수 있다. 대부분 의 바이크에 장착된 기어박스는 클러치를 사용하지 않고 변속할 수 있지만, 잘 못 조작할 경우 변속기를 손상시킬 수 있기 때문에 주의해야 한다(조작이 잘못되었을 경우 보통 귀에 거슬리는 소리가 날 것이다).

● 스로틀

스로틀을 조작하는 손이 피곤하다고 느끼거나 스로틀 제어가 어렵게 느껴진다면 그것은 주행자가 앉아 있거나 너무 뒤쪽으로 몸을 기울여 오른팔에 너무 많은 압박을 가하고 있기 때문일 것이다. 만약 갑자기 가속을 하면서도 가속에 대한 대비를 하지 않았을 경우에는 가속력 때문에 라이더의 상체가 뒤쪽으로 젖혀질 수 있으며, 그 힘이 너무 커서 스로틀을 끌 수 없게 된다. 이것을 '위스키 스로틀(whiskey throttle)' 또는 '리스트 록(wrist lock)'이라 하며, 이를 피하는 방법은 몸을 좀 더 앞쪽으로 당겨서 앉고 앞쪽으로 몸을 앞쪽으로 기울인 상태에서 두 팔을 구부리는 것이다. 처음 배울 때는 스로틀 손잡이를 더 많이 더 빨리 비틀 수 있게, 스로틀을 너무 세게 잡거나 손목을 위로 올리지 않는 것도 좋은 방법이다. 손목과 팔을 평행으로 유지하는 것이, 스로틀을 제어하는 데 도움이 된다.

스로틀과 관련해 초보자에게 공통적인 또 하나의 문제점은 앞 브레이크를 걸 때 스로틀을 무심코 여는 것이다. 그러나 초보자들은 손목과 손가락의 서로 다른 두 움직임을 구분하지 못한다. 이것을 고치기 위해서는 앞 브레이크를 걸기 직전에 스로틀을 닫으면서 단지 오른쪽 팔꿈치를 약간 들어 올리는 것만 잊지 않으면 된다. 이렇게 하면 그들 서로 다른 두 움직임을 구분하는 데 도움이 될 것이다.

● 앞/뒤 브레이크

앞 브레이크를 사용할 때는 그 손으로 동시에 핸들을 잡으면서, 요철 부분에 부딪치더라도 핸들을 잡는 힘이 약화되지 않도록 꽉 잡는 것이 중요하다. 그러기 위해서는 주행할 때 앞 브레이크에는 단지 두 손가락(검지와 중지를 사용하는 것이 바람직하다)만 사용하고, 스로틀의 경우와 마찬가지로 엄지와 나머지 두 손가락은 항상 핸들을 붙잡고 있어야 한다. 오늘날의 바이크는 두 손가락으로도 많은 힘을 발휘할 수 있으며, 저속으로 주행할 때는 심지어 손가락 하나로도 충분할 것이다.

뒤 브레이크 페달은 주행자가 마음에 드는 높이—보통 선 채로 주행하는 경우가 많은 사람은 약간 높게, 앉은 채로 주행하는 경우가 많은 사람은 약간 낮게, 그러나 그보다 더 나은 위치는 앉거나 서거나 간에 모두 사용할 수 있는 높이—에 둔다. 뒤 브레이크를 사용하는 방법을 배우고, 바퀴가 로크업(lock up)될 때의 느낌을 발달시키려고 노력하자. 그러나 후자의 경우 오늘날의 딱딱한 보호용 부츠를 착용한 상태에서는 익숙해지기 어렵다. 브레이크 페달 위에 올라서거나 브레이크를 질질 끌어서는 안 된다. 리어 브레이크를 사용하지 않을 때는 발을 약간 옆으로 밀어 놓되, 너무 멀리 뻗는 바람에 주행하다가 돌이나 덤불에 걸리지 않도록 해야 한다. 주행에 대한 자신감과 기술이 나아짐에 따라 모든 제어 장치를 사용하는 데 능숙해질 수 있다. 나중에는 그들 가운데 일부를 동시에 사용할 수도 있게 될 것이며, 또한 그래야 할 것이다.

● 다리와 무릎

특히 모토크로스와 같은 레이싱 상황에서 일시적으로 연료 탱크를 두 다리로 압박하거나 접촉하는 것은 무난하지만, 테크닉이 구사되는 주행에서는 보통 두 다리를 약간 구부려 안짱다리를 유지하면서 모

이처럼 라이더의 몸을 붙잡아 줌으로써 라이더가 균형을 잡거나, 라이더가 몸을 올바로 위치시키는 방법을 익히도록 도울 수 있다. 일단 제대로 자세를 취하고, 그 자세를 머릿속에 기억해 두면, 실제로 주행할 때 그 자세로 되돌아갈 수 있다.

터사이클과의 접촉을 주로 두 손과 두 발로 제한함으로써 신체의 움직임과 모터사이클의 움직임을 분리시키는 것이 가장 좋다. 튼튼하고 활동적인 다리는 정말 훌륭한 오프로드 라이더가 되는 데 중요한 요소이다. 다리를 사용해 웅크려 앉음으로써 요철과 부딪칠 때의 충격을 흡수하거나, 뒤쪽의 체중을 덜기 위해 튀어 오르거나, 점핑할 때 더 높이 더 멀리 나아가기 위해 서스펜션에 하중을 가하기도 하기 때문이다. 더 빠르게 주행하면 할수록 모토크로스에서 바이크를 제어하듯이 다리와 무릎을 더 많이 사용하여 바이크를 압박하게 될 것이다.

● 팔과 팔꿈치

오프로드를 주행할 때 일시적으로 두 팔을 곧게 펴는 것은 괜찮지만, 보통은 구부린 상태를 유지하는 것이 가장 좋다. 이렇게 하면 앞으로 기우는 상태가 되어 스로틀을 제대로 제어하기 좋다. 힘이 있으면 팔꿈치를 들고 있어도 무방하지만, 지칠 수도 있으며 또 많은 경우에 굳이 그럴 필요가 없으므로 힘을 비축해 두는 것이 좋다.

● 발

발판에 놓는 발바닥의 위치를 가운데서 앞쪽으로 약간 옮겨도 무방하지만 점핑할 때는 주로 발바닥 가운데 부분을 사용한다. 변속하고 나서는 발이 장애가 되지 않게 약간 옆으로 이동하며, 변속하거나 브레이크를 걸 때 시선을 아래로 내려서는 안 된다. 선 채로 주행하면서 기어 변속을 하려면 일시적으로 체중을 오른쪽 다리로 옮길 필요가 있을 것이며, 그래야 다리를 들어 올려 기어 변속을 하는 데 필요한 만큼 발을 움직인 뒤 다시 발판 위에 올라설 수 있을 것이다. 이것은 연습만 하면 매끄럽게 이루어진다.

뒤 브레이크를 사용할 때는 오른쪽 발을 페달 위에 올려놓고, 발을 지나치게 질질 끌거나 페달 위에 올라서려고 하지만 않으면 뒤 브레이크를 사용할 준비가 된 셈이다. 뒤 브레이크에 발을 살짝 올려놓는 것은 앉은 자세에서 휠리 기술을 사용할 때 뒤로 나가떨어지는 것을 막는 비결이다. 두 발을 발판에서 옆으로 너무 멀리 떨어지지 않게 주의한다. 그럴 경우 바위나 다른 장애물과 충돌해 발가락을 다치거나 발목이 비틀릴 우려가 있기 때문이다..

● 어깨

코너를 돌 때는 항상 핸들의 크로스바가 움직이는 데 따라 크로스바와 어깨가 평행을 유지하도록 해야 한다. 이처럼 어깨를 똑바로 펴면 라이더가 온몸의 방향 변화에 올바로 대응하는 데 도움이 된다. 또 특히 코너를 빠져나올 때 옆으로 넓게 드리프트 되는 것을 방지하는 데 도움이 될 것이다.

● 히프

코너를 돌거나 언덕을 오르거나 내려갈 때는 물론 히프의 위치를 앞뒤로 바꾸어도 무방하지만, 균형을 잡거나 조향할 때 그리고 라인을 유지하고자 할 때는 바이크가 기울어지는 반대 방향으로 히프를 좌우로 움직일 수도 있음을 잊어서는 안 된다. 멍청하게 몸만 비틀어서는 도움이 되지 않는다. 반드시 히프를 옆으로 이동시켜야 한다. 몸을 옆으로 이동할 수 있는 능력이야말로 오프로드를 훌륭하게 주행할 수 있는 열쇠의 하나이다.

5 제동

감속에 자신이 있어야 빨리 달릴 수 있다.

재빠르게 효과적으로 감속 또는 정지하는 것은 트레일 라이딩(trail riding)에서 지면에 구동력을 제대로 전달하는 것과 마찬가지로 중요하다. 이 장에서는 오프로드 모터사이클을 올바르게 제동하는 기술을 배울 것이다. 브레이크 페달 하나로 네 바퀴를 모두 동시에 제동하는 자동차와는 다르게 모터사이클 라이더는 앞/뒤 브레이크를 따로 따로 조작해야 한다. 바이크 생산회사들이 레버 하나 또는 페달 하나로 두 바퀴 브레이크를 모두 동시에 제어하는 시스템을 만들 수 없어서가 아니라, 앞/뒤 브레이크를 따로 제어하면 라이더가 각 브레이크를 언제 어느 정도 조작할지를 정확하게 선택할 수 있기 때문이다. 앞/뒤 브레이크의 별도 조작은 효과적으로 안전하게 오프로드를 주행하는 데 대단히 중요하다.

생각과는 다르게 두 브레이크 중에서 앞 브레이크가 더 효과적이며 제동력의 약 80%를 감당한다. 문제는 초보 주행자에게는 앞 브레이크를 사용할 본능적인 감각이 없으며, 처음 주행할 때 배우고 처리해야 할 일이 너무 많기 때문에 앞 브레이크를 사용하는 것을 잊어버리기 쉽다는 점이다. 비상 상황에서 위기에 정확하게 대처할 수 있는

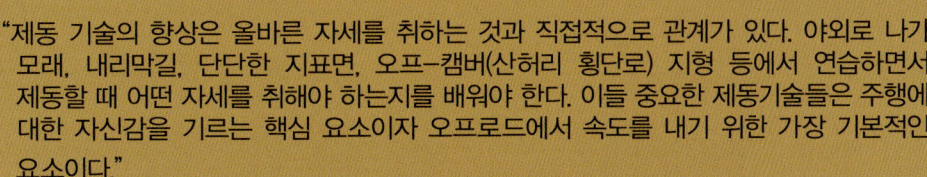

"제동 기술의 향상은 올바른 자세를 취하는 것과 직접적으로 관계가 있다. 야외로 나가 모래, 내리막길, 단단한 지표면, 오프-캠버(산허리 횡단로) 지형 등에서 연습하면서 제동할 때 어떤 자세를 취해야 하는지를 배워야 한다. 이들 중요한 제동기술들은 주행에 대한 자신감을 기르는 핵심 요소이자 오프로드에서 속도를 내기 위한 가장 기본적인 요소이다."

앤디 제퍼슨(Andy Jefferson)

AMA 전국 모토크로스 및 슈퍼크로스 레이서.

시간은 눈 깜박하는 순간이므로, 올바른 제동 기술을 배우는 것이 무엇보다 중요하다. 제동기술을 제대로 배우지 못하면 사고를 피하려 하다 오히려 사고를 낼 수도 있다.

앞 브레이크는 처음엔 사용하기가 아주 까다로우므로 초보자는 처음에는 평탄한 수평 노면에서 중속으로 달리다가 제동, 정지하는 과정을 제대로 잘 할 수 있을 때까지 뒤 브레이크만을 사용하는 것이 제일 좋다. 그래도 가능한 한 빨리 앞 브레이크를 사용하는 방법을 배우는 것이 중요하다. 앞 브레이크의 사용 방법을 습득하면 더 안전하고, 더 빠르게 주행할 수 있을 것이며, 더 이상 내리막길도 두렵지 않을 것이다.

제동 연습의 목적은 최대 제동효율을 발휘하는 앞바퀴 로크업 임계점에서 자신감을 가지고 브레이크를 조작할 수 있는 제동감각, 기술, 판단력을 기르는 것이다. 일단 앞바퀴가 로크업 되면 임계점을 벗어나기 때문에 앞바퀴의 조향성과 제동능력이 상실된다. 제동의 한계점을 안전하게 터득할 수 있는 유일한 방법은 점진적으로 그 한계에 접근하다가, 약간 벗어난 다음에 다시 조금씩 뒤로 되돌아감으로써 결국은 한계점의 바로 직전에서 조작할 수 있게 되는 것이다.

주: 선 자세로 또는 앉은 자세로 라이딩 할 때, 오르막길에서 몸을 앞으로 숙이거나 내리막길에서 몸을 뒤쪽으로 이동할 때에도 편안하게 조작할 수 있도록 앞 브레이크 레버와 뒤 브레이크 페달을 조정해야 한다. 앞 브레이크 레버를 정확하게 조정하여 두 손가락으로 사용할 수 있게 하고, 레버를 사용할 때 다른 두 손가락을 누르지 않도록 한다.

엉성한 제동

1 이와 같은 엉성한 제동은 정지거리가 길어진다.

2 이 라이더는 바이크를 약간 기울이고 있으며, 뒷바퀴가 옆으로 벗어나는 바람에 하는 수 없이 앞 브레이크를 풀지만 그러면 오히려 역효과가 난다.

제동 연습 방법

　제동 연습을 하기 위해서는 먼저 평탄하고 수평이면서도 단단한 흙투성이인 직선 코스를 찾아야 한다. 정지하고자 하는 명확한 지점이나 위치를 선정한 다음에, 눈에 잘 띄는 물체로 그 위치에 표시를 한다. 최초의 연습은 앉은 자세로 한다. 목표지점으로부터 약 70m의 거리에서 출발하여 적어도 3단까지 변속하여 속도를 충분히 올린다. 일단 속도가 오르면 클러치를 당기고(손 전체를 사용하며 저속 기어로는 바꾸지 않는다) 뒤 브레이크만 사용한다. 뒤 브레이크만 사용하므로 뒷바퀴가 로크업 되기 쉽다는 것, 그리고 뒷바퀴가 미끄러지게되면 바이크를 약간만 기울여도 쉽게 옆으로 넘어진다는 것을 알게 될 것이다. 이것이 바로 바이크를 지면과 수직으로 유지하고 바퀴들은 가능한 한 일직선을 유지하는 것이 중요한 이유이다. 옆으로 벗어나면 두 브레이크 모두, 특히 앞 브레이크를 놓지 않을 수 없게 될 것이다. 그렇게 되면 물론, 원하는 것과 정반대로 역효과가 날 것이다. 그 다음에는 두 브레이크를 동시에 사용하기 시작할 것이며, 결국에는 반드시 앞 브레이크의 사용을 강조하는 단계에 이를 것이다. 연습할 때마다 매번 일단 제동하면 완전히 정지할 때까지 제동한다.

　표시 위치에 못 미쳐 정지하면, 다음에는 원하는 위치에 정지할 수 있도록 판단을 조정해야 한다. 일단 앞 브레이크를 올바르게 사용하기 시작하면, 사람들은 자신의 바이크가 얼마나 빨리 정지하는지에 놀란

올바른 제동

1 진짜 효율적인 제동은 두 바퀴를 일직선으로 유지하고 바이크를 지면과 수직이 되게 하며----…

2 핸들을 똑바로 하고 로크업의 임계점에 대한 아주 멋진 감각을 발달시키는 것이다.

OFF-ROAD MOTORCYCLES

단단하면서도 평탄한 진흙 지면에서 속도를 올리고(3단 기어) 클러치를 당긴 뒤 조금 기다렸다가 두 브레이크를 점진적으로 사용한다. 그리고 바이크를 지면과 수직이 되도록 하고 핸들을 똑바로 하며 두 바퀴를 일직선으로 유지한다.

다. 먼저 가능한 한 빠르게 정지하는 첫째 목표를 정복한 뒤, 거리를 두고 좋은 판단을 하는 것과 새로 얻게 된 제동 감각을 결합시키는 두 번째 목표를 정복하면, 여러분은 자신이 원하는 위치와 시간에 거의 정확하게 정지할 수 있음을 알게 될 것이다.

앞 브레이크는 단지 두 손가락으로만 작동시킨다. 우리는 검지와 중지를 사용하고 나머지 손가락으로는 핸들을 붙잡기를 권한다. 이렇게 하면 앞 브레이크를 사용할 때 요철과 충돌하더라도 핸들에서 손을 떼지 않게 된다. 오늘날의 바이크는 대부분 제동력이 강하기 때문에 두 손가락만으로도 충분하다. 더 많은 힘을 주면 앞 브레이크가 지나치게 큰 제동력을 발휘하게 되며, 지나치게 제동하는 상태에서는 다른 조정이 더 힘들 수도 있다. 편안하게 주행할 때 스로틀에 정상적인 힘을 유지하더라도 두 손가락으로 앞 브레이크를 조작할 수 있다. 레이서들을 보면 두 손가락을 끊임없이 앞 브레이크 위에 올려놓고 있다가도, 테크닉이 요구되는 지형에서 천천히 주행할 때는 손가락 하나만을 사용하는 경우도 본다. 이처럼 손가락을 나누어 잡는 방법은 웅덩이가 많거나 돌이 널려있는 지형에 대처해야 하는 도로용 모터사이클이나 듀얼스포츠의 라이더에게도 좋다. 주행 중에 웅덩이나 돌을 보지 못한 탓에 갑자기 핸들을 놓칠 때의 낭패감보다 더한 것은 없다. 정말이다.

연습할 때마다 조금씩 빨리 달리고 브레이크를 조금 천천히 밟으며, 자신에게 편안한 정도로 점차 앞 브레이크 레버를 조금씩 세게 잡도록 한다. 클러치를 잡아당기고 동시에 브레이크를 걸 필요는 없다. 클러치를 당긴 뒤 잠시 기다렸다가 브레이크를 사용한다. 일단 제동하기 시작하면 완전히 정지할 때까지 브레이크를 점점 더 세게 잡아야 한다. 그러는 동안 앞 포크는 압축된 상태로 있어야 하며, 라이더는 연습할 때마다 라인을 조금씩 바꿈으로써 이전에 연습할 때 만들어진 홈이 제동에 영향을 미치지 않게 해야 한다.

주: 앞 브레이크를 사용할 때 자신도 모르게 스로틀을 감고 있다면, 앞 브레이크를 사용하기 시작할 때 오른쪽 팔꿈치를 들어 올려라. 그렇게 하면 오른손이 수행해야 될 스로틀 동작과 앞 브레이크를 쥐는 두 가지 동작을 분리시키는 데 도움이 될 것이다.

강력하게 제동할 때는 앞 브레이크의 디스크에서 소리가 나고 앞바퀴 회전속도가 느려지거나 심지어 정지하기 직전에 일시적으로 로크업까지 되므로 쉽게 알 수 있다. 로크업은 제동에서 맨 마지막에 되어야 한다는 것을 잊어서는 안 된다. 제어를 종료하기 전에 앞바퀴가 로크업 되도록 해서는 안 된다. 한계점까지 제동하다가 앞바퀴가 로크업될 때는 핸들을 상대적으로 똑바로 유지하려고 한다. 이때 보통 두 가지 선택을 할 수 있을 것이다. 대부분의 사람들은 본능적으로 브레이크를 놓을 것이다(그러면 바이크는 곧바로 똑바르게 되지만 제동해야 될 지점을 지나치게 될 수도 있다). 앞바퀴가 로크업될 때 제어를 유지하기 위해서 할 수 있는 또 다른 동작은 바이크를 지면과 수직이 되게 하면서 라이더의 몸을 좌우의 어느 한쪽으로 기울이는 것이다. 다양한 지형에서 사고를 일으키지 않고 로크업의 경계나 그 가까이에서 자신감을 가지고 끝까지 제어할 수 있다면, 스스로 제동의 귀신이 되었음을 알 수 있을 것이다.

레일에서 나온 이야기 : 빨리 달리기 위해서 감속한다.

많은 라이더들이 브레이크의 잠재력을 최대로 활용하지 못한다. 모토벤처스에서 일단 올바른 제동기술을 가르쳐주면 그들은 자신이 올바른 테크닉을 습득한 뒤, 아주 빠르게 정지할 수 있다는 사실에 놀라게 된다. 어떻게 감속하고 어떤 방법으로 빠르게 제동하는지를 배웠기 때문에 이제는 다시 바이크를 몰고 그들이 즐겨 찾는 곳으로 나갈 때 더욱더 편안하게 그리고 실질적으로 훨씬 빨리 달리고 있다는 이메일을 가끔 보내온다. 제동하는 기술이 없었기 때문에 빨리 달리지 못했다는 것이 흥미롭지 않은가?

뒤 브레이크는?

직선 라인에서 신속하게 정지하고자 할 때의 올바른 방법은 두 브레이크를 모두 사용하는 것이다. 코너에서 바이크의 뒤쪽이 미끄러지기를 원할 때는 뒤 브레이크를 사용하면 터닝을 시작하는 동안 뒷바퀴가 미끄러진다.(제 15장 브레이크 슬라이딩 참조). 뒤 브레이크는 또 모래사장과 같은 무른 땅에서 앞 브레이크를 사용할 경우에 앞바퀴가 깊이 파고들어 묻히는 것을 피할 수 있어 편리하다. 또 뒤 브레이크는 앞바퀴로 제동을 하기에는 너무 가파르고, 지면이 무른 내리막길에서도 사용하기 좋다.

제동할 때의 자세

앞 브레이크가 제동력의 대부분을 발휘하는 이유는 브레이크 자체의 성능이 더 좋기 때문이 아니라 제동할 때는 바이크와 라이더의 무게 대부분이 앞쪽으로 쏠리기 때문이다. 급제동할 때 이에 대응하기 위해서 라이더는 항상 팔과 다리를 약간 구부리고 몸무게를 약간 뒤쪽으로 이동함으로써, 제동력에 대응하고 동시에 뒷바퀴에 약간의 접지력을 보완하여 바이크의 뒤쪽이 지면으로부터 분리되지 않도록 해야 한다.

노즈 휠리

1 노즈 휠리(nose wheelie)는 이처럼 접지력이 큰 콘크리트 지면에서 아래로 내려갈 때 하기 쉽다.

2 임계 제동에 대한 감각을 발달시키는 데 도움이 되는 재미있는 방법이다.

고난도의 정지 연습

- 선 자세로 주행하는 동안 급제동(hard braking)을 시도하면서 제동력에 대항해서 균형을 잡으려면 몸을 뒤로 어떻게 이동시켜야 하는지를 확인한다.

- 가파르면서도 무른 언덕을 내려가는 동안, 제동을 시도하면서 어떻게 해야 천천히 평지까지 내려갈 수 있는지를 확인한다.

- 평탄하면서도 단단한 지면에서 뒤 브레이크만으로, 그리고 앞 브레이크만으로 제동을 하면서 그 차이를 감지한다.

- 바이크를 좌우로 움직이면서, 두 바퀴를 일직선으로 유지하는 상태로 각각 제동해 보고 어느 방법이 더 빨리 정지하는지를 비교한다.

- 모래, 진흙, 그리고 다른 무른 지면에서 제동 연습을 한다. 그리고 이들 상황에서 어떻게 해야 뒤 브레이크에 더 많이 의존할 수 있는지를 확인한다.

- 접지력이 좋은 지면에서 앞 브레이크의 임계점 제동을 연습하라. 그렇지만 점진적으로 강도를 높여 제동하고 아주 조심해야 한다.

3 균형점(balance point)에 대한 실험도 해본다.

4 다시 안전하게 콘크리트에 착지한다.

6 터닝(조향 : 방향 전환)

터닝의 기본기를 완벽하게 익히면, 남의 뒤를 따라가지 않고 앞장을 서게 될 것이다

튜닝은 오프로드에서 많은 사람들이 겪는 어려움이며, 다른 모든 일과 마찬가지로 올바르게 수행하기 위해서는 탄탄한 기본기를 갖추어야 한다. 이 장에서는 먼저 앉은 자세로 주행하는 동안에 터닝하는, 그 다음에는 선 자세로 주행하는 동안에 터닝하는 기본기를 익힐 것이다. 터닝에는 단순하지만 서로 명확하게 다른 두 가지 기술을 필요로 한다. 우선 모터사이클은,

1. 핸들을 돌려서(저속에서),
2. 모터사이클을 기울여서(중속과 고속에서),
3. 뒷바퀴의 타이어를 슬라이딩시켜(어느 속도에서나)

방향을 전환할 수 있으므로, 이들 세 가지 각각의 방법과 이들의 조합을 이해하는 것이 중요하다. 여기서 세 가지의 터닝 방법을 모두 설명할 것이다. 그러나 여러분은 아마도 이 가운데 중속과 고속에서 대부분의 시간을 보낼 것이다. 중속과 고속에서 터닝하기 위해서는 모터사이클을 기울이는 기술을 필요로 한다. 모터사이클을 기울이는 기술이 대단히 중요하므로 서서 탈 때도, 앉아서 탈 때도, 그리고 모든 노면 조건에서도 적절하게 기울일 수 있도록 반드시 이 기술에 숙달되어야 한다.

"전형적인 터닝은 입구(entry), 반환점(apex), 출구(exit)의 세 부분으로 나눌 수 있다. 심지어 아주 최고의 라이더들에게서도 나타나는 공통된 잘못은 시간 여유를 갖기 위해 입구에 지나치게 서둘러 들어가거나, 서둘러 스로틀을 늦추는 바람에 반환점을 충분히 고려하지 않고 넓게 터닝하는 것이다. 이처럼 성급하게 달리면 레이스 트랙—코너 출구—에서 시간 여유를 만들 수 있는 가장 중요한 기회를 놓치게 된다. 그 출구를 멋지게 달려 나가야 결승선에 골인할 것이다."

에릭 보스트롬(Eric Bostrom)
AMA 전국 도로 경주 46회 우승, AMA 600cc 전국 슈퍼스포츠(National SuperSport) 챔피언, AMA 포뮬러 익스트림(Formula Extreme) 챔피언, AME 슈퍼트윈스(SuperTwins) 챔피언, AMA 883 전국 더트 트랙(National Dirt Track) 챔피언

주: 모터사이클의 터닝에는 타이어, 특히 앞 타이어에 많은 부담이 걸린다. 타이어 공기압을 적절하게 유지하고, 가능하면 자주 새로운 타이어로 교체하여, 최상의 접지력을 유지하도록 해야 한다. 모터사이클을 잘 타기 위해서는 지면과 접촉하는 타이어—특히 앞 타이어가 믿을 수 있어야 한다.

좌회전 대 우회전

대다수의 오른손잡이 사람들에게는 좌회전보다 우회전이 더 어려운 것 같다. 오른손잡이든 왼손잡이든 간에 아마도 여러분 각자에게는 상대적으로 전환하기 어려운 방향이 있을 것이다. 우리는 그 방향을 무시하지 말고 연습을 통해서 보완할 것을 권한다. 이 현상에 대한 하나의 이론은 사람들이 '강점이 있는 방향'에서 더 잘하는 경향이 있으며, 따라서 '약점이 있는 방향'으로 터닝하지 않고 강점이 있는 방향으로만 편안하게 터닝하려고 한다는 점이다.

어깨를 똑바로 편다

앉은 자세 또는 선 자세로 터닝할 때는 언제나 어깨가 핸들바와 나란하게 되도록 어깨를 편다. 그렇게 하려면 양쪽 어깨 사이에 가슴을 가로지르는 직선을 상상하고, 핸들을 꺾을 때 그 직선과 핸들이 평행을 이루게 한다. 급선회를 하기가 어려운 적이 있는가? 플랫 턴(flat turn)에서 넓게 돌거나, 모토크로스 트랙에서 레이즈드 턴(raised turn)에 오른 적이 있는가? 우리는 그것을 몸의 방향과, 모터사이클 방향이 다른 쪽을 가리키며 서로 교차된 것이라고 말한다. 이처럼 어깨의 위치를 이동시키는 기술은 또한 선 자세로 주행할 때 바이크의 균형을 잡기 위해서 하체를 적절하게 움직이는 데도 도움이 될 것이다.

앉은 자세에서의 터닝

초보자는 일어선 자세로 주행하는 방법을 배우기 전에는, 많은 시간을 앉아서 탄다. 앞에서도 말했듯이 지형이 험준해 질 때 주행 능력을 제대로 발휘하지 못한다는 점을 염두에 두기만 한다면, 앉아서 주행하는 것이 잘못은 아니다. 그리고 많은 주행이나 레이싱 상황에서 앉은 채 터닝하는 것이 오히려 더 적절한 경우도 많다.

엉덩이를 움직여라

앉은 자세에서 터닝하면서 저지르는 가장 흔한 잘못은 바이크의 시트에서 앞뒤로 움직이지 않는 것이다. 터닝하면서 적절한 때에 몸을 앞쪽으로 이동하면 기울어져 앞 타이어에 더 많은 하중이 가해져 앞 타이어의 접지력이 증대된다. 터닝하는 동안에 앞 타이어가 미끄러지면, 라이더는 몸이 얼어붙거나 앞뒤로의 움직임을 멈추게 된다. 먼저 앞 타이어를 제어해야 하며, 앞 타이어의 접지력에 대한 확신이 있을 때만 시트에서 뒤쪽으로 몸을 움직여야 한다.

앉은 자세에서 터닝하기

1 이처럼 앉은 자세로 급선회할 곳으로 접근한다. 시트에서 앞으로 당겨 앉고 1단이나 2단으로 변속한 뒤 점진적으로 브레이크를 사용한다.

2 모터사이클을 기울이고 왼발을 내뻗고, 어깨를 핸들과 나란하게 한 상태에서 핸들을 꺾는다.

3 터닝 포인트를 돈 다음에 가속하고 시트 뒤쪽으로 물러앉는다. 다음 터닝 때에도 반복한다.

OFF-ROAD MOTORCYCLES 85

앉은 자세에서 터닝하는 방법

앉은 자세로 터닝하는 연습하려면 평탄하고 단단한(접지력이 좋은) 오프로드 지형을 찾아 원뿔이나 헌 타이어와 같은 표시가 될 만한 물건으로 터닝 포인트를 표시한다. 터닝 포인트에 접근하면 1단으로 변속하고 브레이크를 건 다음에 시트에서 엉덩이를 앞쪽으로 당긴다. 직선 코스를 달리는 동안은 제동을 계속하다가 터닝을 시작하면서 브레이크를 놓는다. 그 다음에는 안쪽 다리를 앞쪽으로 내뻗어 모터사이클을 기울이는 것을 돕고, 타이어가 슬립하거나 홈에 빠진 경우에는 발을 지면 위에 내려놓는다. 그리고 모터사이클을 기울이면서 핸들을 돌린다. 그러면서 한두 손가락을 클러치 위에 올려 감속, 정지, 또는 터닝한 다음에 더욱더 빠르게 가속하기 위해 엔진 회전속도를 상승시켜야 할 경우를 대비한다. 터닝하는 동안에는 접지력을 지원하기 위해 적절한 순간에 몸을 앞쪽으로 기울여 앞 타이어 쪽으로 몸무게를 이동시킬 수도 있다. 팔꿈치는 구부려, 든 상태를 유지한다.

앉은 자세 또는 선 자세로 터닝하는 동안에는 항상 어깨를 핸들과 평행이 되게 한다는 것을 잊어서는 안 된다. 터닝 포인트를 지나서 변속 및 가속할 때는 모터사이클의 뒷바퀴의 접지력과 구동력을 상승시키기 위해서 시트의 뒤쪽으로 옮겨 앉는다. 그러나 반드시 다음의 방향 전환 때는 저속 기어로 바꾸고 다시 앞쪽으로 당겨 앉도록 한다. 이것을 우회전과 좌회전 모두에서 연습한다.

재미로 고난도의 터닝을 연습하려면 짧은 비포장의 타원형 트랙을 도는 플랫 트래킹(flat tracking)을 시도한다. 플랫 트래킹에는 제동, 터닝 포인트 입구에서의 슬라이딩, 모터사이클 기울이기, 몸의 자세, 터닝 포인트 출구에서의 파워-슬라이딩(power sliding) 등 터닝에 필요한 모든 기술이 다 사용된다. 이 연습의 수준을 높이려면 속도를 더하고 친구들과 함께 연습하면 레이싱 기술까지도 연습할 수 있다. (파워-슬라이딩 연습 방법은 제17장 참조)

일어선 자세에서 터닝하는 방법과 균형을 잡는 방법의 연습

균형을 잡는 것은 주행하는 동안에 특히, 터닝할 때는 일어서서 균형을 잡는 기술이다. 실은 모터사이클을 탈 때, 라이더들은 차이는 있으나 항상 균형을 잡는 기술을 사용한다. 예컨대 오르막길을 올라갈 때는 몸을 앞쪽으로 기울이고, 내리막길로 내려갈 때는 몸을 뒤쪽으로 몸을 기울이는 동작이 바로 균형을 잡는 기술이다. 오프로드에서 모터사이클을 탈 때는 지형의 조건에 따라 끊임없이 균형을 잡고 있다. 도로가 항상 평탄하고 수평인 경우는 드물다. 보통 오르막이거나 내리막, 또는 교차되기도 하고, 돌이 많거나 홈이 패거나 요철이 많게 마련이다. 그래서 균형을 잡는 기술이 오프로드 라이딩 기술의 제왕이다.

선 자세로 터닝하거나 균형을 잡는 연습을 하기 위해서는 먼저 좌회전을 하거나 우회전을 하면서 자세를 바로잡으려고 몸을 움직일 때 붙잡아 줄 수 있는, 힘센 친구의 도움이 필요하다. 일단 올바른 자세를 취한 뒤에는 그것을 기억해 두었다가 실제로 주행할 때 그 자세를 취할 수 있도록 해야 한다. 그 다음에는 선회할 플랫 턴을 찾아 터닝 포인트에 표지를 세운다. 그리고 웅덩이가 있거나 돌이나 모래가 많

센 자세로 천천히 터닝하기

1 때때로 험준한 길이나 장애물이 많은 트레일에서는 천천히, 선 자세로 터닝할 필요가 있다.

2 균형을 잡으면서 터닝할 때는 모터사이클을 기울이는 것으로 시작한 다음에, 곧바로 반대 방향으로 엉덩이와 상체를 이동시켜 균형을 잡는다.

3 균형을 유지하라, 그리고 장애물이 많으면 앞 타이어가 어떻게 움직이는지 지켜보라.

4 터닝을 끝내고 바이크를 똑바로 세운 다음에 시트에 앉는다.

은 환경이라 선 자세로 주행하지 않을 수 없으며, 저속에서 급선회를 해야 한다고 가정하자. 양쪽 발판에 체중을 집중시키면서 선 자세로 터닝 포인트에 접근한다. 먼저 터닝하고자 하는 방향으로 모터사이클을 기울이고, 곧 반대 방향으로 엉덩이를 옮기면서 그 기우는 힘에 대항하고, 또한 바깥쪽 무릎을 모터사이클로부터 벌려서 엉덩이가 쉽게 이동할 수 있게 한다.

정확하게 균형을 잡기 위해서는 바이크가 기울어지는 방향과는 반대방향으로 엉덩이와 몸을 이동시켜야 한다는 점을 명심해야 한다. 몸을 비트는 것은 균형을 잡는 데 도움이 되지 않는다. 그리고 몸은 좌우로 움직여야 하며, 지나치게 뒤쪽으로 이동하면 두 팔에 아주 큰 힘이 가해진다는 것도 잊어서는 안 된다. 또 앉은 자세로 터닝할 때와 마찬가지로 어깨는 핸들과 평행을 이루도록 해야 한다. 터닝을 연습하는 동안 터닝 포인트의 안쪽에서 계속적으로 몸의 균형을 잃고 몸을 가다듬기 위해 발로 지면에 디뎌야 한다면, 균형을 제대로 잡지 못하고 있는 것이다.

주: 높은 수준의 터닝 연습을 할 때는 바이크를 기울인 쪽에서 실수를 아주 많이 하는 편이 실수를 많이 하지 않는 것보다 더 낫다. 일반적으로 낮은 쪽(low side, 모터사이클을 지면과 가장 가까운 쪽으로 쓰러뜨리는 것)으로 떨어지는 것이 높은 쪽(high side, 방향 전환을 하는 쪽과 반대 방향으로 모터사이클과 몸이 뒤집어지는 것)으로 떨어지는 것보다 손상이 적다. 하이-사이드는 모터사이클 사고 가운데 가장 나쁜 사고 중의 하나이다.

레크리에이션 라이더를 위한 터닝 안전 정보

앞이 보이지 않는 모든 코너에서는 터닝 포인트를 늦게 잡는다.(late apex). 그래야 터닝 포인트 너머 반대편에서 누가 오고 있는지 확인할 수 있다. 비좁은 이면 도로나 오솔길을 레크리에이션으로 달릴 때는 반대쪽에서 누가 달려오고 있을지 모른다고 항상 생각해야 한다. • 모든 코너, 특히 앞이 보이지 않는 터닝 포인트 앞에서는 감속한다. 앞을 볼 수 없는 코너에서는 감속해야 한다. 그래야 터닝 포인트를 돌아서 가속함으로써 반대쪽에서 올지도 모르는 사람을 피하는 라인을 선택할 수 있다.

좋은 라인을 선정하여 유지한다. 터닝 포인트에서 발생하는 사고는 주행하기 좋은 라인을 선택하지 않았거나 유지하지 않았기 때문일지도 모른다. 때로는 2, 3cm만 어긋나더라도 크게 달라질 수 있으므로 좋은 라인을 고수하는 데 도움이 되는 올바른 테크닉을 사용하는 것이 중요하다.

정지 상태에서 바이크를 움직이거나 선회하는 방법

바이크에 앉은 자세에서 또는 바이크 옆에 서서 바이크를 180도 회전시키거나, 정지된 상태에서 어느 방향으로든 움직이는 방법에는 여러 가지가 있다. 이들은 올바른 주행 또는 레이싱 상황에서 시간과 에너지를 아낄 수 있기 때문에 잘 알고 연습해 두는 것이 좋다.

스핀을 이용한 터닝하기

1 너무 민감하지 않은 노면이라면 스핀을 이용한 터닝을 할 수 있다. 1단으로 주행하면서……

2 앞쪽으로 당겨 앉고 다리를 뻗어 발을 지면에 놓으며……

3 바이크를 기울이고 핸들을 꺾으며 클러치를 당기고 엔진 회전속도를 높인 다음에 클러치를 놓아 뒷바퀴를 스핀시키면……

4 바이크는 빠르게 180도 선회한다.

- 바이크에 앉아 엔진이 작동하는 상태에서 1단 기어를 넣는다. 바이크를 기울이고 가속하면서 클러치를 놓는다. 바이크의 뒤쪽이 돌면서 스핀한다. 360도 회전하기 때문에 도넛(doughnut)이라 부르기도 하는 이 테크닉은 모토크로스 트랙이나 모래가 많은 사막과 같은 지형에서는 유용하다. 그러나 가벼운 접지력이 중요한 숲속의 트레일에서는 그다지 유용하지 않다.
- 1단 기어가 들어간 바이크에 앉아서 발을 지면에 딛고 클러치를 팅겨 휠리 회전(wheelie pivot)한다. 이 동작은 기술이 필요하며, 다리가 긴 라이더에게 더 쉽다.
- 바이크 옆에 서서 앞 브레이크를 잡고, 핸들에 손을 얹어 핸들을 꺾으며, 바이크의 뒷부분이 스핀하는 것을 돕기 위해 상체로 핸들이 돌아가지 않게 한다.
- 바이크의 옆에 서서 왼팔로 핸들을 잡고, 오른팔로는 모터사이클 뒷부분의 펜더나 프레임을 잡은 상태에서 바이크의 뒷부분을 끌어 돌린다.
- 바이크의 옆에 서서 앞 브레이크를 작동시키고 두 손은 핸들에 올린 뒤 상체 대신에 하체(엉덩이, 다리, 발목 탄력)를 사용해 바이크의 뒷부분을 들어 올리는 것을 돕는다.
- 힐 클라임(hillclimb)에서 정지해, 바이크에서 내려, 방향을 돌린다(힐-클라임 요약에 대한 상세한 내용은 제 7장 참조).

고난도의 터닝 연습

1 어떤 지역에서는 이 자그마한 모래언덕과 같은 자연적인 지형을 터닝 연습에 사용할 수 있다.

2 모래와 같은 부드러운 지형에서는 속도를 계속 유지하는 것이 매우 중요하다.

3 터닝을 하기 위해서는 하향 변속하고, 뒤 브레이크를 조금 사용하여 속도를 늦춘다.

터닝 포인트를 앞당기거나 늦추기도 하고, 더 평탄하거나 거칠거나 무른 지형 등으로 지형을 바꿔가면서 더 공격적으로, 더 빠르게, 또는 더 느리게 터닝하는 연습을 한다.

- 180도, 360도의 터닝을 시도하고, 8자 코스도 돌아본다.
- 터닝하는 동안에 장애물(통나무, 요철, 크고 납작한 돌 등)을 뛰어넘는다. 그 열쇠는 터닝하는 동안 타력으로 장애물을 넘는 것이다. 가속하거나 제동해서는 안 된다. 그러면 접지력을 잃고 로-사이드를 하게 될 것이다.
- 앞 타이어가 미끄러지거나 밀리도록(언더 스티어가 되도록) 바이크를 기울이고 터닝한다. 이 기술은 습기가 많아 접지력이 좋은 날 연습하기 좋다. 터닝 포인트 입구에서 앞 타이어를 밀어 언더스티어시키고, 터닝 포인트 출구에서 파워-슬라이드를 시도한다.
- 두 개의 원뿔 표지로 짧은 타원형 코스를 만들고, 친구와 함께 그 코스를 도는 경주를 한다.
- 코너를 돌기 위해 뒤 타이어가 슬라이드 하도록, 뒤 브레이크로 트레일 제동(trail braking)을 시도한다.
- 고급 터닝 테크닉인 브레이크-슬라이딩(brake-sliding)과 파워-슬라이딩은 제 16장과 제 17장 참조.
- 내리막에서 가파른 지그재그식의 트레일처럼 부드럽고 돌이 많거나 또는 홈이 많이 패인 지형에서 우회전을 시도한다.

4 터닝 포인트 바로 앞에서 급격하게 가속하고……

5 바이크를 기울이면서 핸들을 약간 꺾는다.

6 모래사장에서 터닝하는 동안, 엔진 회전속도를 높이기 위해 필요하면 클러치를 사용할 수 있다.

빠르게 터닝하기

1 터닝 포인트 입구에서 어떻게 할 수 있는지를 테스트하고자 한다면 이 라이더가 하는 것처럼 해 본다

2 이 야마하 TTR125와 같은 소형 바이크를 훌륭하게 다루면서 약간 너무 빠른 듯 한 속도로 터닝을 시작하고 바이크를 기울인다.

3 "얼마나 빠르게 코너를 돌 수 있는지?" 깜짝 놀람과 동시에, 적게 기울인 결과와 너무 많이 기울인 결과에 대한 더 나은 관점도 확인하게 될 것이다.

4 라이더가 코너를 돌아 나오면서 팔꿈치를 어떻게 들어 올리는 지를 잘 보라.

휠리 터닝하기(Wheelie Turns)

1 험한 지형에서 재빠르게 터닝하고 싶으면, 이 라이더가 하는 것처럼 한 발을 지면에 딛고 터닝할 수 있다. 먼저 시트의 뒤쪽으로 약간 물러앉으면서 회전하고자 하는 방향으로 다리를 내뻗는다.

2 단 기어로 엔진을 작동시키면서 엔진 회전속도를 높인 뒤에 재빨리 클러치를 놓고 몸을 뒤로 젖히면서 앞바퀴를 들어올린다.

3 앞바퀴가 들어 올려 진 상태에서 지면에 내려진 다리 쪽으로 바이크를 기울인 다음에 클러치를 당길 준비를 해 바이크를 곧바로 정지시킨다.

4 앞바퀴를 지면에 내리면서 다른 길을 잡는다.

7 스로틀 제어

스로틀을 능숙하게 제어하는 것은 주행의 기술적인 어려움을 극복하기 위한 필수 요소이다.

스스로틀 제어는 모터사이클 주행의 필수 요소이다. 스로틀을 제대로 제어하지 못하면 '어느 일요일에'라는 영화(반드시 보아야 할 고전적인 1971년 작 모터사이클 다큐멘터리)에 나오는 녀석처럼 처음 주행하려고 하다 이웃집의 우체통과 덤불을 들이받을 것이다. 그 불쌍한 녀석은 너무 뒤쪽에 앉아서 너무 빨리 클러치를 놓을 때 갑자기 발생하는 통제 불능의 가속 상태를 경험한 것이다. 급격한 가속에 의해 그 녀석이 몸이 너무 뒤로 밀리면서 스로틀을 너무 많이 열어 끌 수 없게 된 것이다. 이와 같은 경우는 보기도 흉하고 위험하다. 모토벤처스에서는 그것을 '리스트 록(wrist lock)'이나 '위스키 스로틀(wisky throttle)'이라고 한다. 클러치를 놓을 때 앞쪽으로 조금 당겨 앉고 몸을 기울이며, 출발할 때 클러치와 스로틀을 동시에 조정하는 방법을 배움으로써 위스키 스로틀을 피하는 방법을 가르친다. 오프로드 모터사이클을 타기 위해서는, 팔꿈치를 위로 올리고, 팔을 모두 움직이는 대신 손목을 사용해 스로틀을 작동시키는 데 익숙해져야 한다.

스로틀을 제어하는 데 문제가 있을 경우, 특히 일어선 자세로 주행할 때 손과 팔에 과도하게 힘을 주면서 컨트롤을 조작하고(암 펌프(arm pump) 동작도 증가), 몸을 너

"내 주행 실력은 빨리 가려고 하지 않고, 앞으로 가는 데만 집중했을 때 정말로 향상되었다."

브라이언 캐터슨(Brian Catterson)
잡지 〈모터사이클리스트〉(Motorcyclist)의 편집장.

이 자세는 손과 손목으로 핸들을 잡는 정상적인 모습이다. 라이더가 앉거나 일어서는 데 따라 각도는 바뀔 수 있다. 그러나 이 자세를 취하면 핸들을 잡고 있으면서도 스로틀과 앞 브레이크를 작동시킬 수 있다.

이 자세는 손과 손목으로 핸들을 잡을 때 앞으로 당겨 잡은 모습이다. 이 자세로는 스로틀을 많이 주기 좋지만, 조심하지 않으면 스로틀을 너무 많이 조작하게 될 것이다.

이 자세는 손과 손목으로 핸들을 잡을 때 뒤로 젖혀 잡은 모습이다. 이 자세로는 스로틀을 많이 줄 우려는 없지만, 손목에 부담이 가해지거나 필요할 때 스로틀을 제대로 줄 수 없게 될 수도 있다.

무 뒤쪽으로 기울이거나, 선 자세를 유지하려고 하는 바람에 오른쪽 팔과 팔목에 너무 많은 힘을 주고 있을지도 모른다. 이때는 몸을 앞쪽으로 약간 이동시켜 상체의 체중을 앞쪽으로 이동시키면, 팔과 팔목에 걸리는 힘도 줄이고, 발과 하체로 바이크를 조향할 수도 있다. 가속할 때에는 약간 몸을 앞으로 기울이고 두 팔을 구부리면 언제나 스로틀을 자유자재로 제어할 수 있다. 스로틀을 급격하게 작동시키기 직전에 몸을 약간 앞으로 기울이는 동작은 또한 다리와 발을 이용하여 스스로의 몸을 가누거나 가속력을 전달하는데도 도움이 될 것이다. 특히 오르막에서 앉아 있을 때 너무 뒤로 앉으려 하거나, 가속할 때 시트의 뒤쪽으로 미끄러지지 않도록 해야 한다. 선 자세로 주행할 때 두 팔로 몸을 지탱하려고 해서는 안 된다. 그러면 오히려 스로틀을 제어하기만 더 어려워 질 것이다.

바이크의 출력은 라이더를 도울 수도 있지만 해치기도 한다. 450cc 4행정 엔진을 사용하는 바이크와 같은, 최신 고출력 모터사이클은 대부분의 라이더들이 알고 있는 것보다 훨씬 더 강력한 힘을 발휘할 수 있기 때문에, 때로는 큰 출력 때문에 라이더들이 애를 먹기도 한다. 라이더가 자유자재로 제어할 수 없다면 강력한 힘이 무슨 소용이 있는가? 이에 대한 정답은 스로틀의 제어이며, 때로는 스로틀 개도가 적을수록 제어는 더 쉬울 수 있다. 이에 대한 좋은 예가 테크닉이 많이 요구되는 언덕 오르기(힐 클라임)이다. 이때, 라인을 유지하면서 정상에 오르기 위해서는 두 바퀴를 일직선이 되게 해야 한다. 스로틀이 너무 강하면 라이더가 옆으로 비틀리게 되어 좋은 라인을 놓칠 수도 있다. 그러면, 바퀴를 새로 정렬시키기 위해 스로틀을 끄거나 아니면 주행 자체를 아예 중단할 수밖에 없을 것이다. 스로틀의 제어가 중요한 또 하나의 좋은 예는 지표면이 무른 산 허리이다. 거기서 스로틀이 너무 강하면 라이더가 옆으로 스핀하게 되어 오프캠버(off-camber)(산허리의 횡단로)를 제대로 횡단을 수 없으며, 심지어 라이더가 꼼짝달싹하지 못할 수도 있다. 바이크의 출력이 얼마인지는 문제가 되지 않는다. 스로틀을 약간만 사용해 좋은 라인을 유지하지 않으면 가파른 언덕이나 산허리를 올라갈 수 없을 것이다.

반면에 모래나 진흙처럼 무른 지형을 달릴 때는, 헤치고 나갈 힘을 유지하기 위해 스로틀을 더 과감하게 사용해야 할 경우가 많다. 열쇠는 각각의 상황에서 언제, 얼마나 많은 출력을 내야할 지 아는 것이며, 이 지식의 대부분은 경험을 통해서 터득할 수 있다.

대부분의 레크리에이션 바이크에는 출력곡선이 완만하고 직선적이어서, 제어하기 쉬운 엔진을 사용하는 반면에, 레이싱 바이크에는 출력이 높으면서도 출력곡선의 기울기가 가파른, 제어하기 어려운 엔진을 사용하는 경향이 있다. 스로틀 제어가 중요한 예로서는, 언덕의 접지력이 낮은 구간을 오르기 직전에 필요한 속도와 구동력을 발휘하기 위해 적절한 타이밍에 짧게 스로틀을 사용해야 하는 경우도 포함된다. 스로틀의 정밀 제어는 접지력을 유지하고 구동력을 얻기 위해서 스로틀을 켜거나 꺼야하는, 산허리의 오프캠버 라인과 같은 미끄러운 상황에서 아주 중요하다.

스로틀의 남용이란?

스로틀의 남용, 즉 스로틀을 지나치게 급격하게 그리고 많이 사용하면, 주행이 거칠거나 바이크가 꿀꺽거릴 수 있다. 스로틀을 앞뒤로 과도하게 조작하는 행위는 아무런 도움이 되지 않는다. 아주 활동적인 젊은 라이더들이 가끔 스로틀을 남용하다가, 언젠가 모르게 그만 두기도 한다. 스로틀을 지나치게 많이 사용하거나, 급격하게 감속 또는 가속을 계속적으로 반복하다보면 쉽게 지치게 된다. 공회전 기능이 불량한, 구형 2행정 엔진의 경우에는 엔진을 멈추지 않게 하기 위해 때때로 스로틀을 자주 조작해야 했으나, 부드럽게 작동하는 현대의 4행정 엔진은 그럴 필요가 전혀 없다.

쇼트 시프팅과 소프트 스로틀

쇼트 시프팅(short shifting)이란 라이더가 필요한 것보다 1단 높은 기어로 변속하는 것이다. 쇼트 시프팅을 하면 엔진의 회전속도가 낮아져 가속과 감속이 부드러워지므로 주행이 매끄럽게 이루어진다. 물론 쇼트 시프팅을 하는 라이더는 종종 두 손가락으로 클러치를 조작하여, 필요할 경우에 엔진이 멈춰 서지 않거나 엔진 회전속도를 빠르게 상승시키기 위해 '클러치 잇(clutch it)'(클러치를 약간 접속하거나 슬립하게 하여 엔진 회전속도를 높이거나 낮추는 것)을 할 준비를 하고 있다. 돌밭이나 돌들이 널려있는 언덕길과 같이 무르고 돌이 많은 지형에서 쇼트 시프팅이나 소프트 스로틀을 사용하면, 뒷바퀴가 지나치게 스핀하지 않아 트랙을 이탈하지 않게 될 것이다. 대신에, 두 바퀴가 일직선을 이루어 무른 지형이나 돌이 많은 지형에서 멈추거나 다시 출발하는 일 없이 계속 주행할 수 있는 탄력을 유지하는 것이 중요하다.

스로틀을 너무 많이 감았을까? 아니면 부족했을까? 알 수 없다. 그러나 적절한 양의 스로틀이라면, 이와 같은 상황을 피할 수 있을 것이다.

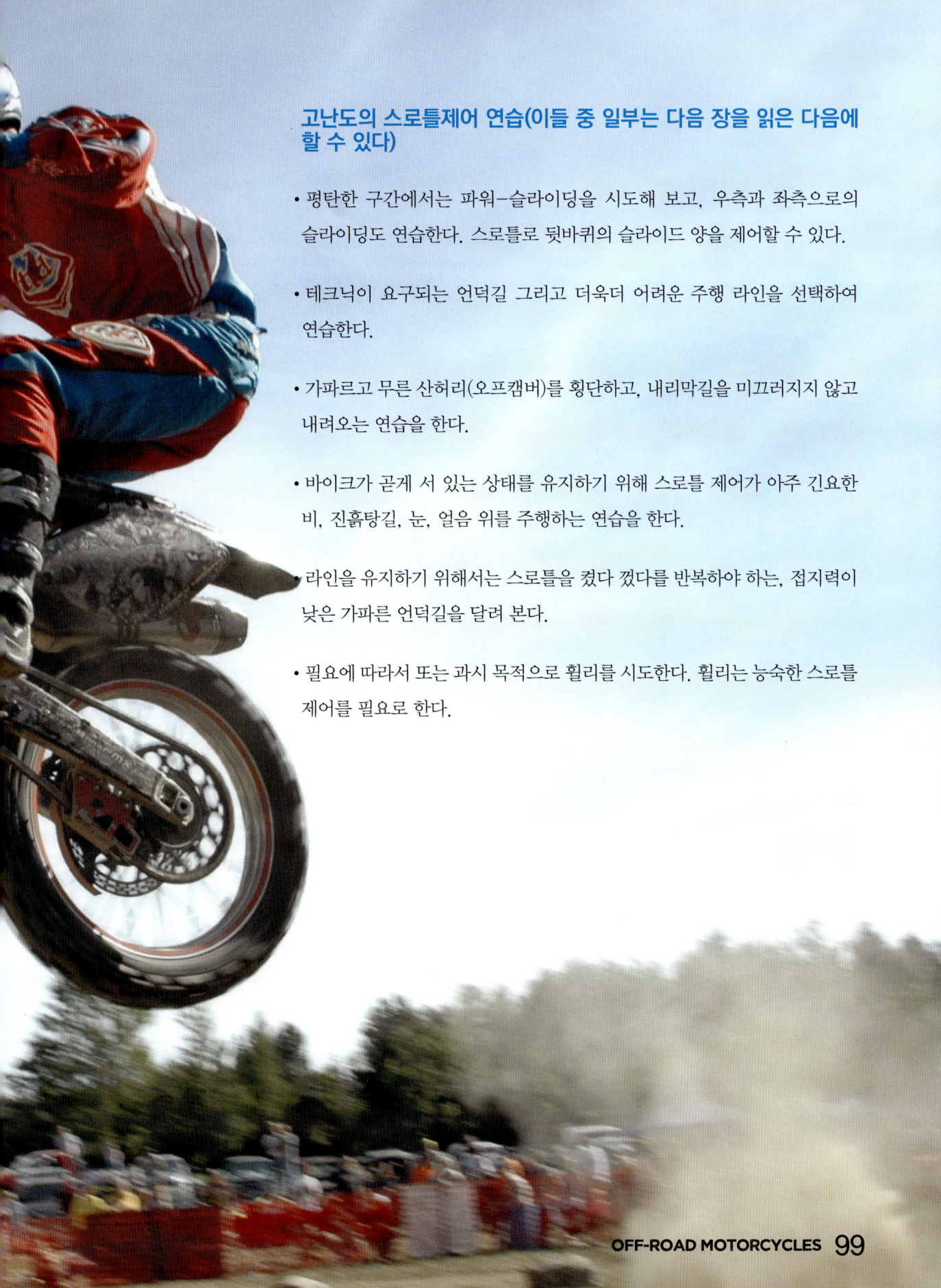

고난도의 스로틀제어 연습(이들 중 일부는 다음 장을 읽은 다음에 할 수 있다)

• 평탄한 구간에서는 파워-슬라이딩을 시도해 보고, 우측과 좌측으로의 슬라이딩도 연습한다. 스로틀로 뒷바퀴의 슬라이드 양을 제어할 수 있다.

• 테크닉이 요구되는 언덕길 그리고 더욱더 어려운 주행 라인을 선택하여 연습한다.

• 가파르고 무른 산허리(오프캠버)를 횡단하고, 내리막길을 미끄러지지 않고 내려오는 연습을 한다.

• 바이크가 곧게 서 있는 상태를 유지하기 위해 스로틀 제어가 아주 긴요한 비, 진흙탕길, 눈, 얼음 위를 주행하는 연습을 한다.

• 라인을 유지하기 위해서는 스로틀을 켰다 껐다를 반복하야 하는, 접지력이 낮은 가파른 언덕길을 달려 본다.

• 필요에 따라서 또는 과시 목적으로 휠리를 시도한다. 휠리는 능숙한 스로틀 제어를 필요로 한다.

힐 클라임(언덕 오르기)

테크닉이 요구되는 힐 클라임에서는 좋은 라인을 선정하여 유지하는 것이 중요하다.

언덕을 오르는 것은 더트-바이크로 할 수 있는 가장 어려운 도전이자 스릴 만점의 기술이며, 또한 어른과 아이를 구분하는 기준이기도 하다. 모토벤처스에서도 다년간 사용하고 있는 언덕이 하나 있다. 이 언덕은 가파르면서도 흙이 무른 구간, 단단한 구간, 코너, 패인 홈, 바위나 돌 등 모든 장애요소들을 갖추고 있어서 훌륭한 라이더들까지도 많이 괴롭힘을 당해서 '험블러(The Humbler)'라는 애칭을 가지고 있다. 언덕 오르기에는 여러 가지 어려운 점이 많기 때문에, 우리는 먼저 기본기에 초점을 맞춘 다음에, 라이더들이 직면하게 될, 두 가지 가장 일반적인 언덕 오르기 기술— 장거리 힐 클라임과 단거리 힐 클라임 기술—에 초점을 맞출 것이다.

언덕을 오르는 것도 힘든 일이지만, 오르지 못한 다음에 안전하게 내려오는 것도 힘든 일이다. 언덕 오르기에 실패한 다음에 안전하게 되돌아 내려오는 능력 또한 오프로드 라이딩을 위해 반드시 갖추어야 할 능력 중의 하나이다.

이 훈련을 수행할 때 바이크가 되돌아 내려오기 위해서는 큰 K자 모양의 라인을 주행할 것이다. 그러므로 다음에 언덕을 오르다가 꼼짝달싹하지 못하게 되었을 때는 당황하지 말고 바이크도 내던지지 말자. 안전하고 멋진 180도 회전으로 언덕을 내려올 수 있는 이들 기본적인 과정만 잘 익히면 된다.

"오늘날에는 아주 훌륭한 모터사이클, 라이딩 기어(안전 장비), 라이더 훈련정보가 홍수를 이루고 있다. 누구나 예산에 맞는, 라이더의 체격이나 능력에 맞는 모터사이클을 찾아낼 수 있어야 할 것이다. 가능한 한, 많은 바이크를 시운전해 보고, 반드시 몸에 잘 맞고 안전한 복장(라이딩기어)을 착용해야 한다. 추가로 적절한 라이더 교습을 받는다면, 오프로드에서 모터사이클을 타는 것이 아주 재미있고 안전하며 값진 보상을 받는 경험이자 멋진 스포츠가 될 것이다."

앤디 라이스너(Andy Leisner)
사이클 월드(Cycle World) 발행인

기본적인 힐 클라임 연습하기

언덕 오르기는 더트-바이크로 하게 되는 까다로운 기술 가운데 하나지만, 일단 꼭대기에 오르기만 하면 뿌듯한 성취감을 맛보게 될 것이다. 언덕에 오를 때는 주로 스로틀 제어, 클러치 제어, 기어 선택, 바퀴의 스핀, 라인 선정, 체중의 이동 등에 초점을 맞추게 될 것이다.

기본 테크닉을 연습하려면 장애물이 거의 없고 접지력이 아주 좋은, 오르기 쉬운 언덕을 선정한다. 어느 힐 클라임에서나 마찬가지지만, 미리 언덕을 잘 살펴보고 가장 쉽고 무난하다고 생각되는 라인을 선정한다. 먼저 언덕의 시작 부분에 안전하게 오르기 시작할 수 있는 가장 좋은 속도(3단 기어까지 속도를 높여도 된다)를 얻기 위해서는 언덕으로부터 상당히 떨어진 곳에서 주행을 시작한다. 그 탄력이 언덕을 오르는 데 가장 훌륭한 친구와 같은 존재임을 발견하게 될 것이며, 언덕의 시작 부분에서 더 많은 탄력을 얻어 출발할수록, 대부분의 사람들이 실패하는 언덕의 마지막 25%의 거리까지에 쉽게 도달할 수 있을 것이다.

공격 자세로 언덕의 시작 부분에 이르러, 가능한 한 많은 탄력을 유지하면서, 올라가는 도중에는 스로틀은 그대로 둔다. 그 다음에 상황에 따라서 엔진의 회전속도가 낮아지는 듯 한 소리가 들리면, 재빠르게 부드럽게 저속 기어로 변속한다. 거의 모든 힐 클라임 언덕이 점점 더 가파르고, 따라서 앞바퀴의 접지력을 더욱더 증대시켜 주어야 하기 때문에 일정 지점에 이르면 앞바퀴를 눌러 주기 위해 체중을 뒤쪽으로부터 앞쪽으로 이동시켜야 한다. 그리고 윌리를 하다 뒤집어지지 않도록 클러치를 가볍게 조작(feather)해도 되고, 또 스로틀 제어도 사용한다. 힐 클라임에서 피해야 할 가장 중요한 것은 엔진 회전속도가 낮아져 탄력을 잃는 것이다. 엔진 회전속도가 한 번 낮아지면, 다시 나아갈 탄력을 얻기가 아주 어렵다. 만약 여전히 언덕을 올라갈 탄력이 있을 경우에는 올라가는 도중에 바퀴를 많이 스핀시켜도 무방하다.

상대적으로 쉬운 언덕을 여러 번 올라 보았다면, 이제는 다음에 설명하는, 좀 더 어려운 언덕 오르기를 시도해 볼 수 있을 것이다.

테크닉이 필요한 장거리 힐 클라임 연습하기

테크닉이 필요한 장거리 힐 클라임은 곳에 따라서는 지표면이 무르기도 하고 단단하기도 할 것이다. 수직에 가까운 턱(ledge)도 한두 군데 있을 것이며, 빗물이 흘러내려 생긴 홈도 있을 것이다. 테크닉이 필요한 언덕을 주행하기 위한 핵심은 언덕의 시작 부분에 정지하여, 지형을 잘 살펴서 접지력이 좋은 구간 또는 제대로 올라갈 수 있는 라인을 선정한 다음에, 올바른 테크닉을 구사하는 것이다.

테크닉이 필요한 힐 클라임을 연습하려면 장거리의 오르막이 있는 언덕을 찾아야 한다. 지표면이 무르고 코너, 패인 홈, 요철은 물론이고, 여러 개의 라인이 있는 언덕이면 좋은 라인을 선택하여 끝까지 그 라인을 유지하는 것까지 연습할 수 있으므로 더욱 좋을 것이다. 먼저 시동을 걸고 가속하면서 변속한다. 때

길이가 길면서도 토질이 무른 언덕

1 토질이 무른, 길이가 긴 언덕에서는 산기슭에서 상당한 속도로 출발하여, 가능한 한 오래 그 속도를 유지하는 것이 중요하다.

2 속도가 낮아지면 저속 기어로 바꾸고, 체중을 앞쪽으로 이동시켜 바이크가 휠리를 하지 않도록 하거나 체중을 약간 뒤쪽으로 옮겨 더 큰 접지력과 구동력을 얻는다.

때로 라인을 유지하는 것이 속도보다 더욱 중요하지만, 만약 올라야 할 거리가 길고 지표면이 무르다면 속도가 더 중요한 요소임을 명심해야 한다. 일어선 자세에서 약간의 안짱다리로 주행하지 않으면 공포의 대상인 벗 스티어(butt steer: 73쪽 참조)의 희생양이 될지도 모른다. 언덕이 더욱더 가파르거나 더욱더 많은 테크닉을 요구한다면 저속 기어로 바꾸어야겠지만, 가능한 한 낼 수 있는 속도를 유지하도록 한다. 바이크의 앞부분이 들리지 않도록 몸을 앞으로 기울여야 하지만, 라이더의 체중은 구동력과 접지력을 위해 뒤쪽으로, 그리고 원하는 라인을 유지하기 위해 때로는 좌우로 이동시킬 필요가 있을지도 모른다.

지나치게 휠리를 하지 않도록 노력한다. 휠리를 하면 제어를 하기 위해 앞바퀴를 내리면서 스로틀을 닫아야 할지도 모르며, 그렇게 되면 언덕 오르기가 수포로 돌아갈 수도 있다. 언덕을 오를 때는 두 바퀴가 일직선을 유지하도록 노력한다. 스로틀을 너무 많이 열면, 옆으로 미끄러져 라인을 벗어나거나 탄력이 떨어지게 될 것이다. 만약에 앉은 자세로 언덕을 오른다면 시트에서 뒤쪽으로 미끄러지면 안 된다. 그렇게 되면 모터사이클이 너무 쉽게 휠리를 해서 제어 불능 상태가 될 수 있다. 정면을 응시하고 접지력이 높은 구간에서 속도를 올려야만, 스로틀을 끄거나 클러치를 사용해서 탄력으로 지표면이 무른 구간을 통과할 수 있다. 클러치 위에 두 손가락을 올려놓고 필요할 경우에 클러치를 슬립시켜 엔진 회전속도를 올리거나 앞바퀴를 들리지 않게 해야 한다.

다른 라이더의 뒤를 뒤따라가다 함께 험난한 지형으로 접근할 때, 만약 앞선 사람이 성공적으로 오를 것이라고 확신할 수 없다면, 돌아서야 한다. 심지어 언덕 시작 부분에 멈춰 서서 그 사람이 먼저 성공하는 것을 확인해야 할지도 모른다. 만약 다른 사람을 너무 가까이 따라가다가 그가 머뭇거리거나 시동이 꺼지면, 여러분도 꼼짝달싹하지 못하게 될 것이다.

마지막으로 한 마디 더, 만약 언덕을 오를 수 없다고 하더라도 큰 홈을 파거나 구덩이를 만들지 마라. 두 다리로 밀어 보다가 안 되면 되돌아서서 다시 시도하는 것이 좋다. 가능한 한 언제나 환경에 무리를 가하지 마라. 그러면 서로에게 좋을 것이다.

접지력이 낮은, 단거리의 힐 클라임 연습하기

여기서는 매우 가파르거나 지표면이 모래가 많이 섞인 땅처럼 토질이 약하거나 또는 두 가지 모두의 이유 때문에 접지력을 얻기가 어려운 언덕을 오르는 기술을 배우고자 한다. 더욱더 곤란한 문제는 언덕의 꼭대기나 그 너머에 무엇이 있는지 알지 못하는 경우가 많다. 이 기술은 여러분을 정상에 오르게 할 뿐만 아니라, 여러분이 지면에 가하는 충격도 감소시킬 것이다. 이 기술은 오프로더들 사이에는 지면에 가벼운 접지 흔적만 남길 뿐, 자연을 파괴하지 않는 방법으로 잘 알려져 있다.

접지력이 낮은 언덕을 오르는 연습을 하려면 먼저 상대적으로 거리가 짧으면서도 경사도가 점진적으로 가파른 언덕부터 찾아야 한다. 어쩌면 꼭대기에 수직의 계단이 있거나, 또는 그 꼭대기가 가파르면서도 표면 토질이 약할 수도 있다. 그리고 접지력(수직의 지형, 진흙탕, 무른 땅, 돌 등의 이유로)이 없다

테크닉이 요구되는 언덕

1 거리가 길고 테크닉이 요구되는 언덕을 오르기 위해서는 가능한 한 아주 평탄하고 접지력이 가장 높은 라인을 선택하여 그 라인을 유지하는 것이 중요하다. 그리고 특히 맨 아래쪽에서 속도를 높여 언덕에 접근하는 것이 중요하다.

2 이 사진과 같은 언덕에는 돌과 패인 홈이 많아서 바퀴가 이들과 부딪치면 몸의 방향이 틀어질 것이므로, 바이크를 원하는 방향으로 가게 하기 위해서는 반드시 몸을 좌우로 활발하게 움직여야 한다.

고 상상하고, 미끄러운 장애물 위로 올라가거나 그 장애물을 뛰어넘을 때의 황금률―접지력이 없는 곳에서 접지력을 얻으려고 하지 마라는 것―을 명심한다. (대부분의 바이크는) 2단 기어를 넣은 상태에서 일어선 자세로 언덕에 접근한다. 언덕 앞에서 가속해 접지력이 있는 지역에서 구동력을 생성하되, 구동력에 의존하지 말고 탄력을 이용하여 접지력이 낮은 구간을 통과한다. 일단 자신이 할 수 있겠다는 확신이 서면, 좋은 판단력을 발휘해 스로틀을 끄고 감속 시간을 조절하여 뒤 타이어를 스핀시키지 않고, 지면에 홈을 파지도 않으면서 저속으로 언덕을 오르도록 한다. 올바로 판단함으로써 뒤 타이어가 꼭대기로 올라갈 수 있는 탄력을 얻으며, 올라간 다음에 정지하거나 급히 좌회전 또는 우회전을 해야 할 경우에 대비해 즉각 클러치를 당기고 브레이크를 사용한다. 꼭대기에 오를 때에는 제어를 유지하는 데 도움이 되게끔 낮게 쭈그리고 앉아 바이크의 충격을 흡수하도록 한다. 일단 뒷바퀴가 꼭대기에 올라서면 다시 스로틀을 열어 달릴 수 있다.

짧은 언덕 오르기

1 짧고 가파른 언덕을 오르기 위해서는 상체를 앞으로 구부리고, 접지력이 거의 또는 전혀 없는 가장 가파른 부분에 이르기에 앞서 속도와 구동력을 최대로 높여 공격적으로 접근하는 것이 중요하다.

2 이때에는 공격 자세를 취하고 계속 가속한다.

3 언덕을 치고 올라갈 때 앞/뒤 서스펜션에 얼마나 가혹한 부하가 걸리는지 주목하라. 이렇게 함으로서 뒷바퀴를 계속 구동시키는 데도 도움이 된다.

벗 스티어(butt steer)란?

언덕 오르기를 시작하는 구간이 평탄하다면 앉아있어도 무방하지만, 그 부분이 평탄한 경우는 아주 드물다. 거친 지형에서 앉아 있으면 가끔 더트-바이크 주행에서 나타나는 '벗 스티어' 현상을 일으킨다. 여기서 벗 스티어란 뒤 타이어가 요철이나 돌에 부딪쳐, 그 충격이 라이더의 엉덩이, 몸통, 그리고 팔에까지 차례로 전해지면서 조향에 부정적인 영향을 미쳐, 바이크가 라인을 벗어나며 꼭대기는 커녕 엉뚱한 곳에서 정지하는 것을 말한다. 일어서 있으면 두 다리가 그 충격을 흡수하면서 튀어 오르기 때문에 이 문제를 해소하는 데 도움이 되며, 더 나은 제어가 이루어짐으로써 언덕을 오르는 가장 좋은 라인을 유지할 수 있다.

힐 클라임 상식: 힐 클라임 경기는 바이크 경기 중에서 가장 안전한 형태의 하나이다. 경기에서는 라이더의 몸이 멈추는 곳이 아니라, 바이크가 언덕 위로 얼마나 멀리 올라갔느냐에 따라 점수를 매긴다.

4 바이크가 거의 수직으로 올라갈 때는 몸을 앞쪽으로 기울이고 두 팔과 무릎을 굽혀 바이크 위에서 몸을 낮춘다. 이때는 많은 탄력을 받고 있으므로 가속하지 않아도 된다.

5 꼭대기에 이르면 일어서서 주행한다.

6 단거리의 가파른 언덕을 오르는 것이 재미있지 않은가?

고난도의 힐 클라임 연습

- 자신이 오를 수 있는 언덕을 먼저 정복한 다음에, 보다 더 어려운 언덕에 도전한다.
- 코너, 패인 홈, 요철 등이 있는 험한 언덕 오르기를 시도한다. 그리고 접지력이 전혀 없는 언덕과 구동력이 완벽하게 작용하는 언덕을 시도하고 어떻게 다르게 대응해야 하는지를 터득한다.
- 접근 구간이 짧은 언덕을 오른다. 이 경우에는 라인과 가속이 완벽해야 한다.
- 거의 수직에 가까운 턱이 있는 아주 가파른 언덕 오르기를 시도한다. 이 경우는 탄력에 의존해서 언덕을 올라야 한다.
- 사방에 단단히 박혀있지 않은 돌이나 롤러(roller)가 널려 있는 언덕을 고르면 재미있을 것이다.
- 키가 높은 모래 언덕 오르기를 시도한다. 모래언덕을 오르기 위해서는 큰 파워와 빠른 속도를 필요로 한다. 모래 언덕에서는 전형적인 오프로드 언덕에서보다 체중이 더 뒤쪽으로 처지는 것을 알게 될 것이다.

1 사진과 같이 메마르고 무르면서도 돌이 많은 언덕을 오르는 경우에는 언덕에 널려 있는 돌을 타이어가 툭툭 치기 때문에 바이크를 똑바로 가게 하기 어렵다. 이런 언덕에는 돌들이 깔린 무른 모래밭도 빠져나가야 하는 어려움까지 더하기 마련이다.

2 적합한 속도, 세심한 라인 선정, 부단한 자세 변화야말로 이처럼 롤러(roller)들이 많은 언덕을 오르는 데는 최고의 원동력이다.

수직의 둑

1 수직의 작은 둑이나 턱은 그 표면의 절반 정도까지 휠리를 하기 위해 트라이얼의 테크닉인 롤업(roll-up)을 사용하여 올라갈 수 있다.

2 그 다음에 바이크가 가장 가파른 부분을 올라갈 때는 두 다리로 재빠르게 체중을 앞쪽으로 이동시켜 뒤 타이어가 올라가는 것을 돕는다.

3 아주 빠르게!

OFF-ROAD MOTORCYCLES

가파른 암면

1 가파른 암면을 오를 때는 휠리를 하지 않도록 주의하고, 스핀하는 뒷바퀴가 바위와 접촉할 때 생기는 갑작스러운 가속에 놀라지 않는다.

2 몸을 앞쪽으로 기울이고 과감하게 '클러치 잇'을 하거나 스로틀을 끌 준비를 한다.

3 지나치게 휠리를 할 경우, 이렇게 된다.

언덕에 오르지 못하고 내려오는 상황 연습하기

이 훈련을 위해서는 먼저 자신이 언덕을 오르다가 꼼짝달싹하지 못하게 된 것과 같은 상황을 연출해야 한다. 완만한 비탈을 찾아, 앉은 채 1단 기어로 똑바로 그 위로 올라간다. 멈출 때 언덕에서 꼼짝달싹하지 못하게 된 상황을 만들기 위해 일부러 (클러치를 당기지 않음으로써) 엔진을 끈다.(기어는 그대로 넣어 두는 것이 나중에 빠져 나오는 동안에 제 위치를 유지하는데 도움이 된다). 어느 언덕에서나 바이크가 정지되면 곧바로 앞/뒤 브레이크를 꽉 잡아 가능한 한 빨리 바이크를 안정시킨다. 그리고 클러치는 당기지 말고 바이크가 뒤로 굴러가게 한다. 그렇게 하지 않으면 큰 곤란에 빠지게 될 것이다. 정지한 다음에는 앞 브레이크를 건 채 왼쪽으로 바이크에서 내린다. 앞 브레이크는 항상 잡고 있어야 한다.

때로는 가파른 언덕에서 멈추었을 때는 바이크를 똑바로 세워 놓을 수 없기 때문에 옆으로 눕혀야 할지도 모른다. 그럴 경우에는 스로틀 튜브의 손상 또는 마멸시킬 수 있는 먼지가 들어가는 것을 방지하기 위해서 스로틀로부터 땅바닥으로부터 거리가 먼 왼쪽으로 눕히는 것이 바람직하며, 그래야 바이크가 아래로 미끄러지지 않는다. 일단 제어를 할 수 있게 되면 이제 바이크와 씨름하면서 오른손으로 어느 쪽으로든(보통 뒤쪽) 끌면서 90도로 돌린다(이때 왼손으로는 핸들을 붙잡고 있어야 한다). 그러면 바이크가 언덕과 수직이 되어 구르지 않게 되어 다시 일으켜 세울 수 있다.

언덕 위에서 멈출 때는 항상 바이크의 오르막 쪽에만 발을 내딛어야 하며 절대로 내리막 쪽에 발을 디뎌서는 안 된다는 점을 명심해야 한다. 이제 앞 브레이크와 기어박스로 바퀴가 구르지 않게 하고 제자리에 서서, 바이크를 세워 엉덩이에 기대고 핸들을 완전히 왼쪽으로 꺾은 다음에 완전히 클러치를 당기고 앞 브레이크를 푼다. 그러면 바이크는 천천히 뒤쪽으로 구를 것이다. 이때 바이크가 뒤쪽으로 움직이는 속도는 보통 앞 브레이크로 제어할 수 있다. 바이크가 뒤쪽으로 구르면, 그에 맞추어 걸음을 옮기면서 바이크를 왼쪽으로 꺾어 언덕과 평행으로 멈추게 한다(이때 라이더는 언덕의 오르막 쪽에 서 있게 된다). 앞 브레이크를 그대로 잡은 채, 핸들을 오른쪽/왼쪽으로 완전히 꺾는 동작을 반복하여 앞바퀴가 거의 똑바로 내리막을 향하게 되는 위치까지 바이크의 앞부분을 이동시킨다.

이때 다시 모터사이클에 탈 수 있지만, 내리막 쪽에 있는 발은 반드시 발판에 올려놓아야 한다. 결코 내리막 쪽의 지면에 발을 디뎌서는 안 된다. 만약 그렇게 할 경우 몸의 균형을 잃게 되어 내리막 쪽으로 나가떨어질 가능성이 아주 커진다. 내리막 쪽으로 나가떨어지면 바이크와 라이더 모두가 다치기 쉽다. 언덕을 오르다가 포기하고 되돌아 올 때는 서두르지 말고 천천히 되돌아온다. 언덕을 오르지 못하고 내려오려고 하다가 나가떨어져 라이더가 다치거나 바이크가 손상된다면, 웃음거리가 될 것이다.

때로는 언덕 오르기에 실패한 다음에, 그 언덕이 너무 가파르거나 라이더가 너무 지쳐서 안전하게 내려오지 못하는 경우가 있다. 그럴 경우에는 '불도그(bulldog)' 기술로 바이크와 함께 언덕을 내려오고 싶을지도 모른다.(불도그 자세로 언덕을 내려오는 방법은 제 9장 참조).

시도하다가 실패한 뒤 복구하기

1 가파른 언덕 위에 정지할 때 바이크를 똑바로 세울 수 없을지도 모른다. 바이크가 미끄러져 내려가지 않도록 하려면 옆으로(보통 왼쪽으로) 눕혀야 한다.

2 바이크가 넘어진 상태에서 빠져나오려면 먼저 바이크의 뒷부분을 끌어 돌려서 바이크가 언덕에 가로로 눕게 한다.

3 그 다음에는 항상 오르막 쪽에서 바이크를 일으켜 세운다.

4 앞 브레이크를 잡은 상태에서 바이크에 뛰어올라 아래로 내려간다. 이때 엔진을 시동할 필요는 없지만, 언덕의 기슭으로 내려갈 때 바이크를 범프스타트(bump-start)시킬 수 있다.

OFF-ROAD MOTORCYCLES 113

언덕에 오르지 못하고 내려오는 고난도의 상황 연습하기

- 서 있을 수도 없이 자꾸 뒤로 미끄러질 정도로 가파른 언덕, 바이크를 옆으로 눕힌 채 두 팔로 끌어야 하는 언덕으로부터 내려오는 방법을 연습한다.
- 모든 것이 미끄러지는, 약한 지형의 언덕으로부터 내려오는 방법을 연습한다.

언덕을 오르다 정지한 상태에서 되돌아오기

1 언덕에서 꼼짝 못하게 된 상황을 연출하려면, 바이크가 똑바로 선 상태에서 클러치를 당기지 않은 채 바이크를 정지시키면 엔진이 꺼진다.(뒤로 굴러 내려가는 것을 방지하기 위한 것임).

2 바이크에서 내려, 바이크를 엉덩이에 기댄 다음에 핸들을 꺾고, 클러치를 놓고, 앞 브레이크를 건 상태에서 천천히 바이크를 아래로 움직인다.

3 핸들을 좌/우로 꺾는 동작을 반복하면서, 바이크와 함께 뒤로 걸음을 옮긴다.

- 필요할 경우를 대비해서, 바이크의 오른쪽에서 언덕을 내려오는 방법을 연습한다.
- 아주 좁고 가파른 언덕길로부터 내려오는 방법을 연습한다.
- 커다란 홈이 많이 패어 있는 언덕으로부터 내려오는 방법을 연습한다.

4 바이크가 내리막을 향할 때까지 앞서의 동작을 계속한다.

5 모터사이클에 오를 준비를 하고 발을 발판 위에 올려놓는다.

6 이 중요한 시점에 몸의 균형을 잃지 않도록 한다. 클러치를 당기고 브레이크를 놓으면 바이크는 아래로 구르기 시작한다.

가파른 언덕 내려가기

앞 브레이크에 익숙해지면, 가파른 언덕을 내려가는 것도 두렵지 않을 것이다.

대부분의 초보 라이더들이 가장 겁내는 장애물은 어쩌면 가파른 내리막길일 것이다. 내리막길은 주행은 커녕 그저 보기만 해도 두렵다. 대부분의 라이더들이 걱정하는 것은 내려갈 때의 속도 제어이다. 코스를 타는 기법은 정밀한 제동과 적합한 자세는 물론이고, 좋은 라인을 선정하여 서두르지 않고 침착하게 내려가는 것이다.

가파른 언덕 내려가기 연습

가파른 언덕을 내려가는 연습을 하려면 거리가 짧고 험난하지만 주행이 가능한 언덕을 찾는다. 먼저 정확하게 어디로 갈지 알기 위해 현장을 직접 답사할 수도 있다. 처음에는 1단 기어로 가능한 한 천천히 내려가지만, 너무 느리면 불안정해져 균형을 잃게 된다. 내리막길에 90도 각도로 접근해 가장자리까지 계속해서 라인을 따라간다. 그렇게 하면 미리 답사했던 라인을 탈 수 있기 때문이다. 가파른 언덕을 내려갈 때는 클러치를 당기고 두 브레이크를 모두 사용하며, 가능한 한 체중을 뒤쪽으로 이

"라이더들은 그저 용감할 수만 없는 이유가 생길 때까지는 가파른 언덕길에서 아주 용감한 것처럼 보인다. 그러나 한 번의 나쁜 경험 때문에 점점 더 겁을 많이 먹을 수도 있다. 가파른 언덕을 내려갈 때는 접지력과 지표면의 토질이 경사각도보다 훨씬 더 중요하다는 점을 명심해야 한다. 토질이 무르고 부드러우면 정지하기도 쉽지만, 대신에 바이크가 지표면을 칼로 베듯이 미끄러져 내려가기도 더욱 쉽다. 얼음처럼 단단한 지형에서는 처음에는 많은 자신감을 갖지만, 감속할 때는 더 먼 거리를 필요로 하며 부드럽게 브레이크를 밟아야 한다. 여하튼 산기슭에 도달할 때까지 계속적으로 감속하는 것이 아주 중요하다. 언덕을 내려가기 전에 미리 이와 같은 문제들이 아주 중요하다는 점을 알고 있어야 한다."

론 로슨(Ron Lawson)
1990년부터 잡지 〈더트 바이크〉의 편집장.

동시켜 뒷바퀴가 지면과 접촉하게 한다. 앞 브레이크를 너무 세게 잡거나 체중이 뒷바퀴에 충분히 실리지 않으면, 라이더가 바이크의 앞쪽으로 튕겨 나갈 수도 있다. 그런 일은 타이어가 웅덩이에 쳐 박혀 꼼짝할 수 없거나 돌과 부딪쳐도 생길 수 있다. 그러므로 가파른 언덕에서 앞 브레이크를 사용할 때는 주의해야 한다. 가능한 한 천천히 가기 위해서는 거의 미끄러지기 직전에 뒤 브레이크를 사용한다.

경사가 완만한 내리막을 적당한 속도로 내려올 때는 저속 기어의 엔진 브레이크로 충분하지만, 더 천천히 내려와야 하는 가파른 내리막에서는 엔진을 구동하기 위해 1단 기어를 넣고 클러치를 당긴 뒤에 완전히 브레이크만으로 속도를 제어해야 한다. 만약에 엔진이 정지하더라도 두려워하지 말아야 한다. 이 시점에는 엔진이 필요 없기 때문이다. 시동을 걸 수 있는 지점까지는 관성으로 천천히 주행을 계속한다.

내리막에서는 너무 가속되지 않도록 속도를 제어해야 한다. 그리고 조심스럽게 라인을 고르고, 바이크를 좌우로 조향하여 주행방향을 조종하는 방법으로 라인을 유지하는 것을 잊어서는 안 된다. 때때로 언

가파른 내리막길

1 이와 같이 가파른 내리막은 1단 기어를 넣고 똑바로 접근한다. 엔진을 꺼뜨리지 않고 천천히 주행하려면 클러치를 당기고 모든 것을 브레이크에 의존해야 한다.

2 아래로 내려가기 시작하면 아주 천천히 몸을 뒤로 젖히고 두 브레이크(토질이 부드럽거나 약한 경우를 제외하면 주로 앞 브레이크)로 속도를 조절한다

덕을 내려오는 동안에 패인 홈을 피하거나 거기에 머물러 있는 것이 힘들 수도 있다. 내리막 가운데 극히 가파르거나 토질이 무른 구간에서는 제어를 유지하기 위해 하나 또는 두 브레이크를 모두 풀었다가, 아래로 내려와 토질이 단단한 지점에서 다시 제동할 필요가 있을지도 모른다. 너무 가파르 나 홈이 패어 뒤 브레이크 페달에 발을 올려놓을 수 없을 경우에는 기어가 들어간 상태에서 일부러 엔진시동을 끄고 클러치를 사용할 수도 있다. 이와 같은 방법으로 엔진 브레이크를 사용하면 뒤 브레이크처럼 작용해 속도를 제어하는 데 도움이 될 것이다.

주의: 가파른 언덕을 내려올 때는 조심하지 않으면 위험하다. 가파른 언덕을 내려올 때는 그 라인이 원하는 곳으로 가는 라인인지 라이더 스스로 확인할 필요가 있다. 내게 방금 내려온 언덕을 다시 올라가기에 충분한 실력과 힘이 있을까? 만약 그 라인이 막다른 길이거나 통행 불능인 길이라면 다시 그 언덕을 올라가야 할지도 모르기 때문이다.

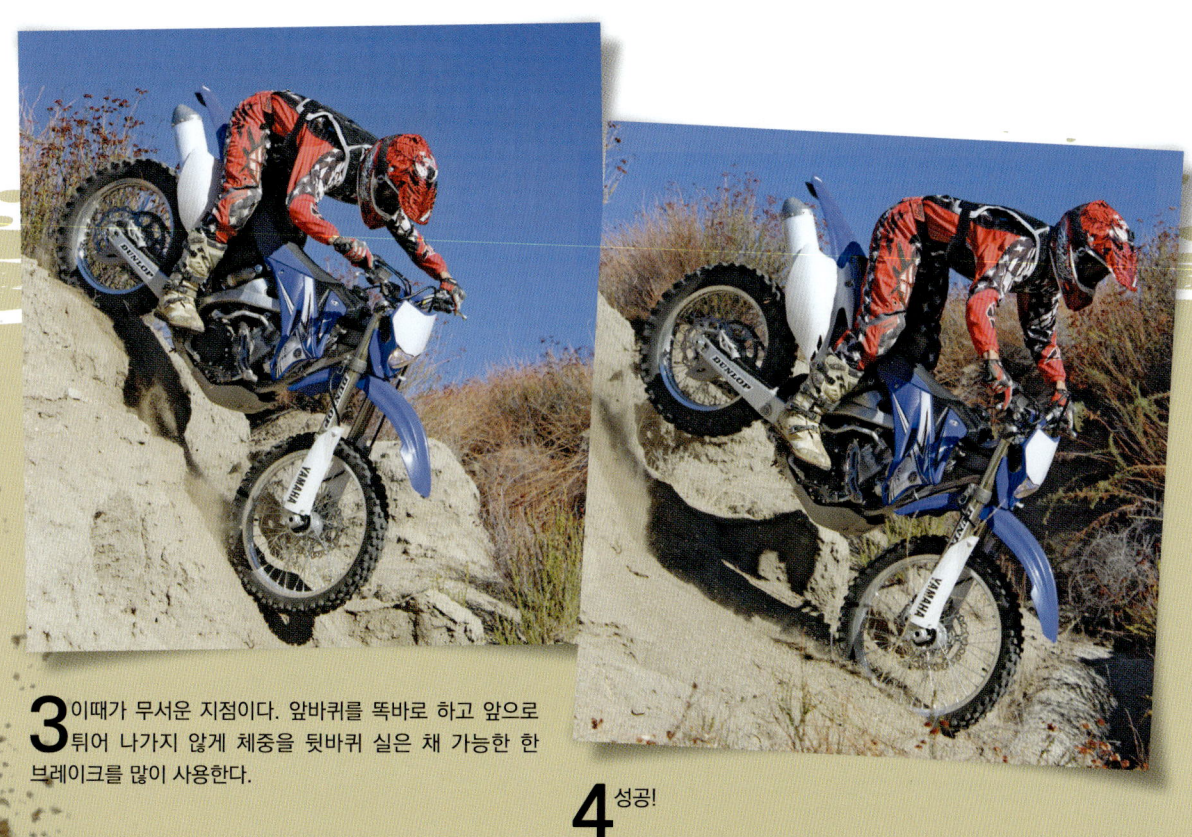

3 이때가 무서운 지점이다. 앞바퀴를 똑바로 하고 앞으로 튀어 나가지 않게 체중을 뒷바퀴 실은 채 가능한 한 브레이크를 많이 사용한다.

4 성공!

OFF-ROAD MOTORCYCLES 119

토질이 부드럽거나 약한 내리막길에서는 너무 느리게 가려고 해서는 안 된다. 바이크를 움직여 아주 조심스럽게 라인을 선택하고 너무 많이 터닝하지 않는다. 그리고 뒤 브레이크를 더 많이 사용한다.

불도깅(bulldogging)이란?

　불도깅은 너무 가팔라서 주행하기 어려운 언덕을 내려갈 때, 언젠가 사용할 필요가 있을지 모르는, 오래 전부터 사용되고 있는 고전적인 테크닉이다. 언덕 아래로 바이크를 불도깅하려면 시동을 끄고, 바이크에서 내려서 바이크와 함께 걸어야 한다. 불도깅할 때는 왼쪽에서 핸들을 잡고, 발은 앞바퀴 곁으로 내뻗는다. 언덕 쪽으로 몸을 젖히고, 바이크를 몸통의 오른쪽에 기울인 채 연료 탱크와 시트의 앞부분이 만나는 곳 근처에 오른쪽 겨드랑이가 위치하게 한다. 그런 다음에 앞 브레이크를 사용해 속도를 조절하면서 천천히 바이크를 아래로 움직인다. 정말 가파르고 지형이 무른 언덕이라면 기어를 넣은 채 필요할 경우 뒷바퀴를 풀어 주기 위해 클러치를 사용할 수도 있다. 만약 바이크를 제어할 수 없으면 바이크에서 손을 떼고 앉아라. 운이 좋으면 바이크와 라이더 모두가 멈추게 될 것이다.

　불도깅이란 실제로 카우보이가 동물의 뿔 주위를 팔로 잡은 다음에 뒤쪽이나 옆쪽으로 잡아당겨 쓰러뜨리는 것을 뜻하는 로데오 용어이다. 가파른 언덕을 타고 내려올 수도 있지만, 오늘날의 오프로드 바이크는 서스펜션의 행정이 아주 길기 때문에 가파른 내리막에서 포크가 압축될 때 그 길이가 아주 많이 변

가파른 언덕을 주행해 내려갈 수 없을 경우에는 항상 엔진을 끄고 기어는 넣은 채 바이크와 함께 걸으면서 앞 브레이크와 클러치를 사용해(클러치를 뒤 브레이크처럼 사용한다) 바이크를 불도그할 수 있다.

해 라이더가 앞으로 튀어 나가거나 엔도(endo)(end-over-end의 줄임말—용어 해설 참조)하게 된다. 타고 내려갈 수 없을 경우, 바이크를 불도깅하면 가파른 언덕도 안전하게 내려갈 수 있다. 가파른 언덕에서는 때로는 자존심을 버리고 바이크를 불도깅하는 것이 더 좋다.

드롭-오프(drop-off)란?

드롭-오프는 가파른 내리막길이 짧아서 주행할 수 있거나 그렇지 못한 수직의 비탈과 마주칠 때 구사하는 고난도 테크닉이다. 그 비탈이 주행할 수 있을 만큼 짧을 경우에는 체중을 더 뒤로 이동시켜야 하는 가파른 내리막으로 간주하면 된다. 하지만 만약 주행해 내려갈 수 없는, 짧지 않는 수직 비탈이라면 점프를 시도할 수도 있을 것이다(아주 고난도 기술이다). 천천히 수직 비탈에 접근하여 부드럽게 휠리를 하거나 그냥 수직 비탈의 가장자리 바로 앞에서 앞바퀴를 약간 들어 올렸다가 앞바퀴부터 먼저 착지하도록 한다. 그리고 가능한 한 충분한 공간을 확보하였다면, 즉시 브레이크 조작을 계속한다. 멋진 휠리와 제동기술을 결합하면, 드롭오프와 같은 대안을 사용할 수 있는 자신감을 기를 수 있을 것이다.

범프-스타트(bump-start)란?

범프-스타트를 하는 것은 내리막길에서 바이크를 시동할 수 있는 편리한 방법이다. 범프-스타트를 하려면 바이크를 내리막 쪽으로 향하게 한 다음에, 2단이나 3단 기어를 넣어 엔진 시동이 쉽게 걸리게 한다. 클러치를 당기고 바이크를 굴러가게 한다. 약간의 속도가 붙으면 클러치를 놓는다. 이렇게 하면 엔진이 쉽게 시동된다. 여러 가지 방법을 사용해 바이크를 당기거나 밀어서 범프-스타트를 할 수 있지만, 범프-스타트는 주행 전문가들이 마지막 수단으로만 권하는 방법이다.

고난도의 가파른 내리막 내려가기 연습

- 더욱 가파른 내리막에서 내려가기를 시도한다.
- 가파르고 토질이 무른 내리막 내려가기를 시도한다.
- 가파른 언덕에서 라인을 바꾸어 내려간다.
- 패인 홈이 있는 내리막을 내려간다.
- 내리막의 작은 수직 비탈을 그냥 내려가거나 점프를 시도한다.
- 너무 가파르기 때문에 바이크를 불도그해야 하는 언덕에서 시도한다.
- 토질이 무르고 홈이 패인 곳도 많은 가파른 내리막에서 우회전을 시도한다. 이처럼 악조건이 결합되면 아직 브레이크를 세밀하게 사용하는 방법과 균형을 잡는 방법을 제대로 배우지 못한 오른손잡이 주행자에게는 특히 어려움이 많을 것이다.

트레일에서 나온 이야기 :
가파르고 토질이 약한 언덕에서의 한 가지 해결책

가파른 언덕이 많은, 협곡을 주행할 때는 항상 느긋하게 여유를 가지고 자신이 내려가고자 하는 언덕이 너무 가파르거나 토질이 너무 약해서 다시 올라갈 수 없는 것은 아닌지 확인해야 한다. 그렇지 않으면 누군가처럼 그곳에서 한동안 꼼짝달싹하지 못하게 된다. 그는 바이크를 버려둔 채 여러 시간에 걸어서 트럭이 있는 곳까지 걸어와서 트럭을 타고 집으로 돌아왔다. 다음날 뒷바퀴용으로 패들 타이어를 구입했다. 그리고 다시 트럭을 타고, 또 바이크가 있는 곳까지 여러 시간을 걸어가서 패들 타이어로 교환한 다음에야 그 바이크를 타고 언덕을 오를 수 있었다. 이 이야기는 사실이다. 아무리 뛰어난 라이더라도 오를 수 없는 언덕은 아주 많다.

드롭-오프

1 가파른 비탈이라도 주행해 내려갈 수 있는 비탈이 있으나, 그렇지 않은 경우에는 뛰어넘어야 한다.

2 90도 각도로 그 비탈에 접근한 다음에, 내려오면서 몸을 뒤로 젖힌 채 가장 가파른 지점에서 일시적으로 잠간 앞 브레이크를 놓는다.

빗물로 패인 홈

1 이처럼 빗물로 패인 홈이 많은 언덕을 주행해 내려가는 법을 배우거나 가르칠 때마다 정확하게 어디로 가고 싶은지 찾기 위해 그곳을 자세히 살피거나 심지어 트리얼 라이더처럼 걸어 보기도 한다.

2 움푹 패인 홈을 내려갈 때는 일어선 채 뒤쪽으로 몸을 젖히고 올바른 라인을 유지하며, 바이크를 기울이고 핸들을 꺾어 방향을 조종하여 홈을 빠져 나온다. 속도는 늦춘다!

바위의 턱

1 이와 같은 턱은 뛰어오른 뒤 뒷바퀴부터 먼저 착지시킨다. 그리고 위쪽에 휠리를 하기에 충분한 접지력이 있는지 확인한다.

2 아래쪽에 착지하거나 속도를 늦출 공간이 있는지 반드시 확인해야 한다.

10 산허리 비탈에서의 터닝과 사이드힐

체중의 이동과 탄력을 사용하여 이들 까다로운 장애물을 통과한다.

산허리 비탈에서의 터닝은 단순하지만 익혀두어야 하는 중요한 기술이다. 산허리 비탈을 오른 다음에 터닝하여 다시 평지까지 내려와야 한다. 비탈에서 터닝을 할 때는 바이크의 조향반경이 제한적이어서 항상 원호를 그리는 것이 중요하다는 점을 명심해야 한다. 너무 급선회를 하거나, 스티어링 록(steering lock) 상태로 더 이상 방향을 전환할 수 없게 되면, 가장 좋지 못한 장소에서 몸의 균형을 잃거나 비탈에서 단순한 유턴이라도 고통스럽고 황당한 추락으로 이어질 수 있다.

산허리 비탈의 좁은 길, 특히 토질이 약한, 무른 길은 어떤 테크닉을 구사해야 할지 모를 경우에는 큰 난관에 봉착할 수도 있다.(사이드힐을 오프-캠버라고도 한다.) 몸의 자세는 앉은 자세로도 주행할 수 있지만, 일어선 자세로 주행하는 것만큼 제대로 바이크를 제어할 수 없을 것이다. 대부분의 경우, 일어선 자세로 주행해야만 한다.

사이드힐(산허리 횡단로)을 주행하기 위해서는 또한 토질을 세심하게 확인하고, 최적의 라인을 선택하고, 스로틀을 적절하게 제어하며, 상황에 따라 체중을 적절하게

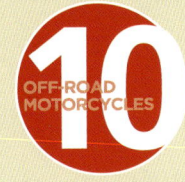

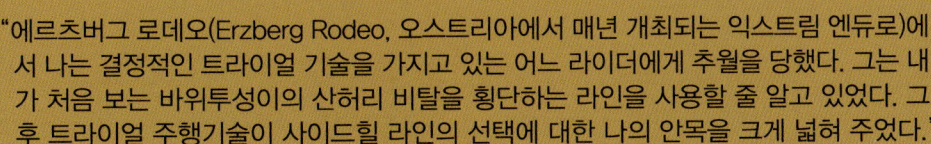

"에르츠버그 로데오(Erzberg Rodeo, 오스트리아에서 매년 개최되는 익스트림 엔듀로)에서 나는 결정적인 트라이얼 기술을 가지고 있는 어느 라이더에게 추월을 당했다. 그는 내가 처음 보는 바위투성이의 산허리 비탈을 횡단하는 라인을 사용할 줄 알고 있었다. 그 후 트라이얼 주행기술이 사이드힐 라인의 선택에 대한 나의 안목을 크게 넓혀 주었다."

코리 그래펀더(Cory Graffunder)
2011년 AMA 전국 엔듀로크로스 시리즈 4위, 3개 종목의 전체 3위, 유명한 에르츠베르크 엔듀로에서 18위, 6위, 5위로 3회 완주.

이동하는 기술 등이 필요하다. 만약에 바이크가 약한 구간을 통과할 때는 바이크가 비탈 아래로 미끄러지려 할 것이며, 스로틀을 너무 가할 경우 뒷바퀴가 스핀하여 사태를 더욱 악화시킬 것이다. 게다가 체중 이동이 적절하게 적시에 이루어지지 않으면, 전혀 희망이 없다. 모든 사이드힐에서 다음과 같은 테크닉을 사용하고, 약간의 주의를 기울이면, 사이드힐을 멋지게 통과하는 최상의 기회를 얻게 될 것이다.

비탈에서 터닝 연습하기

비탈에서 터닝을 연습하기 위해서는 장애물이 없고 경사가 완만한 넓은 비탈을 찾아야 한다. 한 장소에서 주행해야 할 세 부분—오르막, 터닝, 내리막—의 비탈을 생각한다. 비탈에는 2단 기어로 일어선 자세를 유지하면서 접근한다. 몸을 기울이고 스로틀을 급격하게 열어 과감하게 가속하여 비탈에 오른 다음에 터닝하는 데 필요한 모든 구동력과 속도를 준비한다. 비탈에 접근하면서 일단 성공할 정도의 속도가 붙었다는 것을 감지하면(판단을 잘해야 한다) 커다란 원호를 그리면서 터닝할 때는(처음에는 왼쪽,

비탈에서의 터닝

1 비탈에서 터닝하기 위해서는 과감하게 비탈을 오르고 충분한 속도로 터닝할 수 있어야 한다.

2 터닝 포인트에 근접하면 스로틀을 끄고……

3 터닝하면서 원호를 그리며……

그 다음에는 오른쪽으로) 스로틀을 닫아 바이크를 감속한다(클러치를 당기지 않는다). 너무 급선회하지 않으면서 원호를 그리는 것이 중요하다. 자세는 플랫 턴에서 하는 것처럼 반대 방향으로 균형을 잡으려고만 하면 되지만, 그보다 더 많이 균형을 잡아 주어야 한다. 바이크를 방향 전환 하려는 쪽(내리막 쪽)으로 기울이고 몸은 그 반대쪽(오르막 쪽)으로 균형을 잡는다. 그리고 꼭대기에 오른 뒤 방향을 전환해 내려오기 시작하면서 체중을 뒤쪽으로 이동하고 브레이크를 사용하기 시작해 내리막 주행속도를 제어한다. 이 연습은 단순해 보일지 모르지만, 특히 초보 라이더들이 비탈에서의 터닝을 과소평가하는 경향이 있으며, 상처가 심한 내리막 사고를 일으킬 가능성도 많다.

- 너무 가파르기 때문에 바이크를 불도그해야 하는 언덕에서 시도한다.
- 토질이 무르고 홈이 패인 곳도 많은 가파른 내리막에서 우회전을 시도한다. 이처럼 악조건이 결합되면 아직 브레이크를 세밀하게 사용하는 방법과 균형을 잡는 방법을 제대로 배우지 못한 오른손잡이 주행자에게는 특히 어려움이 많을 것이다.

4 평탄한 지면에서와 마찬가지로 몸의 균형을 유지한다.

6 이렇게만 되면 그다지 어렵지 않을 것이다.

5 비탈에서 터닝할 때는 내리막 쪽으로 단순히 쓰러지기만 해도 훨씬 고통이 심할 것이기 때문에 두렵게 마련이다.

비탈에서 고난도 터닝 연습하기

- 더욱더 가파른 비탈에서 터닝한다.
- 더욱더 빠르게 터닝한다.
- 토질이 약한 비탈에서 터닝을 시도한다.

1 이처럼 비탈을 크게 터닝하는 연습은 아주 재미있는 일이다.

2 비탈에 공격적으로 접근하면서 좋은 판단력을 사용하여….

3 비탈을 오르고, 코너를 돌기에 충분할 만큼의 속도가 붙었는지 확인한다.

4 비탈에서의 터닝 연습은 재미 때문만은 아니다. 테크닉이 필요한 주행에서 이와 같은 터닝은 커다란 장애물을 피하기 위한 것이다.

사이드힐(산허리 횡단로) 주행 연습하기

완만하고 단단하며 울퉁불퉁하지 않은 비탈을 찾는다. 1단 또는 2단 기어를 넣고 일어선 자세로 비탈을 횡단 주행한다. 특히 토질이 약한 경우는 약간의 속도가 있는 것이 좋다. 스로틀은 부드럽게 계속 작동시키고, 두 바퀴는 일직선을 유지한다. 이와 같은 상황에서는 쇼트 시프팅(short shifting)을 할 수 있다. 쇼트 시프팅이란 적절한 단보다 1단 높은 기어로 변속하여 엔진의 회전속도를 낮추어 구동력을 부드럽게 전달하고자 하는 것이며, 두 바퀴를 일직선으로 유지하는 데 도움을 준다. 또한 스로틀을 부드럽게 감거나 풀어서 뒤 타이어가 느슨해지지 않도록 해야 한다. 그리고 (두 손가락으로) 클러치를 슬립시키고 심지어는 뒤 브레이크를 약간 끌어서, 뒤 타이어가 스핀하거나 비탈에서 라이더가 옆으로 기울어지는 것을 방지할 수 있다.

사이드 힐

1 사이드힐 주행은 특히 비탈의 토질이 약하거나 좁은 트레일을 따라가려고 할 때 힘든다.

2 부드럽게 지속적으로 스로틀을 제어하여 뒷바퀴의 스핀을 막고, 토질이 약한 경우에는 약간 속도를 높이고, 핸들을 꺾는 대신에 바이크를 기울여 라인을 유지하도록 조향한다.

비탈의 기울기에 대응해서 몸의 균형을 유지하고 접지력을 유지하기 위해서는 체중을 너무 바이크의 앞쪽 또는 뒤쪽으로 이동하지 말고 바이크의 중심에 실어야 한다. 또 바이크가 비탈 쪽으로 기울어지는 듯 한 느낌이 들면, 엉덩이를 내리막 쪽으로 옮겨 내리막 쪽의 발판에 힘을 가해 그 기울기에 대응해 균형을 잡아 준다. 그러면 두 타이어가 사이드힐의 지면을 누르면서 가능한 한 큰 접지력을 유지해야 한다. 사이드힐을 왕복 횡단하면서 반대쪽으로 몸을 이동시켜 균형을 잡는 연습해야 한다. 정말로 약한 토질의 사이드힐을 횡단할 때는 점진적으로 높이가 낮아지는 곳, 특히 빠져나올 수 없을 정도인 장소가 포함되지 않도록 미리 경로에 대한 계획을 세운다.

3 접지력을 얻기 위해서는 체중(엉덩이)을 내리막 쪽의 발판으로 이동하여, 두 바퀴가 모두 지면을 누르게 한다.

4 미국의 가장 험난하고 유명한 더트-바이크 코스에는 아주 까다로운 사이드힐들이 많이 포함되어 있다.

좁은 외길 주행 연습은 사이드힐 주행으로 시작한다.

　사이드힐 주행은 모토벤처스의 교습 과정 가운데 라인을 유지하면서 좁은 외길(single track)을 주행할 수 있는 능력을 제대로 테스트할 수 있는 최초의 훈련이다. 인기 있는 OHV(off-highway vehicles) 주행 구역에서는 주행 가능한 비탈이면 어디든 사이드힐 횡단로가 되므로 마음대로 오르내릴 수 있지만 (그러나 환경을 훼손해서는 안 된다는 것을 명심한다), 오프로드 바이크나 듀얼스포츠의 주행 구역에서는 통상적으로 라이더가 벗어나서는 안 되는 좁은 길이 있게 마련이다. 좁은 길은 산악자전거나 테크닉을 요구하는 오프로드 바이크를 타는 사람들이 항상 좋아하는 길이다. 문제는 초보자 수준에 알맞은 좁은 길을 찾아내기가 어렵다는 점이다. 좁은 길의 주행에는 보통 중급 내지 고급 기술을 필요로 한다. 좁은 길을 주행하는 기술을 발전시키기 위해서는 이 사이드힐 횡단 연습과 모토벤처스에서 제공하는 슬라롬(slalom)과 보드 타기 연습을 하기 바란다(제11장 참조).

　싱글 트랙 지식: 미국에서 오프로드 주행이 시작된 초기에는 라이더들이 소나 다른 큰 야생동물들이

미끄러운 사이드힐 주행

1 비탈의 좁은 트레일은 라이더들에게 자신이 라인을 유지하는 능력이 있는지의 여부를 처음으로 깨닫게 해 주는 곳인 경우가 많다.

2 이 경우는 라이더가 갑자기 비탈의 위쪽으로 향하고 체중을 중심으로 이동하면서 스로틀을 사용함으로서 바이크가 스핀하고…….

만들어 놓은 완벽하게 주행 가능한 트레일을 달렸다. 그래서 당시에는 '소가 다니는 길'이라는 이름으로 통했다. 오늘날에는 이들 트레일 대부분이 야생동물들은 물론이고 사람들도 왕래하는 싱딩히 번잡한 길로 변했다.

고난도 사이드힐 주행 연습

- 더욱 더 가파르고 토질이 약한 비탈을 횡단 주행하면서 얼마나 훌륭하게 비탈에서 균형을 유지할 수 있는지 확인한다.
- 상당한 접지력이 있는 암반 지형에서 사이드힐을 시도한다.
- 비탈의 위나 아래로 라인 바꾸기를 시도한다.
- 돌이 많고 토질이 약한 비탈에서 사이드힐을 시도한다.
- 험준한 비탈을 더 빠르게, 그런 다음에 더 느리게 주행한다.
- 비탈에서 급하게 오르막 쪽이나 내리막 쪽으로 터닝하는 연습을 한다.

3 제어 불능 상태에 빠지기 시작한다.

4 아주 가파른 비탈의 내리막 쪽으로 미끄러지면 바이크를 일으켜 세워, 다시 주행을 시작하기까지 여러 시간이 걸리기도 한다.

11 일어선 자세에서 조향하기

다리와 발로 조향하여 라인을 유지한다.

선 자세로 주행하는 동안 다리와 발을 사용해 바이크를 조향하는 방법은 매우 효율적인 주행방법이다. 이 훈련은 비탈이나 모래사장, 좁은 길, 패인 홈 등 주행하는 데 아주 좋은 실습이다.

중속에서 일어선 자세로 주행할 때, 발과 다리를 사용하여 오프로드 바이크를 조향하는 것은 올바른 방법이다. 오프로드 라이더가 주행하는 지형은 대체로 울퉁불퉁하기 때문에 일어선 자세로 주행해야 한다. 일어선 자세로 주행하는 방법 중의 하나는 두 다리와 발로 체중을 지탱하는 것이며, 이런 자세에서는 하체를 사용해 바이크를 조향할 수 있다. 또한 어느 한쪽의 발판에 힘을 가해 좌우 어느 한쪽으로 기울어지게 하기도 쉬우므로 특별한 수고를 하지 않고도 바이크의 주행방향을 바꿀 수 있다.

비록 사정은 정반대인 것처럼 보일지 모르지만, 발판을 밟고 서 있으면 시트에 앉아 있을 때보다 라이더의 체중과 바이크의 무게중심이 더 낮아지게 된다. 하체로 바이크를 조향하면, 더 격렬하게 그리고 더 오래 주행할 수 있으며, 특히 모래사장, 비탈, 모래언덕, 진흙탕 등과 같이 테크닉이 요구되는 구간—일어선 자세에서 속도를 유지하고 조향할 필요가 있는 구간, 좁은 주행선을 유지할 필요가 있는 구간—에서 더욱더 자신감을 가지고 주행할 수 있는 능력을 기르게 된다.

"오프로드에서 주행하거나 경주할 때의 내 장점은 가능한 자주 일어서는 것이다. 그렇게 하려면 더 많은 에너지가 필요한 것처럼 보일지도 모른다. 하지만 적절한 자세를 유지할 경우, 하체를 이용해 바이크를 조향하고, 뛰어오르기도 하고 충격을 흡수하기도 하는 데도 하루가 저물 때까지 내게는 여전히 많은 에너지가 남아 있다. 내가 사는 미국 북동부에서는 테크닉이 필요한 코스가 많기 때문에 계속해서 일어선 자세로 주행하지 않으면 안 된다. 그래서 하체로 조향하는 능력이 아주 중요하다."

프레드 호스(Fred Hoess)
ISDE 금메달 16회 수상, 미국 최고 선수로 수차례 선정, AMA 전국 인듀로 및 헤어 스크램블(Hare Scramble) 다수 우승.

일어선 자세로 조향하기 연습

슬라롬(slalom) 훈련

두 다리를 사용해 조향하는 연습을 하기 위해서는 비교적 단단하면서도 평탄한, 먼지가 많은 지표면 위에 5개의 원뿔형 도로 표지를 일렬로 늘어놓고 스키의 슬라롬과 같은 훈련을 한다. 실물과 똑같은 원뿔 표지를 사용해 라이더가 그 곁을 돌아가지 않으면 부딪치게 한다. 원뿔은 약 12걸음마다 1개씩 일렬로 세운다. 2단 또는 3단 기어를 넣고 일어선 자세로 주행하면서 체중을 바이크의 앞부분에 실은 상태로 슬라롬에 접근한다. 맨 처음의 원뿔을 어느 방향으로 돌아갈 것인지를 결정한다. 그 원뿔을 돌아가면서 바이크를 방향 전환하는 쪽으로 기울이고 몸은 반대방향으로 기울여 균형을 잡아 준다. 다음 원뿔로 향하는 동안에는 바이크를 반대 방향으로 기울이면서 몸은 다시 반대쪽으로 이동하여 균형을 잡아야 한다. 속도가 빠를 때는 핸들을 꺾지 말고 바이크만 좌우로 기울이면 된다.

이 훈련에서는 약간 안짱다리를 한 채 주행함으로써 바이크가 두 다리 사이에 떠 있으면서 한쪽 다리의 안쪽에서 다른 쪽 다리의 안쪽으로 기울어지도록 하는 것이 도움이 된다. 처음 연습할 때는 슬라롬 코스를 통과하면서 원뿔마다 자세를 올바로 하는 것에 집중한 나머지 비틀거리기만 할 것이다. 차츰 안정감을 찾으면 속도를 높이면서 슬라롬을 통과하는 각도를 좀 더 좁히도록 한다. 속도가 빠를수록, 각도가 더욱 좁혀질 것이며 더 빨리 좌우로 몸을 움직여야 할 것이다. 원뿔과 부딪치기 시작하면 속도가 너무 빠르다는 것을 알 수 있다. 몸의 움직임을 빠르게 하고, 상황에 반응하는 것이 아니라 상황을 능동적으로 주도해야 하며, 뒤져서는 안 된다. 몸을 뒤로 젖혀서는 안 된다는 것을 기억하라. 그 대신에 몸을 좌우로 움직이면서 바이크의 앞쪽에 체중을 실어야 한다. 몸을 뒤로 젖히면 상체가 피로해질 것이다. 두 다리로 조향하는 것은 쉬운 일이지만 때로는, 특히 땅이 미끄러운 날에는 어렵게 느껴지기도 할 것이다.

두 다리로 바이크를 조향하는 것이 어떤 느낌인지 알기 위해서는 비가 와서 지면이 물을 많이 흡수한 날처럼 접지력이 높은 날 연습하는 것이 제일 좋다. 바이크가 기울어지도록 양쪽의 발판에 힘을 가하기에 집중하라. 두 다리로 적절하게 조향하는 기술은 설원에서 스키를 타는 것과 아주 비슷하다—자신이 제대로 하고 있을 때와 그렇지 않을 때를 알 수 있을 것이다.

널빤지 주행 훈련

두 다리로 조향하기 연습의 또 다른 방법은 길이 6m 이상 폭 15cm 정도의 널빤지를 사용하는 훈련이다. 이 훈련의 목표는 널빤지를 벗어나지 않고 널빤지 위를 달리는 것이다. 이 훈련은 1단 기어로만 하며, 그 널빤지의 끝과 어긋나거나 타이어가 널빤지 밖으로 나간 경우에는 다시 올라서지 말고, 방향을 돌려 처음부터 다시 시작한다. 이 훈련을 통해 라인을 유지할 수 있는 사람과 그러지 못하는 사람이 확연히 드러나며, 사람에 따라 이 훈련이 매우 힘들 수도 있다. 주로 핸들로 바이크를 조향하는 데 익숙하고 바이크를 기울여 조향하는 방법을 아직 배우지 못한 사람은 보통 이 훈련이 힘들다. 하지만 낭떠러지 곁에 있는 험준하고 비좁은 라인에서 보다는, 이처럼 널빤지 위를 주행하는 훈련을 통해 익히는 것이 훨씬 더 좋다.

일어선 자세로 조향하기

1 슬라롬 코스를 통과하는 것은 두 발과 두 다리로 조향하는 기술을 경험하고 모래사장 주행을 대비하는 데 도움이 될 것이다.

2 일어선 자세로 보통 속도로 맨 처음의 원뿔 표지에 접근하고, 회전하는 방향으로 바이크를 기울이면서 엉덩이와 바깥쪽 다리는 반대 방향으로 이동시킨다.

3 이 자세를 각 원뿔 표지마다 번갈아 한다. 그 다음에는 속도를 높인 다음에, 핸들을 꺾지 말고 체중을 이동시켜 조향하도록 하라.

좁은 길

1 폭 15cm의 이 좁은 널빤지 밖으로 나가지 않으려면 1단 기어를 넣고 일어선 자세로 주행하고, 가능한 한 한가운데를 타도록 하며, 조향하기 위해 핸들을 꺾는 대신에 바이크를 좌우로 약간 기울여서 조향하도록 하라.

2 앞바퀴가 널빤지 밖으로 나간 경우에는 그 자리에서 올라서지 말고, 처음부터 다시 시작한다.

3 속도가 느려서, 앞바퀴가 널빤지 밖으로 미끄러지기 시작하더라도 재빨리 정지시키고 발을 내려 미끄러지지 않게 할 수 있어야 한다.

일어선 자세로 조향하기 고난도 연습

- 일어선 자세로, 걷는 것보다 조금 빠른 속도로 울퉁불퉁하지 않고 완만한 비탈을 내려오도록 하며, 두 손은 핸들에서 놓고, 자전거를 운전하는 것처럼 두 발로 조향하는 연습을 한다.
- 빠르게 조향하기 위해 원뿔 표지를 비틀거리게 할 정도로 빠른 속도로 슬라롬을 통과한다.
- 지면의 접지력이 큰 날, 이 훈련을 시도하면 더욱더 빠르게 주행할 수 있으며, 두 다리로 조향하는 이점을 정말로 느끼게 된다.
- 빗물로 패인 긴 홈의 밑바닥을 가운데로만 달리고, 양쪽 모서리는 건드리지 않도록 한다.
- 더 많은 테크닉이 필요한 비탈, 모래사장, 더욱더 험준한 좁은 길의 주행을 시도한다.
- 모래 두께가 두꺼운 모래사장을 주행하면서 계속 조향하는 대신에 똑바른 라인을 유지하도록 한다. 연히 드러나며, 사람에 따라 이 훈련이 매우 힘들 수도 있다. 주로 핸들로 바이크를 조향하는 데 익숙하고 바이크를 기울여 조향하는 방법을 아직 배우지 못한 사람은 보통 이 훈련이 힘들다. 하지만 낭떠러지 곁에 있는 험준하고 비좁은 라인에서 보다는, 이처럼 널빤지 위를 주행하는 훈련을 통해 익히는 것이 훨씬 더 좋다.

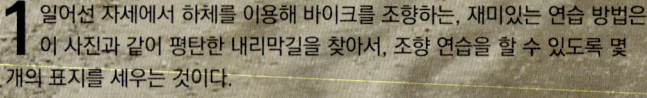

1 일어선 자세에서 하체를 이용해 바이크를 조향하는, 재미있는 연습 방법은 이 사진과 같이 평탄한 내리막길을 찾아서, 조향 연습을 할 수 있도록 몇 개의 표지를 세우는 것이다.

2 2단 기어를 넣어 바이크의 속도를 약간 높인 다음에 스로틀을 놓고 차츰 감속하면서 일어선 자세로 이 독특한 슬라롬 훈련을 한다.

3 바이크를 조향하려면 바이크에 대항해서 두 다리로 발판을 눌러야 할지도 모른다. 그리고 당연한 말이지만 제어할 수 없다는 느낌이 들면, 언제고 핸들을 잡을 준비를 갖추어야 한다.

일어선 자세로 조향하기 고난도 연습

- 일어선 자세로, 걷는 것보다 조금 빠른 속도로 울퉁불퉁하지 않고 완만한 비탈을 내려오도록 하며, 두 손은 핸들에서 놓고, 자전거를 운전하는 것처럼 두 발로 조향하는 연습을 한다.
- 빠르게 조향하기 위해 원뿔 표지를 비틀거리게 할 정도로 빠른 속도로 슬라롬을 통과한다.
- 지면의 접지력이 큰 날, 이 훈련을 시도하면 더욱더 빠르게 주행할 수 있으며, 두 다리로 조향하는 이점을 정말로 느끼게 된다.
- 빗물로 패인 긴 홈의 밑바닥을 가운데로만 달리고, 양쪽 모서리는 건드리지 않도록 한다.
- 더 많은 테크닉이 필요한 비탈, 모래사장, 더욱더 험준한 좁은 길의 주행을 시도한다.
- 모래 두께가 두꺼운 모래사장을 주행하면서 계속 조향하는 대신에 똑바른 라인을 유지하도록 한다. 바이크가 직진하게 하기 위해 자신이 몸짓을 많이 사용하고 있음을 알게 될 것이다.

1 원뿔 표지를 가지고 훈련하면서 배웠던 것을 주행로에서 적용시켜 보자.

2 모래에서 제대로 주행하려면 적당한 속도를 유지하고 체중을 바이크 뒤쪽에 실어 앞 타이어가 모래를 파고들지 않게 하며……

3 핸들을 똑바로 한 채 5개의 원뿔 표지로 슬라롬 훈련을 했던 것처럼 바이크를 좌우로 약간 기울여 조향한다.

4 이 사진처럼 지면이 무른 경주로에서는 바이크의 앞부분을 가볍게 해야 한다는 점을 잊어서는 안 된다.

휠리(Wheelies)

휠리는 재미있고 인상적이며, 또한 아주 실용적인 기술이다.

휠리란 빨리 가속할 때 앞바퀴가 지면 위로 떠오르는 것을 말한다. 휠리는 분명한 목적을 가지고 있기 때문에 오프로드를 주행하는 모든 사람들은 완벽하게 연습해 두어야 할 실용적인 기술이다. 이 장에서는 목적을 가지고, 그리고 재미로 '휠리'를 하는 방법을 배우고 연습한다. 휠리를 하는 방법을 배우면 스로틀을 능숙하게 제어하고, 뒤 브레이크에 대한 감각을 발달시키는 데 도움이 된다. 주행로에서는 장애물 앞에서 앞바퀴를 들어 올리는 것이 그 구간을 헤쳐 나가는 최상의 방법인 경우가 많다. 통나무, 패인 홈, 구덩이, 물웅덩이 등을 건너가는 것은 일부의 예에 지나지 않는다. 휠리는 또한 작고 가파른 턱을 뛰어넘거나 가파른 급경사면에서 뛰어오르는 데도 요긴하다. 여러 해 동안 경험을 쌓은 더트-바이크 라이더들은 대부분 무엇인가를 들이받기보다는 앞바퀴를 들어 올리는 휠리를 하는 것이 최상인 여러 가지 상황을 알고 있다. 휠리 기술에 익숙해지면 라인 선택의 폭이 크게 넓어진다. 모토벤처스에서는 (1) 공격적인, 일어선 자세로 하는 합목적적 휠리, (2) 앉은 자세로 재미로 하는 부수적인 휠리 등 두 가지 휠리의 연습 훈련을 하고 있다.

일합목적적 휠리 연습하기

합목적적 휠리를 연습하려면 지름 약 30cm의 통나무를 찾는 것부터 시작하여, 그 위로 바이크가 주행할 때 구르지 않도록 반쯤 파묻는다(또는 트레일에 이미 묻혀있는,

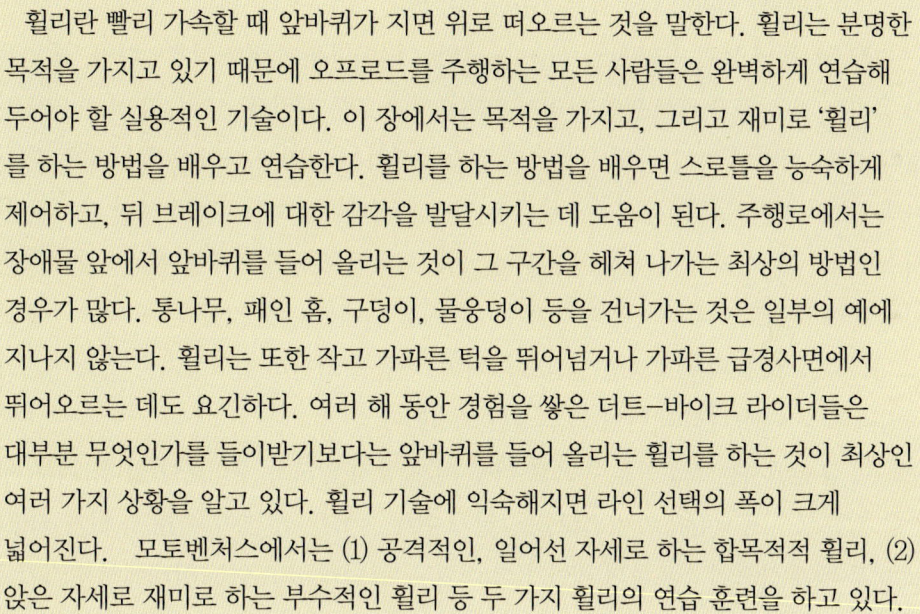

"휠리를 해야 하는 통나무나 막대에 접근할 때, 나는 먼저 그 장애물 바로 앞에서 두 다리로 서스펜션을 힘껏 압축시켜 서스펜션의 길이가 최대한 늘어나게 한다. 그렇게 하면 서스펜션이 장애물로부터의 충격을 흡수하기 때문에 나는 걷어 채이지는 것을 피할 수 있어 곧바로 스로틀을 조작할 수 있게 된다."

코리 그래펀더(Cory Graffunder)
2011년 AMA 전국 엔듀로크로스 시리즈 4위, 3개 종목의 전체 3위, 유명한 에르츠베르그 엔듀로에서 18위, 6위, 5위로 3회 완주.

비슷한 장애물을 찾아도 좋다). 1단 기어를 넣은 다음, 일어선 공격적인 자세로 90도 각도로 통나무에 접근한다. 통나무의 약 60cm 앞에서 스로틀을 짧게 (짧은 시간 동안 급격하게) 조작한 다음에, 핸들을 살짝 뒤로 잡아당긴다. 이것이 바로 흔히 말하는 블립-거리(blip distance)이다. 바이크의 앞부분은 통나무를 넘어서고, 뒷바퀴가 통나무와 부딪치기 전에 스로틀을 꺼서 통나무를 넘어가면서 바이크가 감속되게 한다. 뒷바퀴가 통나무 위를 굴러 넘어갈 때 두 다리로 그 충격을 흡수하도록 한다. 뒷바퀴가 굴러 통나무를 넘어갈 때 통나무가 구른다면, 아마도 스로틀을 제내로 빨리 끄지 못한 상태일 것이다. 뒷바퀴가 통나무를 지나간 다음에는 가속할 수 있다.

일단 '스로틀의 블립 거리(blip-distance)'라는 타이밍을 제대로 맞추었다면, 그 다음에는 앞바퀴를 들어 올리는 것을 돕기 위해 팔과 다리의 탄력으로 스로틀 블립을 조정하여 서로 시간을 맞추는 방법을 익혀야 한다. 이렇게 하기 위해서는, 스로틀을 블립하는 지점에 다가가면서 먼저 주로 두 다리로 체중을 아래쪽으로 재빠르게 이동시켜야 한다는 점을 명심해야 한다. 이렇게 하면 서스펜션이 압축될 것이다. 서스펜션과 팔/다리가 다시 튀어오를 때, 위쪽으로의 운동과 스로틀 블립 시간이 잘 맞도록 조정한다. 이 조정이 제대로 이루어지면 앞바퀴가 지면에서 쉽게 떨어질 것이다. 이 테크닉에 요구되는 것은 속도도 아니고, 스로틀의 폭발적인 열림도 아니며, 핸들을 단단히 잡아당기는 것도 아니다. 단지, 신체의 움직임과 체중 이동(다리의 탄력)의 적절한 조정이다.

또 이 훈련에서는 스로틀을 손으로 너무 세게 잡지 않도록 주의해야 한다. 너무 세게 잡는다는 것은 손을 앞으로 이동시킴으로써 스로틀을 열기 위해 손목을 더 많이 비틀 수 있게 되었다는 뜻이다. 손으로 너무 세게 잡으면 스로틀의 제어가 더 어렵고, 그렇게 잡고 있는 상태에서 갑자기 클러치가 접속되면 (hook up), 스로틀이 쉽게 너무 많이 열려 제어할 수 없게 된다.

휠리를 돕기 위해 서스펜션을 이용하는 것은 구동력이 최소일 때 유용한 테크닉이다. 처음에는 작은 장애물로 시작하다가 기술이 늘어남에 따라 차츰 더욱 큰 장애물로 바꾼다. 능동적인 다리와 좋은 스로틀 타이밍이 합목적적 휠리를 잘하는 핵심 요소임을 명심해야 한다.

재미로 하는 휠리 연습하기

재미로 하는 휠리를 연습하려면 장애물이 없는 비포장 직선 코스, 그리고 (4행정 엔진과 같은) 친근한 출력범위와 좋은 뒤 브레이크를 갖춘 바이크를 준비한다. 재미로 하는 휠리로는 밸런스 휠리와 파워 휠리 등 두 가지를 연습할 수 있다. 바이크의 출력이 좋고 급가속할 수 있다면 대부분의 사람이 파워 휠리를 할 수 있으나, 밸런스 휠리를 하려면 약간의 훈련, 많은 경험, 두둑한 배짱이 필요하다. 밸런스 휠리가 파워 휠리보다 더 인상적이며, 많이 연습하면 스로틀과 브레이크의 제어에 대한 멋진 시범을 보여줄 수 있을 것이다. 더트-바이크는 바이크로 할 수 있는 모든 종류의 휠리 테크닉을 배우는 데 가장 훌륭한 도구이다.

장애물을 뛰어넘는 휠리

1 처음 합목적적 휠리를 연습하려면, 이 작은 통나무와 같은 물체를 준비한다.

2 1단 기어를 넣고 일어선 자세로 장애물에 90도 각도로 접근하며, 장애물의 약 45cm 앞에서 스로틀을 블립한다.

3 앞바퀴가 물체를 뛰어넘으면, 스로틀을 꺼서 뒷바퀴가 굴러 장애물을 넘어가게 한다.

밸런스 휠리를 하는 요령은 뒤 브레이크를 사용해 뒤쪽으로 쓰러지지 않도록 하는 것이다. 시트에 앉아 시작하며, 2단 기어로 가속하고, '클러치 잇'하면서 휠리를 하고, 속도가 상승함에 따라 더 높은 기어로 변속한다. 스로틀과 뒤 브레이크를 섬세하게 번갈아 작동시켜 '밸런스 윈도우'의 상태를 유지할 수 있다.

밸런스 휠리를 연습하려면 시트의 뒤쪽에 앉아서 약간 속도를 낸 다음에 2단 기어로 변속한다. 앞바퀴를 들어 올리려면, 2단 기어 상태에서 점차 가속하면서 (두 손가락으로) 재빨리 클러치를 당겨 엔진 회전속도를 올린 뒤, 클러치를 놓는 순간에 바이크의 앞부분이 들리도록 핸들을 뒤로 끌어당긴다. 앞부분이 올라가고 가속하는 동안, 오른발을 뒤 브레이크 위에 올려서 바이크의 앞부분이 높아짐에 따라 스로틀을 끄고 뒤 브레이크를 밟을 준비를 해야 한다. 휠리를 할 때마다 바이크의 앞부분이 점점 더 높아지도록 하며, 높이를 제어하고 착지를 돕기 위해 뒤 브레이크를 더 많이 사용하기 시작한다. (뒤 브레이크는 살짝 밟기만 하면 된다는 것을 알 수 있다. 뒤 브레이크를 세게 밟으면 아주 딱딱한 착지가 된다.)

모든 모터사이클에는 휠리의 각도가 적절해지는 균형점에 해당하는 스위트 스폿(sweet spot)이 있어 거의 저절로 균형을 잡는 것처럼 느껴진다. 일단 휠리 각도가 균형점에 이를 정도로 높아지면, 휠리 각도가 균형 범위 소위, 밸런스 윈도우(balance window)에 있도록 스로틀과 브레이크를 바꾸어 조작하기만 하면 된다. 일단 요령을 터득하면, 스로틀과 뒤 브레이크를 점점 더 민감하고 예민하게 다룰수록 바이크의 각도를 좁은 밸런스 윈도우 안에 유지하기가 점점 더 쉬워진다는 것을 알게 될 것이다.

균형 범위 안에 있도록 하기 위해서는 또한 자세까지도 사용해야 한다. 일단 바이크의 앞부분이 공중에 올라가 있으면, 라이더의 몸은 히프는 시트의 뒤쪽에 걸쳐진 상태이며, 가슴과 헬멧은 연료 탱크에 근접한 상태인 채 앞쪽으로 쏠리게 될 것이다(그래서 연료 탱크 너머로 내다보면 현재의 위치를 알 수 있다). 바이크를 스위트 스폿에 유지하는 것을 돕기 위해서는 두 팔로 몸통을 앞/뒤로 움직여야 한다.

파워 휠리는 1단 기어보다 더 높은 기어에서 할 수 있기 때문에 합목적적 휠리보다 속도는 더 빠르지만 거리는 더 짧다. 파워 휠리는 특히 힘이 좋은 바이크의 경우 훨씬 더 쉽다.

자신감을 점차 북돋우려면 단계별로 밸런스 휠리를 하는 방법을 배우면서, 각 단계마다 뒤 브레이크는 뒤쪽으로 쓰러지는 것을 막아 주는 안전장치라는 믿음을 키운다. 연습을 반복하면, 뒤 브레이크와 스로틀을 사용해 기어 변속과 가속을 하는 동안 거의 수직에 가까운 휠리를 하면서 주행할 수 있지만, 밸런스 휠리의 경우 휠리를 유지하기 위해 빨리 갈 필요는 없다. 이 부분이 남에게 과시할 수 있는 인상적인 부분이다. 충분한 여유가 있다면 웬만한 라이더는 앞바퀴가 회전을 멈추면서 균형을 유지하는 효과가 사라질 때까지 오래 앞바퀴를 들고 있을 수 있다. 앞바퀴가 회전을 멈추면 휠리를 유지하기 훨씬 어려우며, 회전하지 않는 앞바퀴가 빠른 속도로 착지하면 그 충격은 더 크다.

트레일에서 나온 이야기: 과시가 역효과를 낼 수 있다

어느 해 부활절 주말에 우리 가족은 피닉스 근교의 사막에 있는 '더 트리(the tree)'라는, 즐겨 찾던 라이딩 장소에 모였다. 도착해서 곧장 모든 사람들이 시간을 보내거나 바비큐 파티를 할 수 있도록 그늘과 앉을 자리를 마련했다. 당시 나는 1974년형 후스크바르나(Husqvarna) CR400을 후원받아 모토크로스 경기에 참가하고 있었으므로, 내 자신에 대해서는 물론이고 내 비장의 무기인 휠리에 대해 자신감을 가지고 있었다. 그래서 많은 사람들이 보는 앞에서 휠리를 하면서 왔다 갔다 하였으며, 매번 더 길게, 더 길게 휠리를 하였다. 마지막 휠리 때 바이크 속도가 느려 스로틀을 더 열었는데 너무 많이 열었기 때문에 파워밴드에 도달하고 말았다. 그래서 나는 공중제비를 돌면서 적어도 시속 70km(45마일)로 달리는 바이크로부터 처참하게 굴러 떨어지고 말았다. 나는 달리려고 했지만 몇 걸음도 가지 못해 나뒹굴었고, 바이크 역시 그랬다. 바이크와 나는 무사했지만, 우리 가족 모두에게 잊을 수 없는 기억을 심어주고 말았다. 특히 웃음을 참지 못했던 내 형의 모습이 여러 해 동안 내 기억에서 사라지지 않았다. 그날 이후 나는 휠리를 할 때 뒤 브레이크를 사용하는 방법을 배웠으며, 더 이상 뒤로 넘어지는 법이 없었다.

노즈 휠리(nose wheelie)란?

노즈 휠리는 주행자가 약간 속도를 내고, 클러치를 당기고, 스로틀을 닫고, 이어서 앞 브레이크를 세게 작동시키는 고난도 테크닉이다. 이렇게 하면 바이크의 속도가 갑자기 느려지며, 체중이 약간 앞쪽으로 쏠리면서 바이크의 뒷부분이 공중으로 뛰어 올랐다가, 멈추었다가, 다시 착지하는 시간 동안에 상당한 거리를 그 상태로 주행한다. 이 능력은 정말 재미있고, 인상적이며, 로크업의 한계에서 바이크를 작동시킬 수 있는 앞 브레이크에 대한 놀라운 감각과 능력

노즈 휠리는 앞 브레이크 제어의 놀라운 면을 보여 준다

1 휠리를 하는 가장 쉬운 방법은 1단 또는 2단 기어로 달리는 것으로부터 시작한다.

2 클러치를 잠깐 약간 당겨 엔진 회전속도를 높인 뒤, 재빠르게 클러치를 놓는다.

3 다음 비결은 가속하여 균형점에 도달할 정도로 높이 휠리를 하지만, 균형점을 넘지 않는 것이다.

까지도 보여 줄 수 있다. 적합한 바이크와 장소가 있을 경우, 노련한 라이더는 뒷바퀴가 내려올 때까지 상당한 거리 동안 노즈 휠리 상태를 유지할 수 있다.

　노즈 휠리를 연습하려면 접지력이 좋고 평탄한—그보다 차츰 변화하는 것이 낫다—내리막길을 찾는다. 앞 브레이크를 조심스럽게 사용해 앞바퀴속도를 늦추고, 뒷바퀴가 지면에서 떨어질 정도로 부드럽게 체중을 앞쪽으로 쏠리게 하여 뒷바퀴 서스펜션을 누르는 힘을 줄인다. 이 시점에서부터는 밸런스 휠리를 하는 방법을 배울 때와 마찬가지로 점진적으로 균형점을 찾는 것은 라이더가 얼마나 용감한지에 달린 문제이다. 물론 노즈 휠리에서 위험한 부분은 앞바퀴에 너무 체중을 많이 싣거나, 앞바퀴가 로크업 되어, 라이더가 핸들 너머로 튀어나가는 것이다.

4 이와 같은 밸런스 휠리를 배우는 유일한 방법은 휠리를 반복하면서 감각이나 판단력, 자신감을 차츰 차츰 높여가는 것이다

5 뒤 브레이크야말로 라이더가 뒤로 쓰러지지 않도록 도와줄 것이며, 스로틀이 밸런스 윈도우에 머물도록 도와줄 것이라는 확신을 뇌에 훈련시켜야 한다.

6 두 바퀴를 착지한다. 착지하기 위해 뒤 브레이크를 세게 조작해서는 안 된다. 그렇게 하면, 아주 가혹한 착지가 될 것이다.

버니홉(bunny hop)이란?

버니홉(bunny hop)은 오프로드 주행 시에 장애물을 전혀 건드리지 않고 뛰어넘을 수 있는 난이도가 아주 높은 기술이다. 버니홉을 수행하려면, 라이더는 작은 장애물을 휠리로 뛰어넘은 다음에, 뒷바퀴가 장애물과 부딪치거나 앞바퀴가 착지하기 전에 급히 스로틀을 끄고 다리로 도약하여 체중을 앞쪽 또는 위쪽으로 이동한다. 다리의 도약, 체중의 이동, 서스펜션의 리바운드 등의 타이밍이 잘 맞으면, 라이더는 뒷바퀴를 지면으로부터 들어 올려 장애물을 건드리지 않고 뛰어넘을 수 있다.

이 기술은 트라이얼 바이크에서도 아주 유용하지만, 까다로운 비탈이나 미끄러운 턱을 통과하는 데도 아주 편리하기 때문에 뒷바퀴에 대해 잘 알고 있는 오프로드 라이더들이 이 기술을 가지고 있다면, 진짜 이점이 많을 것이다. 버니홉도 역시 다른 어느 모터사이클보다 트라이얼 바이크나 가벼운 더트=바이크로 배우는 것이 훨씬 더 쉽다.

다시 한 번 요점을 말하지만, 이 기술을 배우고자 한다면 소형, 경량의 더트=바이크나 트라이얼=바이크로 비포장도로에서 배우는 것이 다른 환경에서 다른 어느 모터사이클로 배우는 것보다 훨씬 더 낫다.

1 버니홉은 도랑, 돌, 통나무, 빗물로 패인 홈 등을 통과할 때 편리한, 고난도의 기술이다. 2단 기어로 일어선 채 주행하면서 시작하고, 장애물에 가까이 접근하는 동안 먼저 양쪽 무릎과 팔을 재빨리 아래쪽으로 구부려 서스펜션을 압축시킨다.

2 서스펜션이 리바운드하는 동안 핸들을 당기면서 휠리를 하고, 앞바퀴가 충분히 떠오르면 재빨리 스로틀을 끄고 두 다리로 앞/위쪽으로 몸을 이동한다.

3 휠리, 급격한 감속 및 체중 이동의 시간을 측정해 보라. 이들 테크닉으로 '버니홉'을 할 수 있다는 사실에 놀랄 것이다.

4 버니홉은 원래 무엇으로부터 유래했을까? BMX의 자유형 선수들로부터 유래한 것이다.

고난도 휠리 연습

- 더 미끄러운 길에서 더 큰 통나무를 대상으로 휠리를 시도한다.
- 파워 휠리와 밸런스 휠리를 모두 연습한다.
- 기어 변속을 해야 하는 더 긴 휠리를 시도한다.

물을 가로 건너는 휠리

1 짧고 얕은 물길은 휠리를 해서 건널 수 있지만, 물속에 뒷바퀴를 질질 끌면 휠리를 유지하기 어려워진다는 사실에도 주의를 기울이고 대비해야 한다.

2 물을 가로지를 때 너무 빨리 앞바퀴를 내려놓으면 사고가 발생할 수 있다.

- 좁은 공간에서 돌기 위한 푸트-플랜트(foot-plant) 휠리를 시도한다.
- 접지력이 좋은 가파른 비탈을 내려오면서 노즈 휠리를 시도한다.
- 빗물로 패인 홈이나 빈 물병 같은 작은 물체를 대상으로 버니홉을 시도한다.

3 이제 앞바퀴가 내려오기 시작한 것을 알 수 있다.

4 사진에는 물보라가 많이 보이지만 실제로 라이더와 바이크의 에어박스 주위에는 물이 전혀 묻어 있지 않는 상태이다.

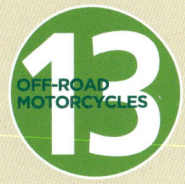

후프(whoop) 주행

후프(whoop) 주행은 재미와 스릴도 있지만, 체력소모가 아주 많은 기술이다!

후프(whoop)는 트랙이나 트레일, 도로 등의 노면에 높이가 비슷한 돌출부가 일정한 간격으로 연속되는 구간으로서, 라이더의 신체에는 물론이고 바이크의 서스펜션에도 큰 부담이 된다. 라이더들 중에는 경주로에 후프가 많은 것을 싫어하는 사람도 많지만, 반대로 그 도전을 받아들이면서 재빠르게 후프를 통과하면서 스릴을 즐기는 라이더들도 적지 않다. 어느 길에나 일정 구간에 후프가 있기 마련이라는 사실을 감안한다면, 오히려 후프를 제대로 주행하는 방법을 배워, 후프에 익숙해져야 할 것이다.

후프(whoop)는 모토크로스의 트랙에서처럼 인공적인 것도 있으나, 오프로드 차량의 서스펜션이 상하로 진동하거나 회전하는 뒷바퀴에 부하가 걸렸다 풀렸다를 반복하면서 뒷바퀴가 일정한 시간간격으로 노면을 치는 바람에 자연적으로 생기기도 한다.

대부분의 후프 구간은 고속으로 주행해야 하며, 시트에서 일어선 '공격적인 자세'를 필요로 한다. 앉은 자세로 후프를 통과하는 경우는 서행할 때 뿐이다. 후프는 형태와 크기가 다양하며, 흙길이나 모랫길에 많다. 사막의 큰 후프는 바퀴의 진폭이 모터사이클보다 훨씬 더 큰 오프로드 레이싱 트럭에 의해 만들어진다. 사막의 큰 후프는 노련한 라이더들에게도 정말로 큰 도전이며, 고속으로 주행할 경우에는 아주 위험하기도 하다. 모든 후프는 주의를 필요로 하며, 라이더의 체력을 급속도로 소모시키고

"후프(whoop) 구간을 제대로 주행하려면, 속도와 힘을 함께 적절하게 구사해야 한다. 속도를 높이기 위해서는 팔과 다리를 사용해 접지력을 계속 유지하면서, 타이어가 후프의 정점을 치고 나가도록 최선을 다해야 한다. 후프에 전력을 다하면 할수록, 경주 결과는 더 좋아질 것이다."

조너 스트리트(Jonah Street)
바하 500 3회 우승자, 최우수 사막 경주자 및 SCORE 시리즈 챔피언, 파리-다카르 경주 3회 완주 및 2개 구간 우승자.

바이크의 서스펜션을 시험한다. 후프 연습을 하기 전에는 반드시 신체 조건이 적합한지 확인하고, 바이크의 서스펜션에 이상은 없으며, 적절하게 작동하고 있는지도 꼼꼼하게 확인해야 한다(바이크의 정비/관리에 대한 정보는 제21장 참조).

후프(whoop) 주행 연습

후프 주행 연습을 하기 위해서는 먼저 연습에 적합한 후프 구간을 찾아야 한다. 해당 지역의 연습장이나 모토크로스 트랙 또는 사막의 어느 구간에도 후프 구간은 있을 것이다. 보통 숲, 특히 모래가 많은 지역의 직선 구간—라이더가 급가속과 급제동을 반복하는 구간—에서 연습하기 좋은 후프를 발견할 수 있을 것이다.

빠른 속도로 후프를 주행하기 위해서는 날렵한 몸, 힘, 타이밍, 판단력, 테크닉, 자신감, 그리고 많은 경험이 있어야 한다. 후프에서의 문제점 중 하나는 후프를 천천히 안전하게 통과하거나, 아니면 고속으로 빠르게 통과할 필요가 있다는 점이다. 중속으로 큰 후프를 통과하는 것은 어설픈 행동이며, 순식간에 라이더의 에너지를 크게 약화시킬 것이다.

사실은, 요철은 가속하면서 통과하는 것이 가장 좋지만, 때로는 만사를 그르칠 수 있는 위험까지도 가속시킨다는 사실을 명심해야 한다.

고속으로 후프를 통과하는 궁극적인 목표는 두 바퀴, 특히 바이크의 앞부분이 후프의 꼭대기를 치고 나가도록 하려는 것이지, 후프의 골로 떨어지게 하려는 것이 아니다. 그렇게 하기 위해서는 약간의 속도와 용기를 필요로 한다. 기어를 넣고 가속하며 체중을 뒤쪽으로 이동하고, 스로틀을 유지한 상태에서 두 다리로 탄력적으로 균형을 잡으면서 가능한 한 충격을 많이 흡수해야 한다. 라이더가 두 팔을 앞뒤로, 두 다리를 상하로 움직이면서 중심을 잡으려고 하는 동안, 바이크는 시소처럼 라이더의 아래에서 돌려고 할 것이다. 이때 라이더는 바이크를 제어하고 안정시키는 데 도움이 되도록 하기 위해서 때로는 두 무릎으로 연료 탱크를 누르고 싶을지도 모른다.(니 그립(knee grip))

어느 정도의 속도로 후프를 통과하는 것이 좋다고 생각되면, 맨 처음의 후프를 사용하여 후프 구간을 점프하는 방법으로 한꺼번에 여러 개의 후프를 통과할 수 있으며, 후프를 이용해 다시 더 많은 후프를 점프할 수도 있다. 후프 구간을 통과할 때는 가장 평탄한 라인을 선정해야 하며, 처음 몇 개의 후프를 2배 또는 3배로 늘려가면서 후프 구간을 건너뛰고, 나머지 후프도 2배로 통과하는 리듬을 만들려고 할 수도 있다. 하지만 대부분 후프 구간을 그저 가능한 한 빠르게 통과하려고 서두르기만 하는 경우가 많다.

프로 레이서들은 실제로 후프 구간을 계속 휠리를 하면서 통과할 수도 있다.(이를 마누엘(Manuel: 전설적인 BMX 스타의 이름)이라고도 한다.)

물론, 마누엘 기술을 시도하기 위해서는 대단한 힘, 확신 그리고 기술을 필요로 한다. 후프를 주행하기 위해서는 전문가 수준에서도 성능이 우수한 서스펜션이 요구되며, 그 점에서 어느 정도 경험이 있는 라이더라면, 서스펜션의 성능을 쉽게 판별할 수 있을 것이다.

기본적인 후프 주행

1 기어를 고속으로 바꾸고 가속하여 휠리를 하면서, 모토크로스의 후프 구간을 과감하게 공격한다. 이때 앞바퀴가 후프의 골(골짜기)로 떨어지지 않도록 주의한다.

2 만약 앞바퀴가 후프에 빠지면, 다음의 후프를 이용하여 여러 개의 후프를 점프하는 방법으로 자신의 리듬을 다시 찾을 수 있다.

3 후프 주행은 팔과 다리에 아주 큰 힘을 요구한다.

고난도 후프 주행 연습

- 모래와 진흙 등 부드러운(홈이 패인) 지형에서 후프를 주행하는 연습을 한다.
- 갈지자처럼 생긴, 또는 규칙적으로 배열된 후프 구간을 연습한다.
- 험준한 모토크로스의 트랙에서 더 큰 인공적인 후프에 도전한다.
- 바퀴의 상하 진폭이 65cm 이상인 트럭들에 의한 만들어진 큰 요철이 있는 사막의 레이스 코스에서 후프 주행을 시도한다.
- 길이가 20마일 이상인 바하(Baja) 1000 레이스 코스에서 볼 수 있는 후프처럼 큰 후프가 있는 코스에서 연습한다.

1 사막의 후프는 모토크로스 트랙의 후프처럼 주행해야 한다. 그러나 때로는 다양한 크기의 돌들이 널려있는 단단하거나 모래가 많은 지형에도 사막 후프처럼 큰 후프가 있다.

2 사막의 후프 주행이 어려운 것은 특히, 트랙터로 만든 트랙의 인공적인 후프에 비해 훨씬 더 클 수도 있다는 점이다.

3 후프는 보통 공격적인 자세로 주행한다.

4 충격을 흡수하고 바이크의 자세를 바꾸는 데는 팔과 다리를 사용하라.

14 점프(Jump)하기

점프는 모터사이클에서 할 수 있는 가장 흥분되는 테크닉 중의 하나이다.

점프는 모터사이클로 실행할 수 있는 가장 극단적인(위험한) 테크닉 중의 하나이므로 점프할 때는 언제나 신중해야 한다. 심지어 작은 점프일지라도 철저하게 대비하지 않으면 바이크가 손상되거나 라이더가 바이크로부터 추락할 수도 있다. 오프로드 라이더에게 점프는 실용적이고 재미도 있으며, 또 원하는 만큼 부드럽게 아니면 거칠게 할 수도 있다. 점프 연습을 위해서는 올바른 자세와 탁월한 바이크 제어능력을 갖추어야 하며, 정신을 집중하고 자신감을 가지고 열성적으로 임해야 한다. 다음과 같은 단계별 접근방법을 사용하면 안전하게 점프하는 기술을 습득할 수 있을 것이다.

기본적인 점프 연습하기

점프를 연습하려면 먼저 작은 점프가 가능한 장소를 찾는다. 점프 장소는 부드러우면서도 너무 가파르지 않으며 선단이 안정된(이륙 지점이 너무 가파르지 않은) 램프(ramp)와, 평탄하면서도 시야가 탁 트인 착지 구간을 갖추고 있어야 한다. 점프 지점으로의 접근은 충분한 여유를 가지고 직진하도록 하라. 바이크 위에서 몸의 중심을 잡고 공격적인 자세를 취한다. 그리고 반드시 두 팔이 아니라 발판에 체중이 실리

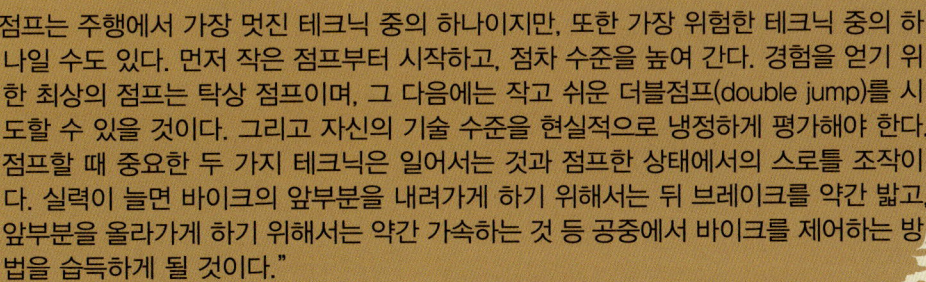

"점프는 주행에서 가장 멋진 테크닉 중의 하나이지만, 또한 가장 위험한 테크닉 중의 하나일 수도 있다. 먼저 작은 점프부터 시작하고, 점차 수준을 높여 간다. 경험을 얻기 위한 최상의 점프는 탁상 점프이며, 그 다음에는 작고 쉬운 더블점프(double jump)를 시도할 수 있을 것이다. 그리고 자신의 기술 수준을 현실적으로 냉정하게 평가해야 한다. 점프할 때 중요한 두 가지 테크닉은 일어서는 것과 점프한 상태에서의 스로틀 조작이다. 실력이 늘면 바이크의 앞부분을 내려가게 하기 위해서는 뒤 브레이크를 약간 밟고, 앞부분을 올라가게 하기 위해서는 약간 가속하는 것 등 공중에서 바이크를 제어하는 방법을 습득하게 될 것이다."

제프 틸턴(Jeff Tilton)
슈퍼크로스 및 X게임스 출전 선수.

도록 하라. 몸을 앞뒤로, 그리고 좌우로도 자유롭게 움직일 수 있도록 만반의 준비를 해 두라.

맨 처음 점프를 할 때는 급가속하지 말고 계속해서 부드럽게 가속하면서, 점프 램프로 돌진하는 동안 공격적인 자세를 취한다. 바이크가 램프를 떠나 체공하고 있는 동안은 스로틀을 끄고 핸들을 살짝 당긴다. 그러면 뒷바퀴가 먼저 착지하는 데 도움이 된다. 나중에는 체공하고 있는 동안 각도를 바꾸어, 어느 바퀴를 먼저 착지할 것인지를 정하는 방법까지도 배워 두는 것이 좋다. 이륙하기 바로 직전에는 절대로 스로틀을 조작해서는 안 된다. 만약 그렇게 하면, 바이크의 앞부분이 다이빙하는 원인이 될 수도 있으며, 라이더도 나가떨어질 수도 있다.

이상한 말처럼 들리겠지만, 뒷바퀴의 회전속도로 체공하고 있는 바이크의 각도를 바꿀 수 있다. 뒷바퀴의 회전속도가 높으면 바이크의 앞부분을 올라가게 하고, 반면에 뒷바퀴의 회전속도가 느리거나 멈추면 앞부분을 내려가게 하는 데 도움이 된다. 레이스에서 라이더가 공중에서 엔진의 회전속도를 급격하게 상승시키는 소리를 듣게 되는 경우라면 이는 바로 바이크의 앞부분이 너무 아래로 내려가기 때문이다. 또한 레이서들이 바이크의 앞부분이 너무 높거나, 또는 비탈에 착지하면서 앞바퀴를 먼저 착지

기본적인 점프

1 점프를 배울 때는 이 사진처럼 모토크로스 트랙의 잘 다듬어진 점프 구간에서 시작한다. 트랙의 점프 구간은 부드러운 표면이 차츰 변하기 때문에 바이크를 공중에서 제어하기 훨씬 쉽다.

2 체중을 발판에 집중하고 점프 램프에 접근한다. 몸을 약간 앞쪽으로 기울이며 두 다리로 도약할 준비를 한 자세로 점프 지점까지 가속하다가 바이크와 함께 점프한다.

시키기 위해 바이크의 앞부분을 낮추려고 공중에서 뒤 브레이크를 짧게 밟는 모습도 보게 될 것이다. 이들 테크닉은 일단 중간 내지 높은 점프 연습을 졸업한 뒤에 작은 점프를 하면서 연습한다.

오르막길에서의 점프는 지면에서 많이 떨어지지 않기 때문에 연습이 재미있고 더 안전하기도 하다. 내리막길이나 턱에서의 점프는 스로틀이 너무 가해지면 불완전해질 수 있으며, 지나치게 멀리 점프하거나 루프-아웃(loop- out) 될 수도 있다. 턱에서 스로틀이 너무 적으면 라이더가 핸들 너머 앞으로 넘어질 수도 있다.(엔도) 어떤 점프를 하더라도 착지 구간에는 장애물이 없고 정지하기에 충분한 여지가 있는지는 반드시 확인해야 한다.

일단 점프에 능숙해지면 바이크가 체공하고 있을 때 제어하거나 안정시키기는 데 도움이 되도록 두 다리로 바이크의 차체를 붙들거나 누를 수도 있게 될 것이다.(니그립). 처음 점프를 배울 때는 작은 점프로부터 시작하고, 차츰 자신감을 키운 뒤 점프의 높이와 거리를 늘여 나간다. (점프에 대한 보다 상세한 내용은 제 21장 모토크로스 점핑을 참조)

3 이 시점에 스로틀을 너무 많이 열면 체공 중 앞바퀴가 너무 높이 올라가며, 반대로 스로틀을 닫으면 바이크의 앞부분이 내려가게 된다. 점프를 처음 연습할 때는 중간 스로틀을 계속 유지하면서 어떤 효과가 있는지 살핀다.

4 착지 지점을 눈으로 확인하고, 팔과 다리로 충격을 흡수할 준비를 한다.

자연적으로 형성된 점프 지점

레이스트랙에서 발견되는 점프 지점은 대부분 인공적으로 만든 것이지만, 대부분의 주행 구역에는 점프 연습이 가능한 자연적인 턱이나 점프 램프가 많이 있다. 하지만 점프 램프가 항상 흙으로 만들어져야만 하는 것은 아니다. 적절한 상황에서는 돌이나 통나무와 같은 자연적인 지형의 장애물도 점프 램프로 활용할 수 있다. 이들 자연적인 장애물을 점프에 이용할 경우에는 접촉하기 가장 좋은 표면과 바퀴가 90도가 되도록 해야 한다. 그리고 이들 자연적인 램프에는 점프하기에 좋은 모양이 거의 없으므로, 치어 굴러가거나 옆으로 밀리는 것에도 대비해야 한다.

2 반드시 성공하고 싶다면, 먼저 점프 구간을 상세하게 정찰한 다음에, 과감하게 시도한다. 점핑에서 가장 흔한 실수의 하나는 속도가 충분하게 빠르지 않다는 것이다.

1 사막에서의 점프는, 잘못하면 엉뚱한 방향으로 라이더의 몸을 내던질 수도 있는 돌이나 땅다람쥐 구멍, 또는 단단한 흙으로 된 키커가 모래 속에 감추어져 있을지 모르기 때문에 전혀 예측할 수 없다.

3 이 자세는 기본적인 단순한 점프를 할 때 바이크의 좋은 자세이다. 뒷바퀴의 높이가 앞바퀴보다 약간 낮다.

4 대부분의 라이더들은 상대적으로 작은 점프에서도 바이크의 서스펜션이 얼마나 많이 압축되는지를 보고 놀란다.

고난도 점프 연습

- 매번 똑같은 지점에 정확하게 착지하기를 시도한다.
- 패인 홈이 많은 험한 지형에서 점프를 시도한다.
- 다양한 오르막이나 턱에서 점프를 시도한다.
- 다양한 내리막이나 급경사면에서 점프를 시도한다.
- 다양한 형태의 점프를 하면서 계속해서 앞바퀴부터 착지를 시도한다.

더욱 더 높은 점프

1 점프의 종류는 아주 다양하므로, 점프하기 전에 항상 점프 지점의 표면과 착지 구간의 조건을 세밀하게 확인한다.

2 대부분의 점프에서 선호하는 방식인, 뒷바퀴부터 먼저 착지하기 위해서는 체공하는 동안에 핸들을 약간 뒤로 잡아당긴다.

3 이 시점에는 실제로 날아가고 있다!

4 착지할 때 꽉 움켜잡고, 만약 큰 점프의 경우에는 두 다리로 충격을 흡수할 준비를 해야 한다.

- 립 또는 키커(kicker)(립이나 키커는 점프 지점의 선단 1m 정도의 구간을 말한다)의 크기와 모양이 다양한 곳에서 점프를 시도한다. 뒷바퀴의 스핀에 의해 점프 램프의 선단(lip)에 수직 킥커(턱의 일종)가 생기는 경우가 많다. 수직 킥커와 바퀴가 부딪치게 되면 통상적으로 바이크는 더 위로 또는 좌/우 어느 한쪽으로 튀어나간다. 따라서 킥커에 과감하게 도전하지 않으면, 오히려 라이더가 튀어나가게 될 수도 있다.

점프하는 동안 앉기

1 뒷바퀴를 버니홉하기 위해 전통적인 시트-바운스(seat bounce) 방법을 사용할 경우에는 일어서거나 램프를 사용하지 않고 점프할 수 있다.

2 그러기 위해서는 파워 휠리를 하고, 적절한 시점에 두 다리로 도약하여, 시트를 튀기고(바운스하고), 점프 높이의 증가를 돕기 위해 순간적으로 클러치를 가볍게 작동시켜 엔진 회전속도를 상승시킨다.

점프하는 동안 일어서기

1 점프할 때 일어서면, 점프할 준비를 하기 위해 서스펜션을 압축시키는 데 두 다리를 사용할 수 있으며, 그 다음에는 도약하는데 두 다리를 사용하고…….

2 바이크의 고도를 높이고 이어서 착지의 충격을 흡수하는 것을 돕는다.

15 브레이크 슬라이드와 파워 슬라이드

옆으로 움직이는 것은 재빠른 코너링의 열쇠이다.

브레이크 슬라이딩과 파워 슬라이딩은 레이스 트랙과 경주로에서 터닝할 때 가장 빠르고 가장 효율적인 방법이다. 브레이크 슬라이딩은 뒤 브레이크를 로크업시켜 바이크를 코너에서 선회시키는 고난도 테크닉이다. 브레이크 슬라이드에는 기본적으로 두 종류가 있다: 하나는 길게 원호를 그리는 슬라이딩, 다른 하나는 90도 이상의 예리한 각도로 꺾는 것이다. 브레이크 슬라이드는 터닝 포인트 입구에서 사용하며, 모토크로스 레이스에서 누군가를 추월하기 위해서 또는 오프로드에서 방향을 급격하게 전환을 하는 데도 사용하는 멋진 테크닉이다. 브레이크 슬라이드는 모터사이클의 슬라이딩을 처음으로 경험하는 좋은 방법이기도 하다.

브레이크 슬라이드 연습하기

브레이크 슬라이드를 연습하기 위해서는 지면이 평탄하면서도, 비교적 미끄럽고, 넓은 장소를 찾는다. 가능하면 부드러운 흙과 가는 모래가 뒤섞여 일관된 감각을 익

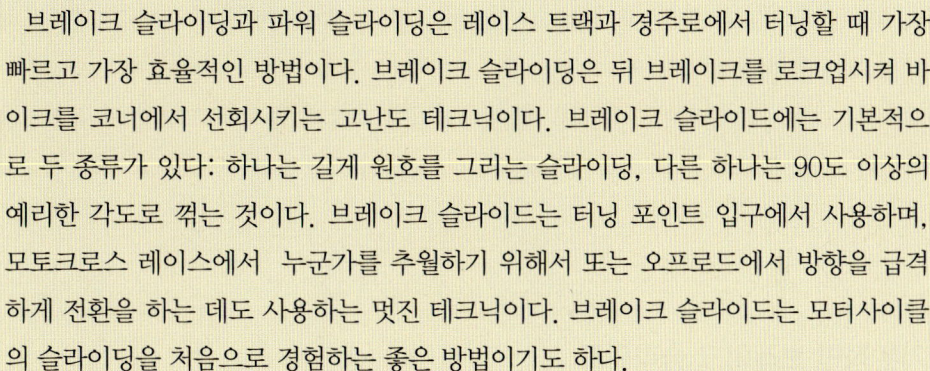

"특히 레이스의 후반 또는 트랙이 많이 파헤쳐졌을 때는 다른 레이서와는 전혀 다른 라인을 탈 때 오히려 보상을 받는 코너가 많다. 그와 같은 성과를 거두려면, 다른 테크닉을 사용해야 한다. 핵심은 코너에서 다른 레이서보다 먼저 바이크를 터닝하는 것이다. 많은 경우에 코너에서 뒤 브레이크를 밟아 바이크를 미끄러지게 한 다음에 스로틀로 터닝을 마무리하는 것이 해답이다. 그렇게 하면 다른 레이서보다 먼저 다시 전속력으로 가속할 수 있다. 여기에서는 기울기, 스로틀, 브레이크 제어가 관건이다."

조니 머프리(Johnny Murphree)
AMA 전국 플랫트랙 레이서, 전국 대회 4회 우승자, 수많은 수상 경력 및 시리즈2회 준우승자.

할 수 있는 장소에서 연습하는 것이 좋다. 좋은 장소를 발견한 뒤에는 원뿔이나 헌 타이어 등으로 터닝 포인트에 표지를 세운다. 앉은 자세로 몸을 앞으로 숙이고(뒷바퀴를 가볍게 하기 위해), 2단 기어의 완만한 속도로 좌회전 터닝 포인트 입구로 접근한다. 클러치를 당기고 뒤 브레이크를 로크업한 뒤 바이크를 왼쪽으로 기울인다. 정지할 때까지 브레이크를 놓지 않는다. 핸들을 왼쪽으로 꺾지 않으며, 슬라이드를 멈출 때까지 터닝하는 쪽으로 바이크를 기울인다. 뒤 브레이크가 로크업되면 핸들을 똑바로 하고 바이크를 기울여야 한다. 얼마나 터닝(또는 스핀 아웃)할지는, 바이크를 기울이는 속도와 각도에 따라 결정될 것이다. 바이크를 재빠르게 많이 기울이면 90도 이상의 각도가 되는 '피벗 브레이크 슬라이드 턴(pivot brake-slide turn)'을 하게 될 것이다. 만약 느린 속도로 조금만 기울인다면 길게 원호를 그리는 브레이크 슬라이드를 하게 될 것이다. 물론 정지하게 되면 왼발을 내뻗어 바이크가 넘어지는 것을 막아야 한다.

  주의 : 브레이크 슬라이드를 배울 때는 속도를 저속으로 유지하고 항상 조금만 기울이는 것보다는 지나치다 싶을 정도로 많이 기울여야 한다. 너무 많이 기울이면 로-사이드 충돌을 일으킬 뿐이지만, 반

기본적인 브레이크 슬라이드

1 브레이크 슬라이드를 연습하려면 앉은 자세로 주행하면서 약간 속도를 내고 클러치를 당긴 뒤 브레이크로 뒷바퀴를 로크업한 채 오토바이를 기울인다.

2 얼마나 많이 선회하는지는 얼마나 많이, 얼마나 빨리 오토바이를 기울이는 데 달려 있을 것이다.

대로 제대로 기울이지 않으면 하이-사이드 충돌을 일으켜 부상을 당할 가능성이 많기 때문이다. 브레이크 슬라이드를 연습하면서 똑바로 정지하는 것보다 일부러 바이크를 쓰러뜨리는(로-사이드를 일으키는) 것이 좋다. 때때로 이왕 사고를 낼 수밖에 없을 경우라면, 어떤 사고를 낼지 선택하는 것이 나으며, 로-사이드 충돌은 실제로 사고가 나더라도 훨씬 더 안전한 방법이다.

고난도 브레이크 슬라이드 연습

- 우측으로 브레이크 슬라이드를 시도한다: 이 기술은 바이크를 기울이고 있는 동안 뒤 브레이크를 밟고 있어야 하고, 정지하는 순간에 오른발을 땅에 디뎌야 하기 때문에 훨씬 더 어렵다.
- 마찰력과 기울이는 한계를 시험하면서, 다양한 노면에서 브레이크 슬라이드를 시도한다.
- 선 자세로 주행하면서 우측/좌측으로 브레이크 슬라이드를 시도한다.
- 장애물 주위로 크게 원을 그리는 브레이크 슬라이드와 90도의 피벗 슬라이드를 시도한다.
- 일부러 (가능한 한 부드럽게) 바이크를 쓰러뜨리는 연습을 한다.

3 재미있는 것처럼 보이지만 진짜로 재미있다.

4 정지할 때는 발을 내뻗지 않으면 오토바이와 함께 쓰러질 것이다.

파워 슬라이드

파워 슬라이드는 바이크를 기울이는 동안, 뒷바퀴를 스핀시켜 방향을 전환할 수 있는 고난도 테크닉이다. 주행로에서 파워 슬라이드는 보통 터닝 포인트 출구에서 하며, 반경이 점점 더 커지는 원호를 그린다(방향 전환을 더 급격하게 하는 것이 아니라 더 넓게 원을 그린다). '리어 스티어링(rear steering: 뒷바퀴 조향)'이라고도 하는 파워슬라이딩은 실용적이기도 하고 재미있는 기술이다. 경주를 할 생각이 있다면, 파워 슬라이딩 기술을 반드시 익혀야 한다.

발을 발판에 올려놓은 자세로 브레이크 슬라이드

1 오른쪽으로 하는 브레이크 슬라이딩은 마지막까지 뒤 브레이크 위에 발을 올려놓아야 하기 때문에 위험하다.

2 물론 열심히 연습하면······.

3 아마도 뒤 브레이크 위에 발을 올려놓을 수 있을 것이다

파워 슬라이드 연습하기

　파워 슬라이드를 연습하기 위해서는 지면이 평탄하면서도, 비교적 미끄럽고, 넓은 장소를 찾는다. 가능하면 부드러운 흙과 가는 모래가 뒤섞여 일관된 감각을 익힐 수 있는 장소에서 연습하는 것이 좋다. 좋은 장소를 발견한 뒤에는 원뿔이나 헌 타이어 등으로 터닝 포인트에 표지를 세운다. 앉은 자세로 , 2단 기어의 완만한 속도로 좌회전 터닝 포인트 입구로 접근한다. 앞바퀴가 지면과 밀착되게 하기 위해 필요하면, 시트의 앞쪽으로 당겨 앉고 앞쪽으로 몸을 기울인다. 터닝 포인트의 입구에 이르면, 바이크를 기울이고 재빨리 스로틀을 작동시켜 뒷바퀴를 스핀시킨다. (주행로에서는 흔히 바이크의 뒷부분의 느슨함을 차단하기 위해 빠른 브레이크 슬라이드 턴을 하면서 파워 슬라이드를 시작할 수 있다). 자연적으로 반경이 점점 더 커지는 원호가 그려지더라도, 반경이 점점 더 작아지는 원호를 그리도록(회전 반경이 작아진다) 슬라이드를 통제해야 한다.

　바이크의 출력이 강할 경우에 파워슬라이드를 하기가 훨씬 쉬운 것은 분명하지만, 다른 기술을 습득할 때와 마찬가지로 라이더가 쉽게 다룰 수 있는, 크기와 출력이 적당한 바이크를 사용할 때 기술을 더 많이, 더 빨리 배울 수 있다. 출력이 약한 소형 바이크로 파워슬라이드를 할 때는 바이크를 더 많이 기울이고, 적은 출력을 더욱 더 신중하게 제어해야 한다. 파워슬라이드 기술은 먼저 출력이 약한 소형 바이크로 배운 다음에, 출력이 강한 바이크로 옮기는 것이 더 낫다. 출력이 강한 바이크로 파워슬라이드를 할 때는 바이크를 약간만 기울이고, 오른손 손목을 비틀어 주기만 하면 된다.

　파워슬라이드를 하는 동안에 바이크가 옆으로 미끄러지는 정도를 결정하는 것은 라이더의 자세, 스로틀의 양, 기울기 각도, 방향 조종 등의 네 가지인데, 이들은 모두 동시에 이루어져야 한다. 파워슬라이드 전문가가 되면 이들 네 가지를 끊임없이 부드럽게 조정함으로써 가장 빠르게 코너링을 하는 멋있고 힘 있는 파워 슬라이드를 하게 될 것이다.

슬라이딩을 연습할 때는 제대로 바이크를 기울이지 못해 무시무시한 하이-사이드 사고를 일으키는 것보다 아주 많이 기울이는 바람에 이 라이더처럼 로-사이드 사고를 일으키는 쪽이 항상 더 낫다.

일어선 자세의 브레이크 슬라이드

1 위험할 것 같으면, 일어선 자세로 왼쪽이나 오른쪽으로 브레이크 슬라이드를 하는 것을 시도한다.

2 일단 브레이크 슬라이드를 하고 나서는, 터닝 포인트 입구에서 브레이크 슬라이드를 하고 터닝 포인트 출구에서 파워 슬라이드로 매끄럽게 전환하는 연습을 한다. 물론 터닝은 오른쪽과 왼쪽 모두를 연습한다.

파워슬라이드를 하는 데는 체중의 배분이 아주 중요하다. 체중이 너무 뒤에 실릴 경우 바이크는 후크-업(hook-up)(뒷바퀴에 구동력이 생기는 것)을 하려 들거나, 체중이 뒤로 너무 쏠리는 바람에 바이크의 앞부분이 들릴 수도 있다. 체중이 너무 앞으로 쏠리면 바이크의 앞부분이 들리지는 않겠지만, 너무 많이 스핀하는 바람에 옆으로 너무 많이 밀려날 것이다. 체중을 약간 앞이나 뒤로 적절하게 이동하는 것이 뒷바퀴를 회전시켜 터닝을 용이하게 하거나, 아니면 후크-업을 해 가속하는 데 도움이 되는 것도 이 때문이다. 비록 앞쪽이나 뒤쪽으로 미끄러지는 것은 아니더라도 상체를 약간 기울이기만 해도 슬라이드를 돕거나 방해할 수 있다. 파워슬라이드를 연습할 때는 바이크 위에서 몸을 앞뒤로 움직이면서 실험하여, 몸의 움직임이 파워슬라이드를 증가하거나 감소시키는 데 어떤 효과를 발휘하는지 느껴 보아야 한다.

일단 편안하게 파워슬라이드를 할 수 있게 된 다음에는, 이제 스로틀을 많이 가하면 스핀이 증가하

기본적인 파워 슬라이드

1 앉은 자세로 주행하면서 2단 기어로 천천히 플랫 턴으로 들어가면서 파워 슬라이드를 연습한다.

2 그 다음에는 오토바이를 기울이고 스로틀을 돌린다.

고, 스로틀이 적으면 바이크가 똑바로 선다는 것도 알게 될 것이다. 또한 파워슬라이드 도중에 왼쪽으로 가기 위해 오른쪽으로 몸을 돌리는 등(더트 트랙 스프린트와 마찬가지로) 균형을 잡으려 하고 있는 것까지도 발견할 것이다. 그리고 물론 핸들을 약간만 틀어도 기울기 각도는 물론이고 미끄러지는 정도가 달라진다는 것도 알게 될 것이다.

  파워슬라이드 도중에 하이-사이드(왼쪽으로 터닝하려고 할 때 바이크가 오른쪽으로 튕겨 나가는 것)를 방지하기 위해서는 바이크를 많이 기울이고 뒷바퀴를 계속 스핀시키면서 평탄하고 미끄러운 라인을 타도록 하라. 로-사이드(왼쪽으로 터닝하는 도중에 왼쪽으로 나가떨어지거나 바이크가 왼쪽으로 쓰러지는 것)를 방지하려면 너무 많이 기울이지 말고 뒷바퀴를 지나치게 스핀시키지 않도록 스로틀 제어를 익히며 접지력이 강한 트랙라인에 따라 파워슬라이드는 아주 복잡한 것 같지만, 보통 몇 차례의 연습만 거치면 대부분의 라이더들에게 본능 처럼 익숙해지게 된다.

3 스로틀과 바이크의 기울기 각도를 조절하면서 슬라이드를 제어할 수 있다.

4 출력을 발휘하면 경주에서 승리한다!

물체에 대한 슬라이딩 연습

더트바이크 슬라이딩 가운데 또 하나의 종류는 두 홈이 나란히 나 있는 곳에서 앞바퀴와 뒷바퀴가 완전히 다른 라인에 있을 때(크로스 럿(cross-rut)) 도움이 된다. 이 고난도 테크닉을 연습하기 위해서 연석 슬라이딩 또는 통나무 슬라이딩을 시도할 수 있다. 1단 기어를 넣고 일어선 자세로 10cm 높이의 시멘트 연석(또는 통나무, 널빤지, 빗물로 패인 홈 등)에 접근할 때가 이에 해당된다. 앞바퀴는 높은 쪽에, 뒷바퀴는 낮은 쪽에 놓는다. 천천히 가속하면서 뒷바퀴는 짧고 가파르며 단단한 그 물체의 측면과 마찰하면서 제어된 상태에서 옆으로 주행하는 방법, 그리고 여러 가지 기울기와 스로틀 제어를 사용해 슬라이딩을 유지하고 바이크를 조향하는 방법 등을 짧게나마 경험할 수 있다.

더트 라이딩에서 이와 같은 상황에 처하는 것은 흔한 일이며, 크로스-럿이 되거나 돌, 나무뿌리, 통나무 따위와 부딪치거나 험한 지형을 가파른 각도로 올라가야 하는 경우도 종종 있다. 이 재미있는 훈련도 모든 조건에서 의 슬라이딩을 연습하고 대비하는 또 하나의 멋진 방법이다.

플랫 트래킹 연습

평탄한 타원형의 더트-트랙을 주행하는 것도 파워 슬라이드 기술을 연마하는 최상이자 가장 재미있는 방법 중 하나이다. 플랫 트래킹을 연습하려면 흙으로 작고 단단한 타원형을 만들고 두 개(또는 폭넓은 방향 전환을 연습하려면 네 개)의 방향 전환점 표지를 세운 뒤 가능한 한 더 빠르게 달릴 수 있을 때까지 차츰 속도를 높이면서 표지판 주위를 주행한다. 터닝 포인트 입구나 출구에 모두 과감하게 도전

파워 슬라이딩은 모터사이클에서 할 수 있는 가장 재미있는 것 중 하나이다. 파워슬라이드 방법을 배우려면 소형 바이크로 시작해서 차츰 큰 출력의 바이크를 사용한다. 출력이 약한 바이크를 슬라이딩할 할 수 있다면, 힘이 센 바이크를 슬라이딩하는 것은 아주 쉬울 것이다.

일어선 자세로 주행하면서 좌/우로 편안하게 파워슬라이드를 할 수 있다면, 아무리 거친 지형이라도 특히, 거칠고 포괄적인 터닝 포인트에서도 빠르게 주행할 수 있다. 그리고 체중을 앞뒤로 이동하여 앞바퀴의 구동력까지 제어하는 것도 가능하다.

뒷바퀴 슬라이딩이 지겹다면, 터닝 포인트 입구에서 처음에는 앉은 자세로, 다음에는 일어선 자세로 앞바퀴 슬라이딩을 시도한다. 앞바퀴 슬라이딩을 연습할 때는 평탄하고 단단한 토양의, 약간의 쿠션이 있는 장소를 선택한다. 앞 타이어를 신품으로 교환하고, 낮은 속도에서 연습한다.

턱이 있는 곳에서의 파워 슬라이딩

1 이 낡은 전봇대와 같은 물체는 파워 슬라이딩을 연습하기에 아주 좋다. 일어선 자세로 1단 기어를 넣고 접근한 다음에 앞바퀴를 전봇대 위로 휠리를 한다.

2 뒷바퀴가 전봇대에 닿자마자 옆으로 미끄러지는 데 대비하고 온몸으로 균형을 잡는다.

해도 좋고, 또한 여러 가지 시험을 확장해서 해도 좋으며, 심지어는 바이크를 쓰러뜨리거나 나가떨어질 수도 있고, 지나친 것과 모자라는 것에 대한 차이도 확인해 볼 수 있다. 친구를 한두 명과 함께 주행하면서 상대방이 추월하도록 하거나, 늦게 제동하거나, 추월을 막는 기술 등, 레이스에 필요한 여러 가지 기술을 연습하는 것도 가능하다. 플랫 트래킹은 가장 재미있는 연습 방법 중 하나이며, 더트바이크 주행 연습에서 반드시 정규로 익혀야 하는 과정이다.

고난도 파워 슬라이딩 연습

- 왼쪽은 물론 오른쪽으로도 파워슬라이딩을 시도한다.
- 저속으로 파워슬라이딩을 시도한 다음에, 점차 속도를 높여 가면서 시도한다.
- 일어선 자세로 왼쪽과 오른쪽으로 파워슬라이딩을 시도한다.
- 다양한 지면−미끄럽거나 끈끈한 지면에서 파워슬라이딩을 시도한다.
- 터닝 포인트 입구에서 브레이크 슬라이딩을 하고 터닝 포인트 출구에서 파워슬라이딩을 하는 복합적인 터닝을 시도한다.
- 정말로 재미를 느끼고 싶은가? 미국의 북부 지방에 사는 라이더라면 타이어에 작은 빙판용 징을 박고 꽁꽁 언 호수에서 플랫 트래킹해 보라! (물론 얼음이 두껍게 얼었는지 반드시 확인해야 한다.)

오른쪽으로의 파워 슬라이드

1 앉은 자세로 오른쪽으로 파워슬라이딩을 하는 데는 왼쪽으로 방향 전환을 하는 것과 똑같은 테크닉이 필요하지만, 많은 오른손잡이들에게는 '약점이 있는 방향'이다.

2 오른쪽으로 미끄러질 때는 바이크를 기울이는 등의 기본에 초점을 맞추고, 강점이 있는 방향보다 약점이 있는 방향을 더욱 더 많이 연습해야 한다.

일어선 자세로 파워슬라이드를 연습하려면 2단 기어로 주행하면서 바이크를 기울이고 스로틀을 돌린다. 가속하는 동안에는 스로틀의 양과 바이크의 기울기로 미끄러지는 정도를 제어할 수 있다. 체중이 뒷바퀴에서 앞바퀴로 이동하도록 몸을 움직여 앞바퀴는 접지력을 유지하고 뒷바퀴는 스핀할 수 있게 하라.

3 플랫 트랙의 레이서들이 왼쪽으로 터닝하는 것도 바로 그 때문이라고 말하고 싶지만, 그보다는 예전에 경마장에서 말들이 왼쪽 방향으로 경주를 했던 것과 관계가 있는 것 같다.

4 주행 시즌이 아닐 때의 극한적인 연습으로는 겨울철에 빙판 위에서 이 같은 동작을 연습한다. (반드시 타이어에 약간의 징을 박아야 한다).

16 지형과 기타 조건

코너를 돌면 무엇이 있을지 아무도 모른다.

이 장에서는 오프로드를 주행하는 동안 마주치게 될 험난하면서도 다양한 자연적인 지형과 자연적인 조건하에서 주행하는 방법을 설명한다. 험한 상황에 도전할 때는 항상 모토벤처스에서 제시하는 3가지 항목의 체크리스트—(1) 지형을 판독한 뒤 (2) 가장 적절한 라인을 선택하고 (3) 테크닉을 발휘한다—를 기억해야 한다.

포장도로와 콘크리트

모토벤처스에서는 두 가지 중요한 사항을 말하기 위해 접지력이 높은 이들 노면에 대해 언급하고 있다. 첫째, 더트-타이어(dirt tire)는 이런 노면에는 맞지 않아 쉽게 미끄러진다. 듀얼스포츠 타이어는 효과가 조금 더 낫지만 그래도 한계가 있다. 둘째로, 갑자기 접지력을 잃어버리는 것과 마찬가지로 갑자기 접지력이 높아지는 것 때문에도 놀라면서 어쩔 줄 모르는 사람을 많이 보아 왔다. 노비 타이어로 포장도로를 주행하지마라. 그래야만 라이더는 더욱 더 안전하고 타이어는 더 오래 쓸 수 있을 것이다. 이유는 포장도로를 주행하는 것보다 노비 타이어를 더 빠르게 마모시키는 것이 없기 때문이다.

"바위나 통나무가 늘어선 험한 지역을 주행하기란 겁나는 일이다. 라이더가 올바로 주행하기 위해서는 자신감은 물론이고 침착하고 또한 치밀하기도 해야 한다. 바이크를 놓치지 않게 붙잡되, 몸 아래에서 움직이고 있는 바이크에 대응할 수 있을 정도로 유연한 자세를 갖추는 것도 중요하다. 완벽하게 라인을 유지한 채 침착하고 치밀하게 스로틀을 제어하는 것도 관건이다. 일어서기도 하고 앞을 내다보면서 정신을 집중하지 않으면 안 된다."

제프 에런(Geoff Aaron)
AMA 전국 트라이얼 대회 10회 우승, 전국 규모 트라이얼 대회 73회 우승, AMA 올해의 선수 2회, 세계 트라이얼 대회(Trials des Nations) 팀 감독 15회.

단단히 굳은 진흙

하드팩(hardpack)이란 평탄하면서도 단단한 진흙길을 말할 때 사용하는 용어이다. 이런 종류의 노면에는 더트-타이어나 노비-타이어보다 듀얼 스포츠-타이어가 더 적합할 것이다. 노비-타이어 접지면의 돌출부가 단단한 하드팩을 파고들어 접지력을 얻을 수 없기 때문이다. 문제는 왕래가 많은 오프로드의 고속주행구간에서 가끔 하드팩이 발견되며, 보통 흙이나 모래, 더 나쁜 경우에는 자갈 등 불안정한 토양으로 덮여 있는 경우가 대부분이다. 이들 믿을 수 없는 노면은 파워 슬라이드를 하기에 좋기도 하지만 또한 사고가 나기 쉬운 곳이기도 하다. 그래서 주의하지 않으면 안 된다. 하드팩의 오프로드는 접지력이 낮은데도 고속으로 주행하는 경우가 많다. 따라서 회전반경이 갑자기 감소하는 경우에는, 특히 갓길이나 배수로가 없으면 위험할 수 있다. 비록 하드팩의 오프로드 노면이 접지력이 좋다고 하더라도, 그래도 한계가 있다. 항상 조심하고 속도에 유의해야 한다.

특히 오프로드의 내리막길에서는 패인 홈을 예상해야 한다. 속도를 내다가 내리막길에서 패인 홈과 마주쳐 제때에 반응하지 못하는 것보다 더 나쁜 경우는 없다. 멋진 앞 브레이크 제동기술로 속도를 낮추고, 바이크를 멋지게 기울이는 기술을 사용하여 재빨리 라인을 바꿀 준비를 갖추고 있어야 한다.

패인 홈

패인 홈은 여러 가지 조건에서 생길 수 있지만 비탈이나 주행로에 빗물이 흘러 자연스럽게 생긴 경우가 많다. 미국 동부의 주행로의 저지대에는 진창이 많은 시기에 지나가는 더트바이크 때문에 고약한 홈이 만들어질 수 있다. 패인 홈에 제대로 대처하지 않으면 그 결과는 예측불허이다. 라이더의 하루를 망치는 경우도 많다.

패인 홈과 마주치면, 피하거나 횡단하거나 그 속으로 들어가 바닥을 주행하거나(바닥을 주행할 수 있을 경우) 휠리 또는 점프를 해 뛰어넘는 등 여러 가지 방법 중 하나를 재빨리 선택해야 한다. 터닝하는 동안 타이어가 패인 홈의 안쪽 벽과 마찰하게 되면, 방향을 더 많이 바꾸려고 할 것이다. 기본적으로 홈을 주행할 경우의 문제점은 많은 교습생들을 괴롭히는, 모토벤처스의 널빤지타기 훈련처럼 사람들이 특정한 라인에 묶여서 사투를 벌인다는 점이다. 좁은 길에 머물 수 있는 능력에는 패인 홈 주위나 그 바닥으로 바이크를 조향하기 위해 모든 속도에서 일어선 자세로 주행하면서 바이크의 기울기를 편안하게 바꿀 수 있는 능력이 포함된다. 물론 저속에서 바이크를 기울일 때는 균형을 잡기 위해 엉덩이를 옆으로 이동하지 않으면 쓰러질 것이다. 이 테크닉은 모래사장에서 바이크를 조향하거나 비탈을 오를 때 좋은 라인을 유지하려고 할 때 필요한 테크닉과 아주 비슷하다.

종합적으로 말해 가능하면 크고 깊게 패인 홈을 피해야 하지만, 지나가는 길에 마주치면 결국 건너거나 빠지는 수밖에 없다. 큰 홈을 건너려면 지면과 수직인 각도로 접근해야 하며, 통과할 수 없을 경우에는 앞바퀴로 휠리를 하거나 아예 점프를 해야 할 것이다. 주행하는 라인과 나란히 나 있는 홈 속으로 떨어진다면 홈의 밑바닥의 중앙을 달려서 타이어가 홈의 벽과 마찰하지 않도록 해야 한다. 이와 같은 상황에서 가장 좋은 방법은 항상 속도를 늦추고, 놀라지 마라. 가장 나쁜 일은 바하의 경주로에서 언덕 뒤쪽에 발견되는 험난한 빗물 홈 같은 것 때문에 놀라는 것이다. 홈과 마주치더라도 올바른 테크닉을 사용하면, 홈은 단지 다시 정복하고 싶은 또 하나의 재미있는 장애물에 지나지 않을 것이다.

트레일에서 나온 이야기: 다양성은 인생(그리고 주행)의 양념

나는 애리조나에서 자랐으며, 기후가 건조하고 토질이 약한 미국 남서부에서 대부분 주행했다. 그곳은 습기가 많고 지면이 미끄러운 동부와는 아주 다르다. 미주리에서 개최된 AMA 트라이얼 전국 대회에 참가했을 때 나는 힘들게 이 사실을 발견했다. 그곳의 진흙은 고릴라 코딱지 위의 얼음이 덮인 찰흙과도 같았다. 그 구간이 아주 단순했기 때문에 처음 보았을 때 나는 웃음을 터뜨렸지만 실제로 주행을 시도했을 때는 울상을 짓지 않을 수 없었다. 그곳은 몇 그루의 나무들 사이로 만들어진 완만한 비탈이었다. 그 비탈은 접지력이 거의 없기 때문에 나는 벌점을 5점이 아니라 3점만 받고 각 루프를 통과하면 감지덕지하고 기쁠 정도였다. 그날 이후로 나는 기회가 있을 때마다 특히 미끄러운 지형에서는 연습을 게을리 하지 않는다.

바위가 많은 지형

안타깝게도 많은 사람들이 바위에 대한 경험이 전혀 없으며, 바위가 많은 길을 주행하는 방법을 모르기 때문에 바위가 많은 지형이 무서워 되돌아간다. 바위는 모양과 크기가 다양하고 미끄럽기 때문에 어려움이 뒤따른다. 적합한 바이크와 테크닉을 갖추고 있다면, 대부분은 주행이 가능하지만 그렇지 못한 바위도 있다. 바위가 많은 길을 만나면 지형을 판독하고 라인을 골라 테크닉을 발휘한다는 앞서와 똑같은 체크리스트를 사용해야 한다. 먼저 지형 판독에 대해 말하자면, 바위 가운데는 다른 바위보다 접지력이 큰 것이 있다. 성분 때문에 윤기가 많은 것도 있고, 물에 침식된 것이나 너무 요철이 심해 주행이 불가능한 것도 있을지 모른다. 그리고 풍화되거나 적절하게 거칠거나 납작하게 묻혀있기 때문에 접지력이 좋은 바위도 있다.

때로는 단단하면서도 움직이지 않으며 접지력이 좋은 바위를 만날 수도 있는 데, 이런 바위는 발로 지치고 앞으로 나갈 수 있는 버팀목이 되기도 한다. 또 돌밭에 널려있는 크기가 작은(야구공 내지 농구공 정도의 크기) 돌들은 쉽게 이리저리 굴러 다니기도 할 것이다. 굴러다니는 돌이야말로 가장 예측하기 어렵고 라이더들이 지나가기 어려운 종류의 돌이다. 굴러다니는 돌이 많으면 때로는 엔진 회전속도를 낮추기 위해 변속하거나, 속도와 탄력을 유지하면서 뒷바퀴가 너무 많이 스핀하는 것을 방지하고, 구르는 돌과 부딪칠 때 옆으로 밀려나는 것을 피하는 데 도움이 되도록 소프트 스로틀을 사용하기도 해야 한다. 전체적으로 말하자면, 바위나 돌의 상태를 파악하여 조심스럽게 파워를 내야하며, 가능한 곳에서만 구동력을 얻도록 해야 한다. 일단 바위가 많은 구간의 지형을 파악하고 접지력이 좋은 부분과 나쁜 부분을 확인했다면, 이제 가장 평탄하고 가장 접지력이 높은 라인을 골라야 한다. 물론 일단 라인을 고른 뒤에는 올바른 테크닉을 적용하여 라인을 고수해야 한다. 텍크닉에는 몸을 좌/우로 움직이기, 체중을 앞/뒤로 이동하여 휠리하지 않도록 돕는 것, 그리고 바위 위에서 가속하지 않고 그 앞에서 가속하는 것

큰 바위

1 이 돌과 같이 큰 바위에서는 사진의 트라이얼 선수처럼 휠리와 롤업을 할 수 있다.

2 이 시점에는 공격 자세로 재빨리 휠리를 한다.

3 앞바퀴가 바위를 스치듯 지나가고…….

등이 포함된다.

　오프로드에서 바위로 접근할 때는, 그 앞의 부드러운 흙에서 스핀하던 뒷바퀴가 바위 위로 올라가면 갑자기 후크-업할 수 있다는 걸 염두에 두어야 한다. 마른 바위를 찾는다. 마른 바위에서는 젖어있거나 앞서 달리는 라이더에 의해 진흙이 묻은 바위보다 항상 더 큰 접지력을 얻을 수 있을 것이다(그러니까 선두 주자가 되어야 한다). 일반적으로, 접지력이 좋지 않다고 가정하고 약간 속도를 내는 것이 좋은 주행 방법이다.

　불안정한 바위나 돌 근처를 빠른 속도로 주행할 때는 바위나 돌과 부딪치거나 앞바퀴만 지나치고 뒷바퀴가 거기에 부딪치지 않도록 주의한다. 이렇게 되면 오토바이의 뒷부분이 옆으로 삐끗해 제어 불능이 될 것이다. 또한 주행하면서 많은 돌이나 바위와 만나게 될 것임을 알고 있을 경우에는 미리 타이어의 공기압 많이 높인다. 스톡 타이어와 스톡 튜브를 사용하는 스톡 오프로드 바이크로 바위가 많은 지역을 주행할 경우에는 라이더의 체중, 속도, 그리고 지형에 따라 공기압을 17psi(1.2bar)까지 높이고도 안전하게 달릴 수 있다. 속도가 있을 경우, 모서리가 날카로운 돌이나 바위는 타이어를 펑크 내기 쉬우므로 항상 공기압을 높이고 저속으로 주행하거나, 아니면 두꺼운 튜브 또는 펑크가 나지 않는 빕-마우스(Bip-Mouse) 튜브(스펀지 형태의 내부 튜브)를 사용한다. 바위가 많은 지형을 저속으로 달릴 때는 돌이나 바위와 접촉하는 사이드월에 아주 부드러운 혹이 많이 달려 있는 트라이얼 타이어가 잘 어울린다. 트라이얼 타이어는 공기압이 낮고, 노면과 잘 접촉하도록 디자인된 레디얼 타이어이다. 공기압이 낮은 트라이얼 타이어로 빠르게 달려 보면, 충격을 흡수하기 위해 두 다리를 사용하는 법이나, 모서리가 예리한 돌이나 바위 위를 달릴 때 서스펜션을 튀어 오르게 하여 휠 림의 변형이나 펑크를 줄이는 방법을 터득하게 될 것이다.

　또한 바위가 많은 지형을 주행하려면 엔진 케이스나 라디에이터, 포크 튜브 같은 취약한 부품들을 보호해 줄, 튼튼한 스키드 플레이트나 다른 가드를 장착하는 것이 좋을 것이다.

4 뒷바퀴로 충격을 흡수할 준비를 한다.

5 바위를 통과할 수 있다는 확신이 서면, 재빠르게 클러치를 당길 준비를 하며……

6 속도를 제어하기 위해 브레이크를 사용한다.

돌밭

1 돌밭에는 두 종류의 돌 즉, 움직이는 돌과 움직이지 않는 돌이 있다.

2 문제는 직접 달려 볼 때까지 어떤 돌인지 모른다는 것이다.

3 휠의 스핀과 빗나감을 피하기 위해서는 너무 지나치지 않게, 약간의 속도를 낸 다음에, 엔진 회전속도를 낮추기 위해 쇼트 시프팅을 하고, 클러치를 놓고, 소프트 스로틀을 사용한다.

모래

　모래에서의 주행은 오프로드 신참 라이더들에게는 가장 어려운 도전 중 하나이다. 모래는 어디나 있기 때문에 오프로드를 주행하려고 한다면 모래에서 주행하는 법을 배우는 것이 좋다. 물론 모래는 부드러워 출력을 많이 뺏기기 때문에 충분한 출력이 도움이 된다. 모래에서 접지력을 얻는 데는 타이어의 트레드 형상과 공기압도 중요하다. 타이어와 충돌하는 딱딱한 장애물이 없다면, 공기압이 12psi 이하여도 무방할 것이다.

　모래의 종류도 많다. 일부 모래는 입자가 커서 약간의 접지력이 있는가 하면, 너무 가늘거나 입자가 작아서 접지력이 거의 없는 모래도 있다. 하지만 물기를 머금은 모래는 접지력이 아주 좋기 때문에 멋진 주행을 경험할 수 있을 것이다.

　모래에서 주행하려면, 무엇보다 모래에 제대로 대처할 수 있는 적절한 속도가 중요하다. 모래 바람이 불어오는 것이 보인다면 가능한 한 속도를 높여 공격한다. 모래에서 정지하거나 급히 방향을 전환해야 할 필요가 있을 경우에는 재빨리 다시 가속해서 속도를 내기는 어려울 것이다. 모래에서의 주행은 올바른 속도만 유지한다면, 보트가 물 위에서 고속으로 활주하는 것처럼 쉬운 일이다. 모래 주행에서 가장 중요한 것 중 하나는 보통 때보다 더 뒤쪽에 앉아 주행함으로써 바이크의 앞부분을 가볍게 유지하는 것이다. 스로틀을 충분하게 작동시켜 탄력을 유지하고, 특히 코너링을 할 때 앞바퀴가 모래를 파고들어가지 않게 해야 한다. 모래에서 주행할 때는 라인을 좁게 유지할 필요가 없다. 그저 편안하게 '양떼를 몰듯' 주행하면 된다. 좌우로 어느 정도 벗어나더라도 괜찮다. 모래사장에서 속도를 높여 달리다가 오토바이가 심하게 흔들리거나, 전에 라이더가 만들어 놓은 홈을 쫓아가면 신경이 쓰일지 모르지만, 걱정할 필요는 없

두께가 두꺼운 모래에서의 방향 전환

1 두께가 두꺼운 모래를 주행할 때는 타이어, 특히 앞 타이어가 모래를 파고들어가지 않고 모래 위를 주행하도록 빠른 속도를 유지한다.

2 속도를 내어 주행해야 하므로 바이크를 기울이고 핸들을 약간 꺾어 방향을 전환한다.

다. 그냥 내버려 두라. 하지만 모래사장에는 모래 바로 밑에 때때로 큰 돌이나 바위가 감추어져 있을 수도 있다. 이들과 부딪치지 않도록 주의한다. 모래사장은 항상 평탄하거나 곧은 것이 아니므로 보통 일어선 채 주행하는 것이 좋다.

　모래사장이나 비탈에서처럼 일어선 자세로 속도를 내면서 라인을 바꾸는 연습을 하려면 하드팩 지형의 슬라롬 코스를 사용한다. (일어선 자세로 터닝하는 방법에 대해서는 제12장을 참조할 것.) 두께가 두꺼운 모래에서 급히 터닝할 경우에는 보통 모토크로스의 플랫 턴과 같이 앉은 자세로 한다. 엔진의 회전속도를 상승시키기 위해서는 클러치와 스로틀을 사용하며, 체중을 앞쪽으로 이동시키고 급히 터닝한 다음에 가속하면서 체중을 재빨리 뒤로 이동시킨다.

　모래언덕을 주행하러 갈 경우에는 뒷바퀴에 패들 타이어를 사용하는 것이 도움이 된다. 모래언덕은 훌륭한 경험이지만 그 나름의 몇 가지 어려움이 있다. 첫째로 전천후 자동차(OHV)가 주행하는, 모래언덕으로 된 대부분의 레크리에이션 구역에서는 주행자끼리 서로 알아보는 데 도움이 되도록 깃발이 달린 휩 안테나의 장착이 의무화되어 있다. 모래언덕에서 또 하나의 흔한 위험은 바람이 모래언덕의 표면을 부식시켜서, 다른 쪽으로부터 올라가야 할 정도로 모래언덕 뒤쪽에 큰 낭떠러지를 만드는 것이다. 이 낭떠러지를 블로우-샌드(blow-sand)라고 하며, 블로우-샌드가 있는 모래언덕을 오를 수 있고, 다른 쪽으로부터 올라오는 사람들을 피할 수 있는 좋은 테크닉은 모래언덕의 뒤쪽을 내려가는 것이 안전한지, 또는 방향을 돌려 올라올 표면을 도로 내려가는 것이 안전한지 판단할 수 있도록 꼭대기에 거의 올라갔을 때, 좌우로 방향을 돌리고 모래언덕의 마루와 평행

3 방향을 전환한 다음에는 가능한 한 빨리 가속한다.

4 사진 속의 라이더가 가능한 한 바이크의 앞부분을 가볍게 하기 위해 체중을 뒤쪽으로 옮기는 것을 주목한다.

하게 달리는 것이다. 모래언덕을 달리는 것은 곤란할 수도 있다. 또 하나의 흔한 위험은 특히 밝은 대낮이라도 모래에서 우회로, 요철, 움푹 패인 곳 등을 즉시 알아차리기가 매우 어렵다는 점이다.

모래 속에서 정지하거나 속도를 낮출 때는 모래 때문에 바퀴가 엄청나게 끌리기 때문에 주의해야 한다. 실은 모래언덕을 주행할 때 앞 브레이크를 사용하는 것조차 잊기 쉽다. 앞바퀴는 아주 빨리 파고드는 경향이 있기 때문에 바퀴가 조금이라도 돌면 라이더는 나가떨어질 것이다. 두꺼운 모래에서 속도를 늦추려면 뒤 브레이크를 살짝 밟으면 된다.

모래에서의 주행에 도전하고 싶은가? 천천히 달리려고 노력해야 한다. 그리고 안쪽의 발을 내딛거나 두 발을 올린 채 급회전을 하려고 시도한다. 모래의 난이도 때문에 모래 주행에 도전해 재미를 느끼는 데도 여러 가지 방법이 있다.

진흙

진흙에서의 주행 테크닉은 진흙이 더 미끄럽고 더 질척거린다는 점을 제외하면, 모래에서의 주행 테크닉과 아주 비슷하다. 속도를 내는 모터보트처럼 기본적으로 진흙에서 바이크를 꾸준히 달리려면 올바른 속도가 가장 중요한 테크닉이다. 열쇠는 가능한 한 앞바퀴를 가볍게 하기 위해 체중을 뒤로 옮기면서 꾸준히 가속하고, 바이크가 꿈틀거릴 때는 몸을 좌우로 움직일 준비를 해야 한다.

물론 진흙에도 여러 가지 종류가 있다. 모래가 섞인 진흙, 미끄러운 진흙, 오토바이의 금속 부품을 더럽히는 진흙 등도 있지만, 가장 나쁜 진흙은 타이어의 접지면의 홈을 채우거나 펜더 안쪽에 달

트레일에서 나온 이야기: 재난의 방정식

과속하는 것, 장애가 있는 상태, 피로한 상태, 탈수 상태, 정신이 산란한 상태, 시야가 제대로 확보되지 않은 상태, 너무 추울 때, 너무 더울 때 등의 조건은 어떻게든 서로 결합되면 모두 재난을 야기할 수 있으며, 그 재난은 그들을 인식하고 속도를 조절해야만 피할 수 있다. 바이크의 라이더나 레이서의 공통된 문제점 중 하나는 주행으로 인해 아주 심하게 지치게 되며, 그 결과는 판단력에 부정적인 영향을 미칠 수 있다는 점이다. 여러 해 전 애리조나 사막의 장거리 주행에서 고속으로 경주하고 있었을 때 나는 넓은 모래사장의 한 가운데서 떠내려 온 나무와 선인장으로 범벅인 쓰레기더미와 마주친 적이 있었다. 속도와 피로감 때문인지 시간이 느리게 가는 듯한, 착각이 든 나는 쓰레기더미 위로 직접 돌진할지? 아니면 돌아갈 지에 대해 결단을 내리지 못하고 잠시 망설였다. 그러다 돌진한 결과, 타이어가 모두 펑크가 났지만 다행히 큰 사고는 없었다. 그 후 나는 결코 다시는 그처럼 결단을 내리지 못하거나 목표에 너무 집착하지 않겠다고 다짐했다.

라붙어 바이크의 무게를 증가시키는, 끈적거리는 진흙이다. 끈적거리는 진흙에서의 주행을 예상하고 있다면, 서스펜션을 딱딱하게 조정하는 것도 좋은 방법이다.

진흙 위를 주행하는 싸움의 절반은 흙이 튀는 것에 대비해서 미리 바이크와 라이딩 기어(주행 복장)를 철저하게 준비하는 것이다. 먼저 타이어 접지면의 홈 사이의 간격이 커서 묻은 진흙이 곧바로 떨어지는 새로운 타이어를 장착한다. 레이서라면 엔진 주위가 진흙으로 채워지는 것을 막기 위해 틈새에 발포 고무를 끼울 것이며, 핸들의 그립이 느슨해지는 것을 막기 위해 그립에 끈끈이를 바르거나 철사로 묶을 수도 있다. 진흙 위에서 오래 무사히 주행하기를 원한다면 적절한 라이딩 기어의 선택이 중요하다. 진흙은 보통 물기가 축축한 조건을 의미하기도 한다.(비나 진흙에 대한 라이딩기어 준비에 대해서는 다음의 '비와 습기' 항목 참조).

더트바이크로 통과하기에는 진흙이 너무 많거나 깊은 구간도 있다. 그런 구간은 '실제로 주행이 가능한지?' 미리 확인해야 한다. 판단을 잘못해 꼼짝달싹하지 못하게 되면 진흙탕에서 상당한 시간을 허비할 수도 있다. 진흙이 너무 많은 경우 정말 꼼짝달싹하지 못하게 되어, 수도 없이 철벅거리다가 겨우 빠져나올 수도 있을 것이다. 진흙 투성이가 되는 날, 올바른 마음가짐이나 대비가 없다면 참담해지겠지만, 충분히 대비하고 도전한다면 큰 즐거움을 느낄 수도 있을 것이다. 그런

진흙 위를 달리는 데는 상당한 노력과 헌신이 요구된다. 모래와 마찬가지로 앞바퀴를 스치듯 지나가고 뒷바퀴로 구동력을 얻고자 하므로 보통 시트의 뒤쪽에 체중을 실어야 한다

날에 주행하는 것은 다른 사람들의 경우도 마찬가지이며, 그리고 그 같은 날이야말로 가장 훌륭한 추억을 만들 수 있다는 것을 명심하자.

비와 습기

당연한 일이지만 비가 내릴 때 지면에 따라서는 접지력이 크게 떨어진다는 것을 예상할 수 있으며, 이를 보상하기 위해 몇 가지 특별한 주행 테크닉을 사용할 필요가 있다. 찰흙처럼 미끄러운 땅은 라이더에게 분명히 위험하다. 하지만 건조하고 모래가 섞인 땅은 적당한 양의 비가 내리면, 오히려 접지력이 좋아져, 흔히 전문가들이 히어로 더트(hero dirt)라는 애칭으로 부르는 현상을 만들어 낸다. 결론은 비와 습기는 단단한 지형을 부드

개울 바닥에 이끼가 낀 돌로 뒤덮인, 비교적 깊은 물을 건너는 것은 정말로 위험해서, 아주 능숙한 라이더까지도 겸허하게 만든다. 만약 확실하지 않으면 먼저 나뭇가지로 깊이를 확인하고, 또한 세심하게 가장 좋은 라인을 골라야 한다. 중요한 것은 똑바른 자세를 유지하면서 계속 움직이는 것이다. 1단 기어로 일어선 자세로 접근하며, 엔진이 약해지거나 바퀴가 스핀하거나, 발이 젖는 것에도 대비해야 한다. 곧은 자세를 유지하기 위해서 두 발로 '노를 젓는 것(paddling)'까지도 두려워해서는 안 된다.

럽게 만들 수도, 부드러운 지형을 단단하게 만들 수도 있다는 것이다.

특히 비가 많이 내리는 날에는 작은 개울을 건넌 후에 금방 물이 불어나는 바람에 그 개울을 다시 건너 되돌아갈 수 없는 경우도 있음을 명심해 야 한다. 그리고 지금 있는 곳에는 비가 내리지 않더라도 근처에 폭우가 내리는 곳과 이어지는 비탈길을 내려간다면 갑작스럽게 물이 불어나는 홍수를 겪을 수도 있다. 또한 특히 산악에서는 뇌우가 내릴 때 번개가 치는 것도 의식해야 한다. 번개는 나무도 때리기 때문에 나무 아래 피해서는 안 된다. 나무 대신에 차량, 건물, 큰 바위나 동굴, 그 밖에 본질적으로 높이가 낮은 구조물 안으로 피신해야 한다.

빗속을 성공적으로 주행할 수 있는 열쇠는 라이딩기어와 바이크를 미리 제대로 준비하는 것이다. 따뜻하고 건조한 상태를 유지할 수 있으면 더욱 잘 달릴 수 있겠지만, 너무 많이 입으면 더워서 땀을 흘리는 바람에 몸이 축축하게 젖을 것이다. 비옷을 입으면 몸을 건조한 상태로 유지할 수 있으나, 라이딩기어를 착용한 상태에서도 움직임에 지장이 없어야 하고, 체온을 발산할 수 있는 틈새나 환기구도 필요하다.

더트-바이크 라이더용으로 특별하게 제작된, 엔듀로 재킷은 훌륭한 투자이며 가장 가혹한 조건에서 효과를 발휘한다. 습기가 많은 조건에 대비해서 라이딩기어를 준비하는 방법에는 여러 가지가 있다. 고글에 김이 서리는 것을 방지하는 약을 뿌릴 수도 있고, 탈착이 가능한 고글을 붙일 수도 있으며, 물기가 스며들지 않도록 부츠 윗부분을 접착테이프로 밀봉할 수도 있고, 장갑에 진흙이 너무 많이 묻을 경우를 대비해 여분의 장갑을 가지고 다닐 수도 있다.

바이크는 철저하게 방수해야 한다. 에어박스를 밀봉하고, 모든 전기 커넥터를 방수하며, 기화기의 공기흡입구를 물이 흡입되지 않는 쪽으로 돌린다. 핸들 그립이 단단히 장착되어 있으며 안전하게 철사로 묶여 있는지도 확인한다. 물이 스며들면 물기 때문에 결국 그립이 느슨해지거나 헛돌다가 벗겨질 수도 있기 때문이다. 이들 극한적인 조건에 필요한 '레이스 준비물'에 대해서는 내 바이크와 같은 바이크를 타는 전문가들을 보고 배워야 한다. 궂은 날씨에 주행하는 것에는 무엇인가가 있다. 춥고, 축축하며, 힘든 하루가 지나가면, 다른 사람이 불평하는 조건을 극복했다는 자부심을 느낄 것이다. 건조한 미국 남서부에는 비가 많지 않으므로 비가 올 때는 특히 비와 함께 접지력이 좋아지고 날씨가 서늘하며 먼지가 가라앉기 때문에 비를 최대한 즐기려고 한다. 날씨가 좋은 날만 주행한다면, 재미의 상당 부분을 놓치는 셈이 될 것이다.

안개

안개는 차갑고 축축하며, 극적으로 시야를 제한하기도 한다. 해안가에서는 온종일 안개 속을 주행하기도 할 것이며, 높고 낮은 산을 오르내릴 동안에도 안개가 피어올랐다 사라졌다 할 것이다. 안개는 특히 몸이나 바이크의 표면을 축축하게 적실 것이다. 방수 재킷, 바지, 장갑 등을 구비함으로써 안개 속의 주행을 대비할 수 있지만, 안개 속에서 가장 큰 도전이 되는 것의 하나는 라이더의 시야이다. 그리고 가장 어려운 조건은 건조하고 먼지가 나는데도 안개가 나타날 때이다. 이 때문에 주행 중 얇은 고글에 진흙막이 형성될 수도 있다. 레인엑스(Rain-X)와 같은 렌즈는 빗물 같은 것이 흘러 떨어지도록 돕고, 노-포그(No-Fog)라는 제품은 체온 때문에 고글에 김이 서리는 것을 막는다. 고글에 퀵 스트랩(Quick Strap)을 부착하면 주행 도중 재빨리 탈착할 수 있으며, 탈착식 렌즈(그렇지만 쓰레기로 버려서는 안 된다)나 감아올리는 고글 같은 제품을 부착하면 안개와 같은 도전적인 조건에서도 좋은 시야를 확보할 수 있다.

물 건너기

먼저 바이크의 공기 흡입구와 기화기에 물이 들어가지 않게 하고, 바이크가 물 가운데서 오도 가도 못하게 되지 않는다는 점을 확신하기 전까지는 물을 건너려고 해서는 안 된다. 먼저 먼 곳보다는 내가 살고 있는 지역의 냇가를 건너면서 내 바이크가 방수인지 점검해 보는 것도 좋다.

대부분의 물길은 아주 깊거나 흐름이 빠르지 않으면 주행할 수 있다(대부분의 경우, 계절에 따라 달라진다). 고인 물은 보통 흐르는 물보다 더 깊다. 그러므로 물길의 깊이를 점검하려면 항상 작은 나뭇가지를 사용해도 좋다(아니면 친구를 집어던져라). 비가 내리는 상황에서는 때때로 조금 전에 건넌 물길이라도 물이 불어나는 바람에 되돌아가지 못할 수도 있다는 점을 명심해야 한다.

물을 건너기 위해서는 아주 신중하게 라인을 고른다. 때로는 접지력의 감소는 물론이고 매끄럽고 이끼가 낀 돌투성이의 바닥을 예상할 수 있다. 만약 개울의 바닥에 큰 돌들이 깔려 있으면 최상의 접지력으로 주행할 수 있을 것이다. 물이 깊으면 천천히 그리고 속도를 바꾸지 말고 건너야 한다. 물속에 숨어 있는 큰 돌에 부딪칠 경우에는 두 발로 노를 저어도 무방하다. 물길을 건널 때 바이크를 물에 빠뜨려서는 안 된다. 물이 얕으면 좀 더 빨리 달릴 수도 있고, 시트에 앉은 채 두 다리를 들어

이 사진처럼 속도를 내어 조금 깊은 물을 건너면 사람은 물론 바이크까지도 물벼락을 맞게 되겠지만, 어쩌면 그 물벼락이 필요할지도 모른다. 문제는 앞바퀴에서 튀는 물이 두 발을 적시고 엔진/기화기/에어박스로 들어갈 것이며, 부품들이 제대로 방수가 되어 있지 않으면 엔진이 정지할 것이라는 점이다. 사진의 라이더는 고글을 젖지 않게 하려고 헬멧 바이저(helmet visor)를 쓰고 있다.

약간 깊은 물을 건널 때는 두 다리를 들어 올리고 천천히 달리기만 하면 그다지 물에 젖지 않을 수 있다. 문제는 바닥이 험하거나 거기에 웅덩이가 있을지도 모른다는 것이다. 따라서 다시 이 구간을 건널 때는 이 방법을 사용한다.

올려 앞바퀴로부터 튀기는 물이 다리에 맞고 엔진 쪽으로 비산되는 것을 줄일 수도 있다.

일부 좁은 물길이나 물웅덩이는 휠리를 하여 아주 쉽게 건널 수 있지만, 주행하는 동안 뒷바퀴에 걸리는 물의 저항력에 주의를 기울이고 그 힘을 과소평가하지 말아야 한다. 그 힘이 앞바퀴를 물속으로 깊이 파고들게 할 수도 있으며, 정말로 빠른 속도로 달리고 있다면 그 힘 때문에 갑자기 몸이 나가떨어질 수도 있다.

주의 : 어떤 물이라도 건넌 다음에는 브레이크가 젖었을 것이기 때문에 주행하는 동안 가볍게 작동시켜 말려야 한다. 그리고 민감한 지역의 물길을 건널 때는 주의해야 하며, 습지 주위는 항상 환경을 훼손하지 않도록 유의하면서 주행해야 한다. 주행로에 건널목이 나타나면 보통 그곳이 물을 건너기에는 가장 좋은 곳이다. 물을 건널 때 새로 길을 만들려고 해서는 안 된다. 그리고 재미있다고 해서 그냥 물을 따라 주행해서는 안 된다. 그것은 주행 구역을 폐쇄되게 만드는 첩경이다.

만약 운수가 나빠 몸이나 바이크가 물속에 빠진다고 해서 영원히 못쓰게 되는 것은 아니다. 먼저 에어박스, 실린더, 배기관 등에서 물을 빼낸다. 물에 빠졌던 엔진을 먼저 배수시키지 않고, 시동부터 걸려고 해서는 절대로 안 된다. 그렇게 하면 돌이킬 수 없는 내부 손상을 일으킬 수 있다. 뒷바퀴를 축으로 하고 배기관을 아래로 향하게 해서 바이크를 세워 배기관의 물을 제거한다. 엔진에서 물을 빼려면 점화 플러그를 제거하고(항상 점화 플러그 렌치를 가지고 다닌다), 그 다음에 바이크를 옆으로 눕히고 조심스럽게 엔진을 뒤집어 킥스타트 또는 전기 스타트로 점화 플러그 구멍을 통해 물이 빠져나오게 한다. 또한 에어박스 커버를 제거하고 물을 닦아낸다. 그리고 공기 필터의 물도 짜내야 할지 모른다. 시간이 다소 걸리지만, 이와 같은 단계를 거친 다음에는 다시 시동을 걸 수 있을 것이다. 하지만 집으로 돌아오자마자 엔진 오일을 점검하는 것이 대단히 중요하다. 만약 그 오일이 우윳빛이라면 물이 크랭크 케이스에 들

트레일에서 나온 이야기: 가라앉지 않으려면 헤엄을 쳐야 하는 식이었던 스노모빌 교습

나는 더트-바이크라면 정말 잘 탈 수 있었지만, 인디애나폴리스 500의 3회 우승자인 바비 운저(Bobby Unser)와 함께 뉴멕시코의 산으로 스노모빌을 타러 갔을 때까지 나는 스노모빌에 대한 경험이 전혀 없었다. 한두 차례 교습을 받을 것으로 예상했던 내 생각은 빗나갔다. 아마도 그들은 나를 테스트하고 싶었을 것이다. 그래서 우리는 출발했고 당장 오프캠버, 위험한 경주로, 가파른 비탈 오르기 등을 시작하게 되었다. 흔히 물 밖에 나온 물고기라고들 하지만, 나는 달리는 데 익숙해 있던 지형도 전혀 알아보지 못하고, 나무들 사이에 처박히는가 하면, 바비와 그의 형 앨(Al Unser Sr., 인디애나폴리스 500의 4회 우승자)을 따라 잡으려고 애를 쓰다가 정신을 잃은 적이 한두 번이 아니었다. 이틀 후에 요령을 터득한 나는 그곳을 떠나기 직전에야 가까스로 스노모빌을 조금 즐길 수 있을 정도에 이르렀다. 나로서는 그들이 미리 조금만 요령을 가르쳐 주었다면 더 많은 재미를 느꼈으리라는 생각이 없지 않았다. 제트스키를 타는 법을 배우는 것과 꼭 마찬가지로 약간의 요령을 배우면 오래간다. 가라앉지 않으려면 헤엄치라는 식으로 가르치는 방법은 대부분의 사람에게는 아주 어렵고, 또한 모터스포츠의 경우 더욱더 위험하기도 하다.

어간 것이므로 곧바로 오일을 교환해야 한다. 바이크가 완전히 물에 잠겼던 경우라면, 오일을 두 번 교환해야 할 경우도 있다.

눈, 빙판, 추위

상상할 수 있듯이, 눈 위, 특히 빙판에서는 접지력이 아주 낮기 때문에 눈이나 빙판을 주행할 때 똑바른 자세를 유지하려면 매우 조심해야 한다. 눈이 너무 많이 쌓이거나 꽁꽁 얼지 않았으면 더트-바이크로 쉽게 주행할 수 있으며, 언 땅도 주행이 가능하지만, 오히려 녹았을 때는 주행이 어렵고 접지력도 크게 낮아질 것이다. 가능하면 옷을 여러 겹 입어 기온(또는 체온)이 오르내리는 데 따라 벗었다 입었다 하는 것이 좋다. 미국 북부에서처럼 눈이 많이 내리는 지역을 주행한다면 스노모빌을 타는 사람들로부터 힌트를 얻어 그들이 착용하는 것과 똑같은 라이딩기어를 갖추도록 한다.

보통 기온의 눈 속을 주행할 경우에는 손발이 젖는 것에 대비하고 여분의 장갑과 마른 양말을 가지고 다닌다. 일부 장거리 주행에는 고도가 높은 산악길을 통과하거나 야간 주행까지 해야 할 경우도 있으므로 백팩에 여분의 라이딩기어를 넣어 가지고 다니는 것이 좋다. 휴식을 위해 정지해 있는 동안에는 호주머니 히터를 사용하는 것도 좋다. 미국 북부에서 눈이나 빙판을 주행하는 사람들은 접지력을 개선하기 위해 타이어에 스파이크(또는 소형의 금속 박판 나사)를 박는다.

열

더운 날씨에 주행한다면 주행하기 전이나 주행 동안에 항상 수분을 충분히 섭취하도록 한다. 그리고 항상 플라스틱 병이나 백팩의 드링크 시스템에 물을 가지고 다녀야 한다. 덥다고 해서 찬물을 너무 급히 지나치게 많이 마시면 건강을 해칠 수도 있으므로 조심하지 않으면 안 된다.

오토바이도 물이 필요한 경우가 많음을 잊지 말아야 한다. 수랭식 오토바이는 엔진이 과열되면 라디에이터 냉각수가 끓어 넘칠 수도 있으므로 때때로 정지해 냉각시키고 물을 보충해 주어야 한다. 그리고 단지 덥다고 해서 안전 주행 장구를 모두 갖추지 않는 것은 변명의 여지가 없다. 오늘날에는 통풍이 잘되는 주행 장구도 많이 나와 있기 때문이다. 정말 더운 날씨에 일부 주행자들이 사용하는 또 하나의 방법은 물에 젖은 티셔츠나 작은 타월을 목에 감는 것이다. 수분이 증발함으로써 주행자가 시원해지며, 또 물이 있는 곳마다 다시 물에 적실 수 있다.

먼지

먼지는 더트-바이크를 타는 데 가장 고통스러운 문제 중 하나이다. 먼지는 시야 확보와 호흡을 어렵게 하고, 엔진의 공기 필터를 막히게 한다. 먼지가 많아 제대로 앞을 볼 수 없을 경우에는 속도를 늦추는 것이 가장 좋은 방법이다. 또한 먼지가 잠잠해질 때까지 앞선 바이크로부터 멀어졌다가 다시 속도를 낼 수도 있다. 먼지가 많을 때 다른 바이크의 뒤꽁무니를 바짝 따라갈 이유는 전혀 없다.

먼지가 많은 상황에 대비하려면 깨끗한 공기 필터를 장착한 다음에 출발해야 하며, 밤에 그 필터를 청소하거나 새로운 필터를 미리 오일을 칠해 플라스틱 통에 넣고 다니다가 바꿀 수도 있다. 또 필터 스킨(Filter Skins)이라는 훌륭한 발명품을 사용할 수도 있다. 필터 스킨은 공기 필터에 씌웠다가 더러워지면 벗겨냄으로써 공기 필터를 깨끗한 채 유지할 수 있는 일종의 양말 같은 것이다. 공기 중에 먼지가 아주 많거나 오염물질이 많으면, 유해한 물질들을 포집할 수 있는, 마스크를 착용할 수도 있다.

고글을 준비하는 좋은 방법은, 씰링고무에 소량의 베이비오일을 발라 먼지가 고글 렌즈 안으로 들어오는 것을 막고, 렌즈의 외부에는 먼지가 쌓이는 것을 억제하는 약품(플레지(Pledge)의 약효가 좋다)을 사용한다. 바이크를 멈출 때마다 장갑의 손가락 끝부분으로 렌즈를 슬쩍 닦아 주기만 해도 좋다. 고글 청소 도구를 갖추거나, 2-3 개의 고글을 여분으로 운반트럭에 비치했다가 돌아올 때 사용할 수도 있다. 마지막으로 대부분의 사람들은 라이더들만큼 먼지(또는 더트-바이크)를 좋아하지 않으므로, 집 근처나 캠핑장 주위에서 너무 많은 먼지를 일으키지 않도록 노력해야 한다.

바람

바람이 아주 강한 상태에서 주행하는 데 대해 언급해야 할 것이라고는 크게 점프하는 것은 피하라는 것이다. 놀랍게도 바람이 라이더를 움직여 사고를 낼 수도 있다. 그런 위험을 감수할 필요는 없다. 바람이 없는 날에 비해 바람이 많이 부는 날 주행하면, 몸으로부터 수분이 쉽게 빠져나가며, 더 빨리 피로하게 된다.

고도

산악 지대를 주행할 때는 하루에도 고도가 1000m 이상 바뀔 수도 있다. 고도가 크게 바뀌면 라이더나 바이크의 엔진이 작동하는데 문제가 있을 수 있다. 미국 남서부의 험한 산악지대에서 개최되는, 모토벤처스의 전형적인 듀얼스포츠 투어에서는 하루에 해발 600m 정도의 사막에서 시작해 단 몇 시간 만에 해발 2500m 정도까지 올라갔다가 다시 내려온다. 이와 같은 고도 변화는 호흡의 효율을 감소시키며, 심지어 고산병(두통, 메스꺼움 등)까지 일으키기도 한다. 기온 역시 고도의 영향을 크게 받으며, 고도가 높은 곳에서는 비가 내릴 가능성도 더 많으므로 고지 주행이 예상되면 재킷을 가지고 가거나 해가 진 뒤에 산에 머무르지 않도록 한다.

대부분의 사람들은 고도 변화가 소형 엔진의 성

트레일에서 나온 이야기: 주행할 곳을 세심하게 고른다.

언젠가 나는 어느 숲속에서 열리는 트라이얼 대회에 참가하기 위해 다섯 시간을 운전한 적이 있었다. 도착한 뒤 나는 재빨리 오토바이를 내리고 장구를 갖춘 뒤 지정된 연습 구역에서 워밍업을 시작했다. 그리고 얼마 지나지 않아 꺾인 나뭇가지들이 널려 있는 가파른 언덕을 내려올 때였다. 그 가지들 중 하나가 내 앞바퀴로 튀어 오르더니 바퀴살 사이에 끼었고, 내가 정지하기도 전에 바퀴살을 여덟 개나 부셔 버렸다. 몇 분 사이에 모든 일이 끝났고, 나는 짐을 꾸려 집으로 돌아왔다. 그날부터 나는 부서진 나뭇가지 위를 주행하지 않도록 주의를 기울이고, 때로는 만약의 경우에 대비해 예비 바퀴까지도 한두 개 가지고 다닌다.

눈 때문에 모든 것이 미끄러워지는 것은 비밀이 아니다. 미국 서부의 산악을 주행하는 사람들은 고지에서 눈을 만나게 된다. 그렇지만 대부분은 눈 때문에 주행이 더 재미있고 스릴이 넘친다고들 한다!

능에 많은 영향을 미치는 것에 아주 놀란다. 높이 올라갈수록 공기는 더 희박해지며, 어느 지점에 이르면 더트-바이크의 엔진에는 연료가 너무 많이 공급되고 산소는 부족한 현상이 발생한다. 혼합기가 지나치게 농후해지면, 엔진의 출력이 현저하게 약해진다. 주행하는 동안 고도의 변화가 클 것이라는 것을 미리 알고 있다면, 고도가 가장 낮은 출발점에서 혼합기가 약간 희박하게 기화기 연료 제트의 크기를 줄여서, 고도가 가장 높은 곳에서 더 잘 주행할 수 있게 할 수도 있다. 이 방법은 하나의 절충이지만, 제트를 조정하지 않는 것보다는 훨씬 더 효과적이다. 물론 바이크가 연료 분사식이라면 고도 때문에 제트 크기를 조절하는 문제는 염려할 필요가 없다.

통나무, 턱, 나무뿌리

통나무, 턱, 나무뿌리 등은 더트-바이크 주행의 재미를 만끽할 수 있게 해 준다. 커다란 통나무나 수직의 턱과 마주칠 때는, 90도의 각도로 천천히 접근한 다음에, 그 바로 앞에서 휠리를 해 앞바퀴를 그 장애물 위에 올리거나 장애물의 상단 안으로 들어가게 한다. 그 다음에 바이크의 스키드 플레이트를 그 위로 미끄러지게 하거나, 스키드 플레이트를 사용하기에 너무 높은 경우에는 롤업(165쪽의 트라이얼 테크닉 참조)을 한다. 통나무 위로는 90도가 되지 못하는 각도로 접근할 수 있지만, 바이크의 뒷부분이 통나무에서 기울어지면서 반동으로 옆으로 튀는 것에 대비해야 한다. 통나무와 턱 같은 장애물을 오를 때는 뒷바퀴를 들어 올려 장애물을 넘도록 하기 위해 버니홉을 할 때와 같이 두 다리를 내려놓는 것도 도움이 된다. 나무뿌리는 사방으로 뻗기 때문에 나무뿌리 위에서 방향을 제대로 잡기 어렵고, 땅위에 드러나 있거나 껍질이 없는 경우에는 미끄러울 수도 있다. 미끄러운 통나무나 턱, 나무뿌리 등을 통과할 때는 필요한 탄력을 얻기 위해 장애물 앞에서 가속하여 구동력을 확보하고, 뒷바퀴가 장애물을 넘어가기 직전에 스로틀을 끄는 것이 가장 좋다.

급경사 내리막

산에서 아주 가파르지만 그다지 길지 않은 급경사 내리막을 만난다면 핸들 위로 몸이 튀어나가지 않도록 체중을 뒤쪽으로 이동한 상태로, 그대로 똑바로 주행해 내려갈 수 있다. 주행해 내려가기에는 너무 가파르다면 충분한 공간의 여유가 있을 경우, 점프해서 앞바퀴를 먼저 착지할 수도 있을 것이다. 먼저 작은 급경사면에서 가볍게 휠리를 하면서 앞바퀴로 연습을 한 뒤에, 자신감이 붙으면 더 긴 급경사면에서 연습하면 좋은 것도 바로 이 때문이다.

덤불

덤불은 여러 가지 형태가 있다. 가지가 휘어지는 덤불, 뻣뻣해 휘어지지 않는 덤불이 있으며, 또 온갖 종류의 선인장을 비롯해 가시가 있는 것과 없는 것도 있다. 덤불에 앞 브레이크와 클러치 레버가 걸리는 경우도 있다(핸드 가드와 바크 버스터(bark buster)를 사용한다). 덤불은 변속 레버와 브레이크 레버에도 걸린다(덤불이 많은 곳을 주행할 때는 변속 레버 커버나 브레이크 페달 커버를 사용한다). 애리조나 주에는 캣클로(Cat Claw)라는 덤불이 있다. 고양이 발톱과 똑같은 가시가 있어, 통과하려다가 몸에 상처가 나기 때문에 그런 이름이 붙었다. 결론은 항상 길을 따라 주행하고 덤불은 피해야 한다.

풀과 지표 식물

풀과 여러 가지 지표 식물도 보통 축축하고 미끄럽기 때문에 낭패를 보기 쉽다. 풀과 지표 식물은 게다가 패인 홈, 바위, 통나무, 나무뿌리, 그리고 그 밖에 빠져들고 싶지 않은 여러 가지 위험을 감추고 있을 수도 있다. 풀이나 지표 식물이 자라고 있다면 그곳에는 물, 어쩌면 너무 많은 물이 있을지도 모른다. 그리고 마른 풀이나 잡초가 많은 곳을 주행할 때도 조심해야 한다. 노출된 뜨거운 배기파이프나 소음기에 건초나 잡초가 들러붙으면 불이 날 수도 있다. 예민한 식물이 자라고 있는 곳은 주행하지 말아야 하지만, 역으로 환경에 대한 영향을 최소화하는 연습하기에 좋은 장소이다.

어둠과 야간 주행

야간에 주행하게 될 것을 미리 알면 계획을 세울 수 있지만, 때로는 주행을 끝내기 위해 계획하지도 않은 야간 주행을 해야 하는 경우도 있다. 약간의 대비만 갖추면 야간 주행을 재미있는 경험으로 바꿀 수 있다. 먼저 바이크의 조명이 믿을 만한지 확인하고 여분의 전구를 준비하도록 한다. 야간 주행에 필요한 준비물에는 플래시(오토바이의 엔진이 제 기능을 못할 경우), 투명한 고글 렌즈(한낮에 선글라스를 사용할 경우), 재킷(해가 진 뒤 기온이 급강하할 경우에 대비) 등이 포함된다. 바이크의 조명만으로 주행하기 어려울 수 있으므로 어둠에 익숙해질 때까지는 천천히 달린다. 주변의 산만함이 적기 때문에 오직 조명되는 길에만 정신을 집중할 수 있다. 야간 주행에서 조심해야 할 위험 중의 하나는 바이크의 조명이 패인 홈의 윗부분과 바닥만 비출 뿐, 홈의 옆 부분은 비추지 못해 타이어를 미끄러지게 함으로써 사고를 일으킬 수 있다는 것이다.

그리고 이른 아침이나 늦은 오후에 근처의 나무나 큰 바위의 짙은 그림자가 길에 가로로 드리워져 있을 경우, 충돌하면 위험한 웅덩이, 바위, 나무뿌리 등을 보지 못할 수도 있다. 그러므로 밝은 햇빛 속에서도 그림자에 주의하고, 그림자에 의해 가려지는 것이 없는지 확인할 수 있을 때만 주행해야 한다.

울타리와 광산

오프로드를 주행할 때는 울타리도 한둘 마주치는 경우가 있다. 도착할 때 닫혀 있던 문이라면 항상 닫고, 이전에 열려 있는 것을 보았던 문이 닫혀 있는 지도 살펴야 한다. 광산이나 발굴지 또한 사막의 주행 구간에서는 흔하며, 미리 파악해 두지 않으면 위험할 수 있다. 명확한 흙더미나 광산의 흔적이 있는 구간을 주행한다면, 가까이에 노출된 갱도가 있을지도 모르므로 속도를 늦추고 주위를 확인하고 주의하는 것이 기본이다. 노상에서 발견되는 구덩이 주위에 돌이나 통나무로 표시를 해두는 것도 뒤따라 오는 더트-바이크 주행자에게 경고하는 데 도움이 될 것이다.

통나무 건너기

1 통나무는 가능한 한, 90도 각도로 넘어야 한다.

2 통나무의 지름의 크지 않거나, 쉽게 접근할 수 있는 경우에는 휠리를 해 앞바퀴를 통나무 위에 올려놓으면…….

3 스키드 플레이트가 그 위에서 미끄러지게 될 것이다.

큰 통나무 건너기

1 만약 넘어가려는 통나무가 사진에서처럼 지름이 크거나 지면으로부터 약간 떠 있을 경우에는…….

2 통나무의 맨 위로 휠리를 하는 롤업 테크닉을 사용할 수 있다.

3 튀어 오르면서 더 높이 휠리를 하기 위해 이 테크닉을 사용하여, 좀 더 큰 지면 간극을 확보한다.

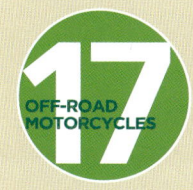

17 주행 예절과 책임

**책임감 있는 라이더는 더 안전하게 주행하고,
주행 구역의 유지를 도우며, 환경을 훼손하지 않는다.**

이 장에서는 훌륭한 주행 예절을 익히고, 항상 책임감을 가지고 주행하는 마음가짐의 중요성을 조명한다. 책임감을 가지고 주행해야 하는 데는 여러 가지 이유가 있으며, 이 책을 읽는 사람이나 모토벤처스에서 교습을 이수한 사람은 모두 항상 주행예절을 지켜 주기를 당부한다. 그러면 현저하게 더 안전하고 훌륭한 환경관리인이 될 것이며, 다른 라이더들에게 책임감 있는 모습을 보여줌으로써 궁극적으로 주행 구역의 유지를 돕게 될 것이다. 다음은 오프로드 주행의 황금법칙 중 일부이다.

과도한 소음

과도한 소음은 라이딩 구역이 폐쇄되는 가장 큰 이유이다. 오프로드 라이더는 누구나 공인된 레이스-트랙 외에 다른 곳을 주행할 때는 배기소음을 최소한으로 억제해야 한다. 요란한 배기관은 멋진 것이 아니다. 더트-바이크의 세계에는 오늘날에도 여전히 통할 수 있는 오래된 격언이 하나 있다. 바로 '소리가 적어야 더 넓은 땅을 확보할 수 있다.(Less sound equals more ground)'는 말이다. 추가로 머플러에 스파크 포집기(spark arrester)의 부착을 요구하는 국유림 등을 주행하고 있을 경우에는, 부착되어 있는지 반드시 확인해야 한다.

"오프로드를 주행할 때는 전방 시야를 확보하지 못한 상태에서 터닝하는 경우가 많을 것이다. 방향 전환을 하기 전에 반드시 전방을 멀리까지 주시하고 속도를 늦추며 우측통행을 해야 한다. 그래야만 방향을 전환할 때, 자신이 원하는 라인을 차지할 수 있을 뿐 아니라 반대쪽에서 오고 있을지도 모르는 다른 라이더를 피할 수 있을 것이다."

팀 모턴(Tim Morton)
바하 1000의 25년 베테랑, SCORE 250cc 프로챔피언 4회, 15년 동안 바하 투어 가이드 역임.

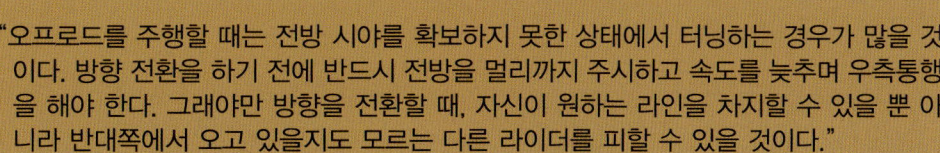

사진과 같이 아름다운 곳을 주행하거나 캠핑을 하고 떠날 때는, 도착했을 때와 똑같이 정리해 두어야 한다. 오프로드 바이커들이 쓰레기를 함부로 버리는 행위가 여러 훌륭한 주행 구역을 폐쇄시키는 주된 이유 중의 하나이다.

야외의 예의바른 공유

바이크 주행 이외의 목적으로 찾아온 사람들과 야외를 공유해야 한다. 캠핑장, 숙영지, 광물 채취장, 기타 사람들이 많이 붐비는 장소의 근처에서는 천천히 저속으로 주행해 먼지와 소음을 최소한으로 유지한다. 승마를 하는 사람들이나 가축, 야생 동물과 마주쳤을 때 그들을 먼저 보았을 경우에는 속도를 늦추거나 동물들이 위험을 느끼지 않도록 하기 위해, 그들이 통과할 때까지 정지하고 엔진을 꺼야 한다.

지정된 길을 벗어나지 않아야 하며, 습지를 손상시키지 않도록 노력한다. 길을 횡단하는 동물이 있더라도 뒤쫓으려는 생각을 해서는 안 된다.

환경을 훼손하지 않는다.

오프로드를 주행할 때는 환경을 훼손하지 말아야 한다. 이것은 모토크로스 트랙, 사막의 모래톱 등을 제외하고는 민감한 지역에서 필요 이상으로 타이어를 스핀시키지 않도록 해야 한다는 뜻이다. 지정된 길을 벗어나지 않는다. 많은 주행 구역에서는 실제로 지정된 길을 벗어나서 주행하는 것이 불법으로 되어 있다. 무른 지형에 갇혀 옴짝달싹하지 못할 경우에 스로틀을 작동하면서 바이크가 저절로 빠져나가기를 기대하면서 타이어가 스핀하는 것을 앉아서 지켜만 봐서는 안 된다. 바이크에서 내려서 클러치를 놓고 바이크를 민다. 주행을 잘해 아무 곳이라도 주행할 수 있다고 해서 자신이 원하는 곳이라면 어디나 주행할 수 있음을 의미하지 않는다. 토양의 부식, 야생 동물에 대한 배려, 접근이나 이용의 제약 등 까다로운 구역도 있을 것이다. 환경을 훼손하지 않는 것을 실천하면, 모든 사람에게 이로울 것이다.

무단 침입을 하지 않는다.

무단 침입을 하지 않고 공·사유지를 존중하며 합법적인 곳과 환영받는 곳에서만 주행하도록 한다. 인가된 주행로를 가다가도 닫혀 있는 문이 있으면 지나간 뒤에는 꼭 문을 닫는다. 모든 것이 공시되어 있으리라 기대해서는 안 된다. 그러므로 좋은 판단력을 발휘해야 한다. 결론은, 국·공유지에서의 규칙은 주행해도 좋다는 공시가 없는 곳은 주행하지 말아야 한다는 것이다.

모든 상황에 대비한다.

바이크의 고장이나 타이어의 펑크, 기타 여러 가지 문제에 대비한다. 필요하면 밤샘을 하기 위해 휴대폰, 연장, 물, 견인용 밧줄, 식량 등을 가지고 다니면서 자급자족하도록 한다. 행방불명되거나 부상당한 더트-바이크라이더를 구조하기 위해 대대적인 활동이 벌어진다면, 일반 대중의 눈에는 좋게 보이지 않을 것이다.

항상 안전 장구를 갖춘다.

이것은 자신만을 위한 것이 아니다. 함께 주행하는 친구들도 부상당한 사람을 옮기느라고 그들의 주행이 중단되는 것을 원하지 않을 것이다. 해당 지역의 병원 응급실에 바이크 라이더들이 득실거린다면, 주행 구역으로서도 좋게 보이지 않을 것이다.

쓰레기를 함부로 버리지 않는다.

쓰레기를 함부로 버리는 것은 우리가 좋아하는 주행 구역을 상실하는 첩경의 하나이지만, 또한 쉽게 하지 않을 수 있는 일이다. '잘 포장해 내다버린다'는 규칙만 따르면 된다. 여분의 쓰레기를 직접 가지고 다닐 수도 있다. 사진만 찍고 바퀴자국만 남겨야 한다는 것을 명심한다.

트레일에서 나온 이야기: 현명하게 탐험하라

오프로드 바이크로 숨겨진 협곡이나 외딴 산악을 찾아나서는 것은 가끔 있는 일이지만, 현명하게 행동하고 무리를 해서는 안 된다. 내게는 머리에 떠오르는 두 가지 개인적인 사례가 있다. 언젠가 친구와 나는 오후 늦게 외딴 사막의 바위투성이 협곡까지 주행한 적이 있었다. 아주 힘이 많이 들었으며, 되돌아올 때는 이미 탈진한 상태였다. 설상가상으로 해가 지는데도 우리 바이크에는 헤드라이트도 없었다. 그래서 바이크 한 대가 옴짝달싹하지 못하게 되자 나머지 한 대로 둘이서 그 어둠속을 달려 캠프로 돌아온 뒤, 다음날 아침 다른 사람과 함께 바이크를 찾으러 가기로 결정했다. 분명히 우리는 그 여행에 대해 더 나은 계획을 세울 수도 있었을 것이다. 또 하나는 죽음의 계곡(Death Valley)을 찾아 나섰을 때였다. 우리는 목적지 도중에 있는 그 광대한 계곡과 산악을 건너는 거리와 소요 시간을 과소평가했다. 결국 가까스로 호텔로 돌아오긴 했지만 날이 어두워진 뒤였고 연료도 거의 바닥이 난 상태였다. 우리는 아마도 우리가 무엇을 하고 있는지 그 까닭을 알고 있었을 것이다. 이 같은 개인적인 경험을 통해 우리는 더트-바이크를 타는 동안 예상치 못한 일이라도 일어나면, 누구나 곧 어려움을 겪게 되리라는 것을 쉽게 알 수 있다.

그룹으로 주행할 때는 선행 라이더는 뒤따라오는 라이더가 Y자 교차로나 T자 교차로에서 올바른 길을 선택하지는 확인할 책임이 있다.

좋지 못한 상태로는 절대로 주행해서는 안 된다.

술을 마시거나 약을 먹고 주행하는 것은 어리석은 일이다. 주행은 모든 주의력이 요구될 만큼 위험한 일이다. 왜 자신을 불리하게 만들고 위험을 감수할 것인가? 그렇지 않더라도 충분히 재미를 느끼고 있지 않은가?

동물을 뒤쫓지 마라

이에 대해서는 굳이 설명할 필요가 없을 것이다.

내가 라이더의 대표이다.

바이크를 타는 사람은 누구나 바이크를 타지 않는 사람들에게는 바이크를 타는 사람들을 대표한다. 그러므로 대표자의 역할을 잘 수행해야 한다.

그룹으로 주행하기

오프로드 주행의 첫 번 째 규칙 중 하나는 절대로 혼자 주행하지 말고 항상 2~3명이 그룹으로 주행한다. 좋은 주행 동료를 찾아내고 주행이 끝날 때까지 함께 행동하도록 한다. 그리고 리더와 스위프 라이더를 지명한다. 누구도 리더를 추월해서는 안 되고, 스위프 라이더는 다른 사람들을 추월해서는 안 된다. 또한 집에 있는 사람에게 자신이 어디로 가고 있으며, 언제 돌아갈 것인지도 알린다.

트레일을 주행할 때는 라이더 각자가 앞뒤 라이더에 대해 책임을 진다. 모든 교차로에서 멈추고 뒤따라오는 라이더가 나를 보고 주행하고 있는지를 확인한다. 길을 잃지 않도록 하기 위해서는 이렇게 하는 것이 매우 중요하다. 만약 전방에 위험한 장애물이나 험난한 구간이 보인다면, 손을 들어 뒤따르는 라이더에게 알려준다.

최소한 항상 휴대전화를 가지고 다녀야 하며, 새로운 기술을 사용하는 위성 전화나 신형 스폿 로케이터(Spot Locator)라는 장치와 같은 통신 장비를 가지고 다닐 수도 있다. 이들은 인공위성으로 사람의 위치를 찾아냄으로써 다른 사람들에게 그 사람의 위치와 그가 무사하다는 것을 알려주는 장치이다. 또한 모든 사람에게 트럭 근처의 비밀 장소에 트럭 열쇠를 숨겨 두었음을 알려주는 것도 좋은 방법이다. 그렇게 하면 트럭으로 돌아갈 수 없는 경우에도 또 다른 사람이 대신 트럭-키를 찾아낼 수 있을 것이다.

다른 사람들과 함께 주행할 때는 너무 가까이 따라가지 않아야 한다. 너무 가까이 따라가다가는 앞서가는 바이크의 흙먼지나 돌가루 세례를 받을 수도 있을 것이다. 그래도 근접 주행을 하고 싶다면, 앞사람의 바로 뒤에 주행하지 말고, 약간 어긋난 위치에서 주행해야, 그들이 갑자기 멈추더라도 추돌하지 않을 것이다. 그리고 그들이 발생시키는 먼지와 루스트(roost)(회전하는 뒷바퀴로부터 비산되는 흙먼지와 돌가루)를 피하면서 그들 앞의 위험을 발견할 수 있을 것이다. 뒤따라 주행할 경우에는 또 먼지의 영향을 느끼지 않을 정도로 아주 가까이서 주행할 것인지, 아니면 먼지가 발생한 곳에 이를 때쯤이면, 그 먼지가 사라질 정도로 상당히 먼 거리를 두고 주행할 것인지를 결정해야 한다. 그리고 앞서가는 라이더가 험한 비탈이나 강을 건너려고 할 때는 속도를 늦추거나 정지한 뒤 그곳을 살피면서 다른 라이더도 통과할 수 있을지 확인해야 한다. 뒤에서 주행할 경우에는 다른 라이더의 실수로부터 배울 수도 있고, 그 실수에 휘말리는 것을 피할 수도 있다. 앞에서 주행할 경우에는 바이크의 루스트를 억제함으로써 뒤에 오는 사람이나 지나가는 사람에게 비산되지 않도록 한다. 일반적인 경험 법칙이지만 항상 뒤에 오

더트-바이크의 주행이 비록 '제멋대로 할 수 있는' 스포츠에 속하기는 하지만 그래도 많은 경주로에는 규칙과 규제가 있다. 규칙을 지키지 않으면, 벌금을 낼 각오를 해야 한다.

많은 주행 구역에서 소음 수준을 규제한다. 미리 그 제한 범위를 파악하고 자신의 바이크에 아무런 문제가 없음을 확인해야 헛걸음을 하지 않는다. 유지 관리가 잘 이루어진 대부분의 스톡 배기 시스템은 소음 규제를 쉽게 통과할 수 있을 것이다.

는 사람을 배려하면서 주행해야 한다.

다른 사람들과 주행할 때 종종 사용되는 몇 가지 흔한 수신호가 있다. 물론 정지하거나 좌회전 또는 우회전을 한다는 것을 나타내는, 거리의 주행자들이 하는 수신호를 사용할 수 있다. 반대 방향에서 오는 사람들과 마주치면 손을 올린 채 손가락의 수로 뒤따라오는 자신의 일행이 몇 사람인지를 나타낼 수도 있다. 그리고 뒤따라오는 라이더가 없을 경우에는 주먹 쥔 한 손을 들어 올려 더 이상 일행이 없음을 나타내는 것도 상대방에게 도움이 된다.

추월을 하고 싶으면 인내심을 가지고 기다리다가 공간의 여유가 많은 안전한 곳에서 해야 한다. 대부분의 사람들은 뒤따라오는 라이더가 있다는 것을 알면 길을 비켜 줄 것이다. 추월하고 싶더라도 앞선 라이더를 놀라게 하지 않도록 주의하며, 다른 라이더의 주목을 끌고자 한다면 소리를 외치거나 마지막 수단으로 엔진 소리를 낸다. 자신의 뒷바퀴가 일으키는 루스트에 항상 주의를 기울이며, 추월한 라이더와의 거리가 상당히 멀어진 다음에 가속한다. 일반적으로 모터사이클은 오프로드 차량 중에서 가장 빠른 차량이다. 따라서 바이크를 주행할 때는 속도가 느린 차량들을 만날 수 있다. 따라서 안전하고 정중하게 그들을 추월하는 방법을 알고 있어야 한다.

주행을 시작하기 전에 일행에게 주행목적지와 대략적인 주행 소요시간을 알려 준다. 의도한 방향으로 일행을 선도하고, 하루 종일 햇빛이 비치는 환경과 일행의 주행방향 간에 어떤 관계가 있는지 살핀다. 가능하면 두드러지는 랜드마크를 지목한다. 길을 잃거나 일행과 헤어지더라도 당황하지 않는다. 정지하고 길에서 벗어나지 않으면서 계획을 세운다. 과잉반응을 해서 상황을 악화시키지 않는다. 일정한 시간마다 엔진을 끄고 귀를 기울이거나, 가끔 엔진 소리를 내어 다른 사람들이 그 소리를 듣게 한다. 필요하면 높은 곳에 올라가서 다른 사람들을 찾거나 그곳을 빠져나갈 길을 찾는다. 궁극적으로는 다른 사람에게 발견되는 것이 좋은지, 아니면 스스로 빠져나가야 할 것인지를 결정해야 한다. 오던 길로 되돌아가는 것부터 시작하지만, 자신을 찾기 위해 달려오는 일행과 충돌하지 않도록 조심한다.

18 바이크 준비
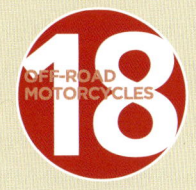

멋진 주행은 차고에서 시작된다.

바이크의 관리와 개조에 관해서는 책 한권 전부를 할애할 수도 있겠지만, 이 장에서는 특정한 주행 스타일과 주행 지형에 맞춰 바이크를 셋업하는 데 필요한 기본 지식만 소개할 것이다. 모든 바이크들은 보통의 주행 기술을 가진 보통 체격의 라이더에 맞춰 설계, 셋업, 생산된다. 그리고 또 전국의 거의 모든 지형에서 기능을 발휘하도록(그렇지만 훌륭하게는 아니다) 셋업되어 있다. 하지만 물론 모두 알다시피 모든 영역에서 정확하게 평균적인 사람은 거의 없다. 따라서 라이더의 체격, 기술, 해당 주행 구역의 전형적인 주행 조건 등에 맞춰 가능한 한 최상으로 바이크를 셋업해야 한다.

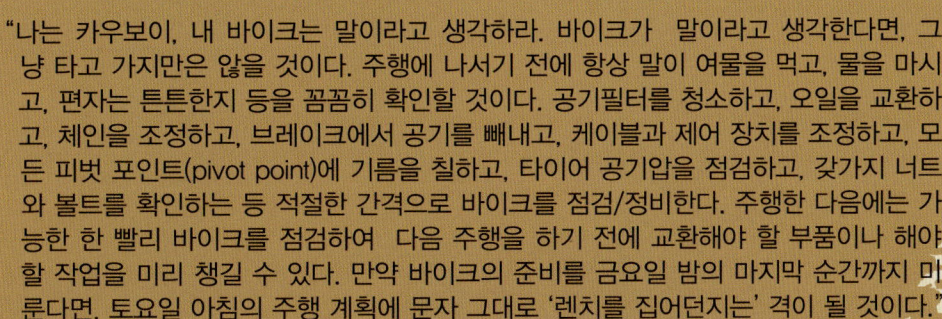

"나는 카우보이, 내 바이크는 말이라고 생각하라. 바이크가 말이라고 생각한다면, 그냥 타고 가지만은 않을 것이다. 주행에 나서기 전에 항상 말이 여물을 먹고, 물을 마시고, 편자는 튼튼한지 등을 꼼꼼히 확인할 것이다. 공기필터를 청소하고, 오일을 교환하고, 체인을 조정하고, 브레이크에서 공기를 빼내고, 케이블과 제어 장치를 조정하고, 모든 피벗 포인트(pivot point)에 기름을 칠하고, 타이어 공기압을 점검하고, 갖가지 너트와 볼트를 확인하는 등 적절한 간격으로 바이크를 점검/정비한다. 주행한 다음에는 가능한 한 빨리 바이크를 점검하여 다음 주행을 하기 전에 교환해야 할 부품이나 해야 할 작업을 미리 챙길 수 있다. 만약 바이크의 준비를 금요일 밤의 마지막 순간까지 미룬다면, 토요일 아침의 주행 계획에 문자 그대로 '렌치를 집어던지는' 격이 될 것이다."

데이브 파일(Dave Pyle)
바하 1000의 9회 연속 종합 우승자, 전국 해어 앤드 하운드(National Hare and Hound) 챔피언, 카와사키 팀의 그린 필드(Green Field) 기술자 및 경주 기술자.

가장 먼저 자신에 맞게 셋업한다.

가장 먼저 할 수 있는 일은 바이크의 조정 가능한 인체 공학적 측면을 자신의 신체적인 조건과 취향에 맞추는 것이다. 이것은 자동차의 경우 시트와 조향핸들을 조정하는 것과 같다. 모터사이클의 경우에는 시트, 핸들, 페달, 여러 가지 레버를 조정할 수 있다. 조금만 달려 보면 자신이 좋아하는 자세를 감으로 알게 된다. 하지만 유념할 것은 더트-바이크의 경우 온갖 제어 장치를 앉아서는 물론 일어서서도 편안하게 작동시킬 수 있어야 한다는 점이다.

우리는 셋업된 바이크를 보고, 그 바이크를 타는 사람의 주행 스타일을 꾀 많이 파악할 수 있다. 예컨대 핸들을 뒤쪽으로 기울어지게 한 것은 라이더가 앉은 자세로 주행하기를 즐긴다는 것을 나타낸다. 핸들이 곧게 서 있다면 일어선 채로 많이 주행한다는 것을 나타내며, 그것은 또한 리어 브레이크 페달을 높게 셋업한 경우도 마찬가지이다. 변속 레버가 스플라인 축(splined-shaft) 위에 장착되어 있으면, 이는 위나 아래로 몇 도 정도 올리거나 내릴 수 있다. 변속 레버는 큰 동작에 의해 움직이는 것을 염두에 두어야 한다. 그래서 레버가 너무 올라와 있을 경우에 상향 변속을 하려면 발을 위쪽은 물론 뒤쪽으로도 움직여야 할 것이다. 클러치 레버는 가파른 비탈을 내려가면서 몸을 뒤로 젖힐 때나, 가파른 비탈을 오르기 위해 몸을 앞쪽으로 숙일 때 모두 조작하는 데 어려움을

주행이 끝나면 바이크를 세척하고 윤활유를 바르고, 시동을 걸어 본 다음, 주행의 준비가 된 상태로 보관한다. 수압이 너무 높은 물을 사용하지 않으며, 좁은 틈새에 작은 돌이나 모래가 들어가지 않도록 주의한다. 좁은 틈새나 노출된 금속 부품(브레이크는 제외)에는 WD-40 같은 방수제를 살포하여 마무리한다.

느끼지 않는 위치에 두어야 한다. 스로틀의 유격을 조정할 때는 끝까지 돌려 완전히 열리고, 리턴시켰을 때 완전히 닫혀야 한다. 앞 브레이크와 클러치 레버는 약간의 유격이 필요하며, 스트로크의 초기나 후기에 결합하도록 조정할 수 있다.

레버가 파손되거나 휘지 않도록 하는 데 도움이 되는 훌륭한 요령은 배관공이 사용하는 테플론 테이프를 핸들 주위, 클러치의 레버나 앞 브레이크의 레버가 부착된 부분에 감아, 만약 사고로 나가떨어져도 레버들이 파손되거나 휘지 않고 돌아가도록 하는 것이다.

발판, 핸들, 페달, 레버 등과 같은 제어 부품이 스톡부품이 없을 경우에는 세팅용 부품을 구입할 수 있다. 대부분의 부품들은 가볍고 튼튼하며 잘 맞는 것은 물론 보기에도 좋을 뿐 아니라 때로는 파손되지 않는다는 보증까지 하기도 한다. 키가 평균보다 크거나 또는 작은 사람이라면 더 높거나 낮은 핸들, 또는 더 높은 시트를 장착할 수도 있다. 정말 키가 작은 사람의 경우에는 높이를 낮춘 시트뿐 아니라 서스펜션의 높이를 낮추는 키트(이 키트는 시트의 높이를 낮추지만 서스펜션의 스트로크는 약간 줄어들 뿐이다)까지 장착할 수 있다.

교환용 핸들은 형태와 크기가 다양하고, 폭이 넓기 때문에 체격이 작은 사람에게 맞추기 위해 절단할 수 있다. 숲을 주행하거나 경주하는 사람이라면 나무가 우거진 숲을 주행하는 데 도움이 되도록 핸들을 75cm 정도가 되도록 절단한 뒤 핸드 가드를 장착해야 한다. 핸들의 위치를 잡는 좋

오프로드를 주행하다 보면 언젠가는 펑크를 수리하고 새 타이어를 장착할 필요가 있게 된다. 분해, 조립을 쉽게 하는 요령에는 타이어를 햇볕에 쬐어 미리 부드럽게 해 주는 것도 포함된다. 반드시 타이어 양쪽의 비드를 분리하고 알맞은 타이어 레버를 사용한다.

은 방법은 일단 느슨하게 핸들을 장착한 뒤 올바른 자세(상체를 약간 앞쪽으로 기울인 채 시트의 가운데나 앞쪽에 앉는다)로 바이크에 앉는다. 그런 다음 두 눈을 감고 핸들이 있어야 할 곳이라고 생각하는 위치에 손을 내밀어 위치를 잡고 클램프를 쥔다. 핸들은 앉거나, 일어선 주행 자세에서 아주 편안해야 한다.

바이크를 보호하기 위해, 또는 바이크 성능을 개선하기 위해 구입할 수 있는 훌륭한 액세서리는 아주 많다. 모토벤처스에서 권장하는 것은 스키드 플레이트처럼 부품을 보호하는 가드, 디스크 브레이크 가드, 라디에이터 브레이스, 핸드 가드, 그리고 잘 파손되지 않는 클러치 레버와 앞 브레이크 레버 등이다. 노면의 토질 예를 들면, 부드러운 토질, 중간 정도의 토질, 단단한 토질 등에 적합하도록 디자인된 여러 종류의 타이어도 고를 수 있으며, 돌이나 바위가 많은 곳을 자주 주행한다면 튼튼해 펑크가 잘 나지 않는 튜브 타이어를 사용할 수도 있다.

마지막으로 고무가 부착된 핸들, 더욱 편안한 그립, 심지어는 진동을 줄여 쾌적감을 높이는 발판까지 장착하여 바이크의 쾌적감을 개선할 수 있다. 어떤 바이크에는 주행거리를 늘이기 위해 연료탱크를 큰 것으로 바꾸기도 하며, 추운 날씨에 오프로드를 주행할 때는 심지어 그립과 시트에 히터를 장착하는 사람도 있다.

두 번째는 서스펜션을 셋업하고 수리하거나 업그레이드한다.

일반적으로, 레크리에이션 오프로드 바이크는 크게 점프하기 위해 딱딱한 스프링이 필요한 모토크로스 바이크에 비해 훨씬 부드러운 서스펜션 스프링을 사용한다. 서스펜션은 어떤 바이크에서도 라이더에 맞추어 적은 비용으로 쉽고, 빠르게, 조정하여, 성능을 극대화할 수 있는 부품 중의 하나이다.

누구라도 자신의 체중과 주행 실력에 맞춰 바이크의 서스펜션을 혼자 쉽게 조정할 수 있다. 먼저 바이크의 사용자 매뉴얼에서 서스펜션의 셋업 방법을 확인한다. 바이크의 중앙에 자리 잡은 시트를 두 손으로 누를 때 앞/뒤 서스펜션의 스트로크가 똑같은지, 아니면 어느 한쪽의 스트로크가 더 큰지 확인한다. 앞/뒤 서스펜션은 양쪽이 모두 자유롭게 똑같이 오르내려야 한다. 다음에는 모든 라이딩 기어를 착용하고 바이크에 앉아 서스펜션의 처짐을 조정한다.(사용자 매뉴얼에도 설명되어 있다). 그 다음에 압축 댐핑과 리바운드 댐핑을 세팅하되, 앞 포크와 뒤 쇼크업소버 모두 중간 위치가 되도록 세팅한다.(예를 들면, 쇼크업소버의 리바운드 댐핑 설정 위치가 16까지 있다면 8에 세팅한다.) 라이더의 목표는 앞/뒤가 균형이 잡힌 바이크이다. (앞/뒤 서스펜션은 모두 라이더의 취향에 따라 딱딱하거나 부드럽게 세팅한다). 만약 어느 한쪽이 잘 못되면, 바이크의 전반적인 성능에 부정적인 영향을 미치게 될 것이다.

이제 자신이 잘 알고 있는 길이나 경주로의 구간을 빠르게 달려 보자. 바이크의 반응을 느껴 보라! 최악은 아닌가? 바퀴들이 너무 빠르게 리바운드하거나 라이더를 옆으로 차내지는 않는가? 바이크를 테스트한 다음에 서스펜션을 가장 딱딱한 세팅, 또는 가장 부드러운 세팅으로 조정한다. 다시 주행하면서 차이를 확인한 다음, 이번에는 반대 방향으로 설정하고 다시 시험 주행한다. 차이가 느껴지는가? 표준 설정이 좋은가? 아니면 부드럽거나 딱딱한 세팅이 좋은가? 결국 가장 딱딱한 세팅이나 가장 부드러운 세팅을 하게 되었다면 부품 시장에서 스프링이나 밸브를 찾아 교체할 준비가 된 셈이다. 공장에서 출하된 대부분의 서스펜션으로는 가장 부드러운 설정에서 가장 딱딱한 설정까지 (전체 범위 가운데) 약 30% 밖에 바꾸지 못한다. 그러나 개조한 경우에는 더 많이 바꿀 수 있다. 반드시 서스펜션의 스트로크를 최대한 활용하고 있는지 확인해야 한다. 그래야 때때로 주행하다가 큰 요철과 부딪치거나 점프를 하더라도 회복할 수 있다. 진흙탕에서 주행할 경우에는 바이크의 무게가 더 무거워지므로 다루는 방법이 달라야 한다는 점을 명심해야 한다. 일반적으로, 모래와 진흙 같은 부드러운 지형 조건에서는 더 딱딱한 세팅, 단단하거나 딱딱한 지형 조건에서는 더 부드러운 세팅을 사용한다.

중고 스톡 바이크의 경우, 서스펜션이 수리만 필요한 경우도 있다. 오일, 씰, 부싱 등은 교체하면 새로운 것이 된다. 수리로 충분하지 않으면 레이스 테크(Race Tech)에서 제안하는 것처럼 부품점을 통해 서스펜션 개조를 고려해 볼 수 있을 것이다. 혼자서 할 수 있다면 스프링과 다른 장비를 구입하거나, 아니면 바이크를 분해해 앞 포크와 뒤 쇼크업소버를 수리점에 보내 개조할 수도 있다. 그들에게 어떤 바이크를 타고 있으며, 라이딩기어를 모두 착용한 체중이 얼마인지, 그리고 주행 실력이 초보·중급·고급·프로 중 어디에 속하는지 등을 알려 준다. 그리고 어디에서 어떻게 주행하기를 좋아하는지도 이야기해 주어야 한다. 라이더는 필요한 스프링과 댐핑이 수정된 서스펜션을 넘겨받아 장착, 처짐(sag)을 세팅한 다음, 테스트 주행을 하면서 리바운드 세팅과 압축 세팅을 다이얼로 조정한다.

장거리 주행을 할 때는 미리 세심하게 바이크의 여러 가방을 채운다. 도구 가방, 타이어 튜브 가방, 앞 번호판 가방, 시트 가방, 기타 창의성을 발휘해 짐을 꾸리면 몸 대신에 바이크에 많은 짐을 실을 수 있다.

세 번째는 바이크의 엔진을 세팅하고 조정한다.

엔진을 튠업하기 위해 무엇인가를 바꾸기 전에 먼저 서비스 매뉴얼부터 읽는다. 서비스 매뉴얼에는 스톡 바이크의 엔진튠업에 필요한 모든 정보가 들어있다. 하지만 스톡 엔진이 마음에 들지 않으면, 배기량부터 시작해서 압축비, 점화장치, 기화기나 연료분사 맵, 배기관과 소음기(머플러) 등 광범위하게 엔진을 개조할 수 있다. 즉, 엔진 성능을 강화하기 위한 여러 가지 옵션을 사용할 수 있다.

심지어 새로 구입한 바이크라도 기화기의 메인 제트의 크기와 서스펜션 세팅을 바꾸는 사람도 있다. 새로 구입한 바이크의 경우에는 판매업자에게 최근의 메인 제트 세팅은 어떻게 하고 있는지 물어 본다. 많은 바이크가 엄격한 배출가스 규제를 충족시키기 위해서 아주 희박한 공연비로 세팅되어 있는데, 새로운 메인 제트를 장착함으로써 혼합기가 농후해지게 된다. 경험에 따르면, 고도가 높아짐에 따라 공기가 희박해져 압축이 감소되는 것을 보상하기 위해 600m 내지 1800m마다 메인 제트의 크기를 한 사이즈씩 줄여야 할 것이다.

바이크의 공회전이 매끄럽고, 달리는 것도 매끄러운가? 이는 초보자용 소형 바이크에서 특히 중요하

바이크를 안전하게 차에 싣는 방법

1 바이크를 픽업트럭(지구상에서 가장 인기 있는 더트-바이크 운송 수단)의 적재함에 싣는 것은 힘들 수도 있다. 키가 작은 사람이라도 할 수 있는 좋은 방법을 소개한다. 먼저 적재함에 올라가는 데 도움이 되는 지점에 한 발을 놓는다.

2 힘껏 밀어 앞바퀴가 램프를 지나 트럭의 적재함에 올라가면, 앞 브레이크를 잡아 바이크를 정지시킨다.

다. 초보자는 주행방법을 배우는 데 집중해야 하기 때문이다. 만약 바이크가 공회전을 하지 않으면, 너무 오래 운행하지 앉았기 때문에 작은 파일럿 제트가 막혔을 수도 있다. 소형 바이크에서 가끔 이와 같은 문제가 생기는 것은 기화기가 작은데다 그 안의 제트까지도 작기 때문이다. 이 고장을 제대로 수리하는 유일한 방법은 기화기를 청소하는 것이다(소비자 매뉴얼 참조). 만약 일부 바이크에서 저속에서 작동이 매끄럽지 않으면 기화기의 연료 스크루 조정에 사용하는 특별한 스크루드라이버가 필요할지도 모른다(2행정 바이크의 경우에는 공기 스크루를 조정한다. 스크루는 기화기 쪽 슬라이드의 뒤에 있다). 일단 어느 스크루나 완전히 잠갔다가 1.5회전 푼다. 바이크 엔진을 예열한 다음 공회전할 때까지 공회전 스크루(idle screw)를 조정한다. 그 다음에 연료 스크루나 공기 스크루를 엔진 회전속도가 가장 높아질 때까지 한 번에 4분의 1회전씩 풀고 이어서 공회전 스크루를 조정해 공회전속도를 규정값으로 조정한다.

메인 제트의 크기를 바꾸는 것은 기화기가 공기와 고도의 변화에 따라 자동으로 혼합비를 조정하는 연료분사식으로 바뀌고 있기 때문에 곧 과거의 유물이 될 것이다. 전자제어식 바이크의 좋은 점은 바이크를 컴퓨터와 연결하고 바이크의 연료 맵(fuel map)과 점화 맵(ignition map)을 조정하여 쉽게

3 한 발을 적재함에 딛고 왼손을 사용해 뒷바퀴를 앞쪽으로 조금 굴리면서 적재함으로 밀어 올리고 ….

4 그 다음에는 두 발 모두로 적재함에 올라서서, 바이크를 적재함의 앞쪽으로 밀어 넣는다.

비포장도로를 주행하다 보면, 언젠가는 바이크의 유지 관리 및 수리할 필요가 생긴다. 따라서 사진과 같은 멋진 작업실을 갖추면, 일이 훨씬 더 수월해진다. 작업실은 밝은 조명, 난방기 및 냉방기, 냉장고, 여러 가지 공구, 작업대, 바이스, 많은 윤활유와 화공 약품, 공기 압축기, 작업할 때 몸을 구부릴 필요를 없게 해 주는 사진과 같은 오토바이 받침대 등을 갖추면 아주 좋을 것이다.

성능을 높이거나 낮출 수 있다는 점이다.

　바이크의 기어도 라이더의 취향이나 고속의 사막 주행이나 저속의 숲속 주행 등과 같은 주행조건에 맞춰 조정할 수 있다. 앞/뒤의 스프로킷 휠의 크기를 바꾸어 체인의 길이나 휠베이스를 약간 길게 하거나 줄일 수 있다. 경험에 따르면, 앞 스프로킷 휠의 톱니 하나를 바꾸는 것은 뒤 스프로킷 휠의 톱니를 약 3개 바꾸는 것의 가치가 있다. 체인의 마모를 줄이기 위해 앞쪽 스프로킷 휠을 크게 하고, 돌이나 바위에 노출되어도 손상되는 것을 줄이기 위해서는 뒤쪽 스프로킷 휠을 작게 하는 것이 더 좋다. 듀얼 스포츠 바이크나 레크리에이션 바이크는 보통 변속비 범위가 넓은 변속기가 장착되어 있기 때문에 모토크로스 바이크에 비해 최고 속도가 더 높다. 모토크로스 바이크는 아주 긴 직선 코스에서만 변속이 필요할 뿐이다.

　가끔 사람들이 엔진에서 가장 먼저 바꾸는 것 중 하나가 배기관과 머플러이다. 이 방법은 엔진의 성능을 높일 수 있지만, 엔진이 그 특정한 배기관과 머플러에 맞춰 조정되지 않으면 오히려 성능이 떨어질 수도 있다. 부품 시장에서 구입할 수 있는 거의 모든 배기관은 제대로 성능을 발휘하려면 메인제트의 크기를 바꾸는 것이 좋다. 부품 시장에 배기관을 공급하는 대부분의 업체는 저속용, 중속용 및 고속용으로 세분해서, 소비자의 취향에 맞춰 출력을 조정할 수 있는 옵션을 제공하고 있다. 오프로드나 듀얼스포츠용에는 반드시 스파크 포집기를 내장해야 한다. 경주용 배기관은 아주 요란한 소리를 내며, 경주용으로만 사용해야 하므로 오프로드용이나 듀얼스포츠용으로 사용해서는 안 된다.

　컴퓨터 제어식 또는 연료분사식 바이크의 배기관을 교체한 경우에는, 수동으로 메인제트의 크기를 조정하는 대신에, 바이크의 컴퓨터에 새로운 소프트웨어나 맵을 내려 받아야 한다. 컴퓨터 제어식 바이크는 고도와 기온의 변화에 맞춰 자동으로 조정이 이루어지며, 일단 그 방법을 배우기만 하면 쉽게 조정할 수 있다.

　마지막으로 그래도 더 많은 출력을 원한다면 엔진의 배기량을 키울 수도 있을 것이다. 만약 기계에 관심이 많은 사람이라면 부품 시장에서 배기량 증대용 키트를 구입하여 직접 설치할 수 있다. 그 키트에는 더 큰 피스톤과 실린더, 새로운 배기관, 기화기 등이 포함된다. 또는 오토바이 전체 또는 단지 엔진만을 자격이 있는 기술자에게 맡길 수도 있다.

　오늘날 오프로드 바이크의 개조에서 인기 있는 것은 이 외에도 다음과 같은 것이 있다.

- 자동 클러치는 험준한 지형에서 엔진이 꺼지는 것을 방지하고 항상 클러치를 사용할 필요성까지 없애 준다(물론 필요하면 사용할 수도 있다).
- 스티어링 댐퍼(steering damper)는 험한 지형을 고속으로 주행할 때 생길 수 있는 핸들의 진동을 감쇄시키는 데 도움을 얻으려면 장착할 수 있다.
- 오프로드 바이크에 바위를 주행할 때의 구동력을 개선하기 위해 트라이얼 타이어를 장착할 수 있다.
- 타이어의 펑크를 없애기 위해 스펀지 형태의 타이어 인서트(튜브나 공 모양)를 장착할 수 있다.

19 오프로드로부터 일반 도로로

일반 도로 주행자에게 더트-바이크 주행이 좋은 10가지 이유

더트-바이킹에서 배운 기술의 대부분을 스트리트-바이킹에 바로 적용할 수 있다는 점에 대해서는 거의 모든 사람들의 의견이 일치한다. 오프로드를 주행한 경험이 많은 사람은 도로에서만 주행했던 사람보다 바이크를 더 잘 제어하고, 바이크에 대한 지식도 많으며, 전반적으로 안전하게 주행한다고 말할 수도 있다. 다음은 더트-바이크 주행이 스트리트-바이크 라이더에게도 아주 좋은 이유 10가지이다.

1 더트-바이크가 주행을 배우기에는 더 좋은 도구이다

더트-바이크는 작고 가벼우며 제어하기 쉬울 뿐 아니라 그래서 자신감을 가지게 해준다. 더 나은 라이더가 되고 싶다면 쉽게 제어할 수 있고 신체적 제약을 가하지 않는 소형 바이크로 연습해야 한다. 스트리트-바이크는 무겁고 저속에서 제어하기 어렵다. 더트-바이크는 또 반응이 아주 빠르고 즉각적인 피드백을 해 주기 때문에,

"오프로드의 흙먼지 속에서 이루어지는 경기에 참가하는 것이야말로 지난 50년 동안 미국 최고의 도로 경주자임을 입증하는 기회였다. 오프로드 경주의 이점을 무시하기 어렵다. 이는 도로 주행자들에게도 진실이다. 시트에 오래 앉아 있었다고 해서 항상 실력이 좋은 것은 아니기 때문에 교육을 대체할 수는 없다. 그러나 이들을 결합시키면 무적의 힘이 생긴다. 오프로드와 험한 길을 다루는 방법을 배우면 어떤 종류의 주행에도 대부분 자신 있게 도전할 수 있다."

키스 코드(Keith Code)
캘리포니아 슈퍼바이크 스쿨의 설립자 겸 교장. 〈손목의 동작〉(A Twist of the Wrist)의 저자.

다른 어느 곳에서 보다 오프로드에서 더 많은 것을 더 빨리 배우게 된다. 더트-바이크로 배우면 교습 과정이 더욱 빨라질 것이다. 오프로드에서 몇 달만 달려도, 거리에서 수년 동안 달리는 것보다 훨씬 더 많은 것을 배울 수 있다. 그러나 오프로드 주행이 도로 주행보다 훨씬 더 어렵고 힘든 것은 사실이다. 더트-바이크를 잘 탈 수 있으면 스트리트-바이크도 잘 탈 수 있겠지만, 반드시 그 반대도 성립하는 것은 아니다. 이상적으로는 모든 사람이 더트-바이크로 시작하는 것이 좋다. 간단히 말해 더트-바이크는 바이크를 올바로 타는 방법을 배울 수 있는 더 나은 도구이다.

듀얼스포츠 라이더들은 두 세계의 가장 좋은 것을 만끽한다. 그들은 시내에서도 달릴 수 있으므로, 어떤 날이든 정말 많은 거리를 달릴 수 있다.

2. 더트-바이크는 모터사이클 제어에 대한 '감'을 더 잘 발달시킨다.

여기서 말하는 '감'이란 여러 가지 제어 장치(클러치, 스로틀, 앞 브레이크, 변속 레버, 브레이크 페달 등)를 지속적으로 작동시키고, 이들 제어장치를 조작하는 엉덩이, 발, 손 등을 통해 얻는 섬세하면서도, 미묘한 피드백을 말한다. 오프로드에서는 임계 제동, 기울기 각도, 클러치의 마찰경계, 타이어의 슬라이딩, 정교한 변속 및 스로틀 제어 등을 훨씬 쉽게 느낄 수 있다. 감을 잘 느끼는 것은 모든 감각기관과 근육이 함께 작동할 때이다. 오프로드 주행은 어떤 바이크로 주행하더라도 라이더와 바이크가 '하나'가 되는 것을 돕는다.

3. 오프로드는 제동기술 및 조향기술과 그 한계를 배우기에 아주 좋은 장소이다.

제동과 조향기술은 바이크를 제대로 타기 위해서는 반드시 갖추어야 할 두 가지 가장 중요한 기본기이며, 자연의 대지야말로 이 기술들을 배우고 발전시키기에 가장 좋은 장소이다. 제동을 잘하기 위해서는 일관성 있게 안전하게 한계를 뛰어넘는 연습을 하여, 가장 효과적인 한계에서 제동할 수 있는 감을 발달시켜야 한다. 마찬가지로 오토바이를 잘 기울이기 위해서도 옆으로 아주 많이 그리고 아주 낮게 기울이는 연습을 통해 그 한계를 잘 이해해야 한다. 오프로드에서 적절하게 기울이는 기술을 익힌 경우에는 비록 포장도로에서 타이어가 미끄러지더라도, 당황하거나 과민 반응을 하지 않고, 능숙하게 대처할 것이다.

4. 오프로드는 속도에 익숙해지기에 아주 좋은 장소이다

더트-바이크도 빠르기는 하지만 스트리트 바이크가 낼 수 있는 가속력이나 주행속도에 비하면 느린 편이다. 빠른 스트리트-바이크가 낼 수 있는 속도에 완벽하게 대처할 수 있는 기술이나 자질을 갖추고 있는 사람은 많지 않다. 실제로 대부분의 사람들은 엔진의 출력과는 상관없이 자신이 편안하게 느낄 정도로만 빠르게 달린다. 달리기 전에 먼저 걷기부터 배우는 것이 좋지 않을까? 속도가 훨씬 느린 오프로드에서 먼저 제어에 집중한다. 제어 기술을 개선하면 자신감을 키우게 되고, 마침내 도로나 오프로드 어느 쪽에서도 더 빨리 달리게 될 것이다.

5. 더트-바이크는 충돌에 대비해 디자인되어 있기 때문에 한계를 탐색하기 좋다

더트-바이크가 충돌하면, 자신이 다치고 바이크가 파손될 수도 있다고 두려워한다면, 새로운 테크닉을 시도하거나 한계를 탐색하고 싶지 않을 것이다. 다행히 더트-바이크는 작고 가벼우며 여러 번 충돌해도 끄떡없게 디자인되어 있다. 그리고 흙은 아스팔트보다 훨씬 더 부드럽다. 더트-바이크를 잘 타려면 그 바이크의 한계를 제대로 파악해야 하므로 나가떨어지거나 충돌하는 것을 두려워해서는 안 된다. 더트-바이크로 오프로드에서 배운 지식은 도로를 달릴 때 크게 도움이 될 것이다. 이제 도로에서 그와 같은 교훈을 배우기 위해 충돌하거나 넘어질 필요는 없을 것이다.

6. 오프로드 주행은 시야를 넓히는 습관을 발달시킨다.

지형에 대한 판단은 오프로드 주행에서 가장 중요한 기본 기술의 하나이다. 오프로드에서는 지표면 상태와 지형의 기울기가 시시각각으로 변화하기 때문에 앞길을 자세히 살피지 않으면 안 된다. 어떤 종류라도 모터사이클을 타고 싶다면, 항상 지형을 정확하게 파악하고 위험을 살피는 능력을 길러야 한다. 오프로드에서의 위험은 모래, 돌이나 바위, 진흙, 패인 홈, 급경사면 등일 것이며, 일반 도로의 경우는 모래, 물, 누설된 기름, 웅덩이, 철로, 자동차, 건축물, 보행자, 애완동물 등일 수도 있다. 큰 도로나 골목길에서 더욱 심각한 문제들에 대응하기보다 먼저 오프로드 앞에 가로놓인 위험을 살피는 전문가가 되어야 한다.

대부분의 모터사이클 전문가들은 오프로드를 주행했던 경험이야말로 최고의 거리 주행자가 되는, 가장 훌륭하고, 가장 안전한 방법의 하나라는 데 이견이 없다.

7. 오프로드는 주행에 대한 판단력을 기르기에 아주 좋은 곳이다.

어떤 모터사이클을 타더라도 뛰어난 판단력, 겸손한 마음가짐, 정확한 타이밍, 그리고 적절하게 대처하는 능력 등이 필요하다. 무엇인가 잘못 판단했을 경우에 아주 심각한 결과를 가져올 거리에서보다는, 오프로드와 같은 훨씬 더 너그러운 환경에서 저속으로 주행하면서 좋은 판단력을 기르는 것이 더 좋다. 좋은 판단력에는 갈 때와 멈추는 때의 결정, 어느 라인을 탈 것이냐의 선택, 친구의 뒤를 쫓아갈 것인지 아닌지의 선택 등 수 없이 많다. 주행할 때의 좋은 판단력은 가르칠 수 없는 것이지만 먼저 오프로드를 주행하면서 안전하게 배우고 스스로 발달시킬 수 있다.

8. 오프로드는 바이크를 돕는 방법을 배우기에 아주 좋은 곳이다

오프로드에서 바이크를 기울이는 방법, 시트에 앉아 몸을 앞쪽/뒤쪽으로 이동하는 방법, 일어선 채 주행하는 방법, 몸을 좌우로 움직이는 방법 등을 배운다. 이들은 모두 바이크가 라이더가 원하는 대로 작동하도록 돕기 위한 것이다. 도로를 주행하는 바이크에서는 몸을 많이 움직일 수도 없지만, 몸의 움직임이 많이 필요하지도 않다. 오프로드에서는 몸을 많이 움직여야 하며, 자세를 어떻게 하느냐에 따라 바이크를 다루는 데 도움이 되거나 해가 될 수도 있음을 재빨리 배우게 될 것이다. 그리고 스트리트-바이크에 올라탈 때는 이미 체중의 이동에 대한 많은 지식을 갖게 될 것이다. 체중의 이동은 재빠르게 이루어져야 한다.

9. 오프로드는 라인 유지의 중요성을 배우기에 아주 좋은 곳이다

바이크에서 지면과 접촉하는 부분은 가냘프고 작은 타이어 2개뿐이므로, 선택한 라인에 집착하지 않으면 커다란 문제를 일으킬 수 있다. 이것을 거리에서 고속주행을 하면서 배우는 것보다는 오프로드에서 중속으로 주행하면서 배우는 것이 더 좋다는 사실은 두말할 필요도 없다. 좋은 예는 자신이 선택한 라인을 완전히 잃어버리는 경우이다. 오프로드에서 그랬다면 이리저리 달리다가 덤불 속으로 들어갈 뿐이지만, 거리에서 올바른 차선을 달리지 않으면 노상에서 자갈, 웅덩이, 갓돌 등과 부딪치는 바람에 나가떨어질 수도 있다. 또는 모퉁이를 크게 돌다가 주차된 자동차나 전신주 등 아주 딱딱한 물체와 충돌할지도 모른다.

10. 오프로드는 모터사이클 주행을 배우기에 전반적인 환경이 더 좋다.

오프로드의 노면이 포장도로의 노면보다 훨씬 더 너그럽다는 사실 외에도, 오프로드는 번잡한 거리보다 정신을 산란케 하는 요소가 훨씬 더 적다는 이점도 있다. 오프로드에는 피해야 할 자동차나 보행자, 지켜야 할 교통 법규, 인도를 걸어가는 아름다운 여자도 없다. 물론 오프로드에도 위험이 있지만, 거리에서 발견되는 수많은, 주의를 산만하게 하는 요소와는 다르다. 훌륭한 라이더가 되기 위해서는 오프로드의 주행을 배워야 한다. 오프로드에서 주행을 배운 후에 거리에서 주행을 하면, 오프로드에서 배운 기술 덕분에 너그럽지 못한 환경에서도 큰 실수를 저지르지 않게 될 것이다.

모토크로스
지구상에서 가장 극한적인 스포츠

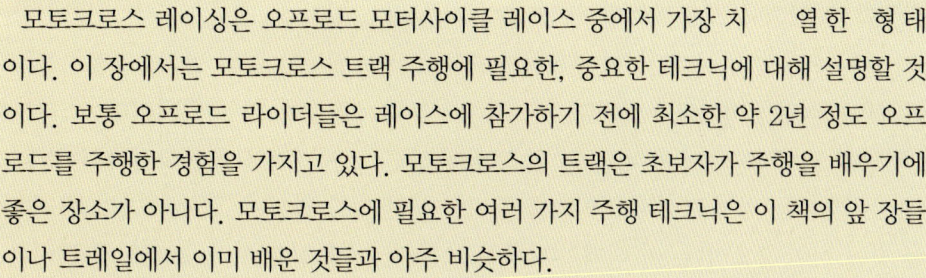

모토크로스 레이싱은 오프로드 모터사이클 레이스 중에서 가장 치열한 형태이다. 이 장에서는 모토크로스 트랙 주행에 필요한, 중요한 테크닉에 대해 설명할 것이다. 보통 오프로드 라이더들은 레이스에 참가하기 전에 최소한 약 2년 정도 오프로드를 주행한 경험을 가지고 있다. 모토크로스의 트랙은 초보자가 주행을 배우기에 좋은 장소가 아니다. 모토크로스에 필요한 여러 가지 주행 테크닉은 이 책의 앞 장들이나 트레일에서 이미 배운 것들과 아주 비슷하다.

어느 레이싱에서든 속도가 가장 중요하다. 레이서의 목표는 모든 험난한 장애물을 가능한 한 빨리 돌파하는 것이다. 모토크로스 레이싱은 특화된 기술, 엄청난 체력, 과단성, 고속으로 주행하고 고공 점프를 하고, 기회를 포착하고, 한계를 뛰어넘는 등의 용기를 필요로 한다. 모토크로스는 세상에서 신체적으로 가장 힘든 스포츠 중의 하나이며, 심지어 아주 체력이 좋은 레이서라도 시즌 종반에 접어들면 지치기 마련이다. 스타디움에서 이루어지는 모토크로스가 슈퍼크로스이며, 보통 크게 점프하기 위한 접근구간이 더 짧고, 까다로운 리듬의 구간이 있기 때문에 더 어렵다.

모토크로스를 처음 배울 때는 슈퍼크로스 트랙에서 시작하지 않도록 한다. 야외의 보통의 모토크로스 트랙—더욱 좋은 곳은 준비를 잘 갖춘 데다 물을 뿌린 곳에서 시

"모토크로스 경주를 하려면 신체 훈련에 온 힘을 쏟아야 한다. 최고의 라이더일 필요는 없다, 그렇지만 최상의 컨디션만 유지한다면, 우승은 언제든지 할 수 있다."

게리 존스(Gary Jones)
AMA 전국 모토크로스 4회 우승자, 제1회 미국 모토크로스 대회(1971) 챔피언, 바하 500 우승자, 게리 존스 모토크로스 스쿨 소유주 및 운영자.

"궁극적으로 대부분의 라이더들은 더 빨리 달리는 방법이란 더 많은 용기를 내는 것이라고 생각한다. 그러나 사실은, 더 빨리 달리는 것은 테크닉의 문제이다."

폴 시드(Paul Thede)
레이스 테크 서스펜션(Race Tech Suspension)의 소유자.

작하는 것이 제일 좋다. 트랙에 사람이 적을 때 첫 구간을 달리려고 애쓰고, 점프 높이가 완만하고 착지하기 쉬워 차츰 속도를 올리고 자신감을 얻을 수 있는 곳을 고르도록 한다. 물론 모토크로스를 제대로 연습하려면 모토크로스 바이크가 필요할 것이다. 모토크로스 바이크는 수명이 짧기 때문에 신품일수록 더 좋다. 오프로드 바이크도 모토크로스에 사용할 수 있으나, 모토크로스 바이크보다 더 무겁고, 파워는 적으며, 서스펜션이 부드럽기 때문에 근본적으로 적합한 바이크가 아니다.

힘난한 모토크로스나 슈퍼크로스의 트랙에 도전하기 위해서는 먼저 자신과 바이크를 준비할 시간을 갖는 것이 중요하다. 이 책에서 다루는 모든 기본적인 주행 기술과 이 장에서 다루는 특수한 기술을 숙달하는 것으로부터 시작한다. 그러면 모토크로스의 고난도 훈련과 교습을 받을 준비가 된 셈이다.

모토크로스의 스타트(발진) 방법

어떤 레이스라도 스타트(발진)는 단 번에 가능한 한 많은 라이더를 추월할 수 있는 가장 좋은 기회이다. 레이스에서 가능한 한 빨리 경쟁자를 추월하는 것이 좋다. 그렇지 않으면 레이스가 계속될수록 더 어려워진다. 스타트를 연습하는 데 많은 시간을 할애하면 할수록 더 많은 이점을 발견할 것이며, 스타트 신호에 예민하게 반응할 수 있게 될 것이다. 스타트를 잘하는 것이 얼마나 중요할까? 현실을 직시하자. 선두에 설만큼 충분히 빠

흙 또는 콘크리트로 스타팅 라인 모두에서 모토크로스의 스타트를 연습하고, 가능할 때마다 후방 낙하 스타팅 게이트까지도 활용한다. 스타팅 라인에 대한 연습을 할 때는 함께 주행하는 사람이 많을수록 좋다. 콘크리트 스타트에서는 엔진 회전속도를 더 낮추고 구동력을 추가하기 위해서는 약간 뒤로 앉는다. 스타트는 연습할 만한 가치가 충분하다. 선두로 주행할 만큼 빠르다면, 뒤에서 출발할 이유가 없지 않은가?

르다면, 스타트는 왜 앞서지 못 할까?

스타트를 연습하기 위해서는 적절한 직선 코스—더 좋은 것은 실제 모토크로스의 스타팅 라인—를 찾는다. 공식적인 스타팅 게이트(starting gate)를 사용할 수도 있고, 아니면 단지 친구에게 손을 내리게 해도 된다. 스타팅 게이트를 사용할 때는 바이크를 스타팅 게이트에서 약 25cm 정도 떨어진 지점에 정지시키고 스타팅 게이트를 작동하는 사람에게 각각 시간 간격을 다르게 해 떨어뜨리게 하고 연습한다. 레이스를 보고 있을 때는 스타트 과정을 주의 깊게 살펴보고, 자신이 선택할 경우의 가장 좋은 라인이나 출발지점을 찾는다.

30초 신호가 울리면 한 두 손가락을 클러치 레버에, 한 손가락은 앞 브레이크에, 그리고 두 발은 지면을 밟고 대기한다. 시트의 앞쪽에 앉고, 상체는 앞쪽으로 기울이며, 머리는 핸들 바로 위에 둔다. 스로틀을 약 4분의 1정도 열어 엔진 회전 속도를 높이고, 클러치는 연결지점(engagement point)이 유지되도록 잡는다. 일단 게이트가 떨어지면 클러치를 풀어 주고 스로틀을 감는다. 점진적으로 클러치를 완전히 풀어 마찰경계를 조절한다. 뒷바퀴가 너무 많이 스핀되지 않도록 해야 한다. 너무 많이 스핀하면 가속력을 잃게 된다. 스타트에서 해야 할 일은 최소의 휠 스핀, 최대의 접지력 그리고 앞바퀴가 공중으로 튀어나가지 않게, 완벽하게 발진하는 것이다.

오늘날 대부분의 주요 트랙의 스타팅 라인에서는 모든 경기자들에게 일관성 있는 성능을 제공하는 시멘트 패드(cement pad)를 사용하고 있다. 시멘트 패드로 된 스타팅 라인에서 경주할 경우에는, 가능할 때마다 시멘트 패드에서 연습하여, 비포장 노면(dirt)에서와는 아주 다른 감각에 익숙해져야 한다. 시멘트 패드에서 출발할 때는 스로틀을 더 적게 열고, 체중은 바이크의 중심에 더 많이 실어야 한다. 철저한 레이서들은 시멘트 패드 위에 흙이라도 있으면 쓸어낼 것이며, 더 나은 후크-업을 위해 타이어 예열에 도움이 되도록 심지어는 타이어 번 아웃(burnout)까지 시도할지도 모른다. 점진적으로 클러치를 놓고, 바이크를 가속하면서 시트에서 미끄러지듯 뒤쪽으로 이동하여 뒷바퀴가 후크-업하여 비포장 노면에서 접지력을 얻도록 돕는다.

클러치 연결지점은 모든 바이크마다 다르며, 라이더의 취향에 맞게 변경할 수 있다. 고출력 바이크를 탄다면, 2단 또는 심지어 3단 기어로도 출발할 수 있다. 모토크로스 바이크의 클러치는 모든 레이스의 스타트에서 그리고 트랙에서 혹사되므로 정기적으로 점검/정비 및 수리해 두어야 성능을 최대로 발휘할 수 있다. 대부분의 사람들은 바이크가 출발할 때까지 두 발을 내리고 있다가 출발한 다음, 두 발을 올리고 변속하기 시작하는데, 이 때 변속할 때마다 스로틀이 작동하는 상태에서 클러치를 약간 슬립(slip)시켜 주어야 한다. 물론 키가 작은 사람은 한 발만 지면에 디딘 상태로 출발할 필요가 있다. 두 발을 너무 빨리 들어 올리지 않도록 주의한다. 최초의 1m 정도가 중요하므로 바이크는 똑바로 정면을 향하게 하며, 출력을 높이지 않는다. 출발 지점의 직선 코스를 가속하는 동안은 바이크가 앞을 향하게 할 필요가 있을 것이며, 어쩌면 그 직선 코스에 바퀴 자국이나 패인 홈이 있을지도 모른다. 그 경우에는 몸을 바이크의 옆쪽으로 움직여 바이크를 기울이는 방법으로 피해 나간다.

드래그 레이스(drag race)의 레이서들이라면 누구나 레이스는 흔히 레이서의 반응 시간과 최초의 20m 주행에서 얼마나 가속을 잘 할 수 있느냐에 따라 승패가 갈린다고들 말할 것이다. 출발하기 전에 스타팅 게이트의 움직임을 머릿속에 그려 보고 그 움직임에 집중하다가 올바른 조작으로 재빨리 반응하면 홀샷(holeshot, MX 레이스에서 선두로 출발할 경우를 의미하는 용어)을 하게 될 것이다. 출발 지점에는 레이서들이 가장 많이 몰려 있어 레이스에서 가장 위험할 수도 있다. 그러므로 스타트를 잘 끊어서 자신의 좌/우에 있는 참가자들보다 가능한 한 빨리 핸들이 앞으로 나가도록 해야 한다.

모토크로스에서 터닝(방향 전환) 연습 방법

모토크로스에는 다양한 종류의 코너가 있으며, 트랙 디자이너는 일부러 코너를 다양하게 만들어 레이서를 시험한다. 레이싱이 진행됨에 따라 이 코너들은 다양한 모양을 띠게 되며, 레이싱이 계속될수록 더 많이 마모되어 노면의 상태가 아주 많이 바뀐다. 레이싱 전의 연습 때는 빠른 라인을 찾아낼 수 있지만, 만약 코스가 바뀜에 따라 가장 좋은 라인에 적응하지 못하면 다른 레이서에게 추월을 당할 수도 있다. 때로는 빨리 달려서 얻을 수 있는 것보다 터닝에서의 실수 때문에 더 많은 것을 잃기도 한다. 올바른 전략은 자신의 라인을 확보하고, 기본기에 충실하며, 코너를 잘 돌아서 다음의 직선 코스에서 더 빠른 속력을 내는 것이다.

일반적으로, 안쪽 라인을 타고 그 라인을 유지하는 것이 가장 좋다. 안쪽 라인이 가장 짧지만, 터닝 포인트 출구를 지나서 점프 지점에서는 충분한 속도를 얻지 못할 것이다. 레이서는 터닝을 할 때마다 결국 (1) 급격한 안쪽 라인을 취한다, (2) 바

코너에는 보통 '레일링'을 하여 속도를 유지하는 데 사용할 수 있는 바깥쪽 라인이 있다. 이와 같은 코너에는 약간 빠르다 싶을 정도의 속도로 들어갔다가 둑을 사용해 속도를 늦춘다. 일단 이 라인에 들어가면 코너를 도는 동안 힘껏 가속해 터닝 포인트 출구 속도를 낸다.

이크가 바깥쪽 라인으로 도는 것을 돕기 위해 파워슬라이드를 사용한다, (3) 코너를 박차고 나가기 위해 갓길을 사용한다(회전중심을 잡아 급격하게 회전하여 방향을 바꾼다). (4) 갓길에서나 패인 홈에 대항해서 고속으로 코너를 레일링(railing, 철도의 선로에서처럼 궤적을 따라 주행하는 방법)하는 등, 네 가지 방법 중 하나 또는 그들의 조합을 선택하게 된다. 핵심은 방향 전환의 좋은 기본기를 발달시키는 데 집중하고, 코너에서 실수를 저지르지 않음으로서 경쟁에서 유리한 고지를 점하고, 가장 빠른 랩 타임(lap time)을 기록하는 것이다.

코너의 바깥쪽에 흙이 쌓여 형성된 둔덕은 트랙터에 의해 또는 바이크의 타이어의 슬라이딩이나 흙을 파서 던지는 동작에 의해 노면의 흙이 밀려서 코너의 바깥쪽에 자연적으로 생긴 것이다. 바깥쪽에 형성된 둔덕은 라이더가 방향을 전환하기 위해 레일링하면서 튀어나가는 데 도움이 된다. 바깥쪽에 흙이 쌓여 둔덕이 형성된 코너는 모토크로스의 모든 트랙에 있다. 이 둔덕을 제대로 활용하거나 코너를 제대로 돌아간다면, 빠른 터닝을 할 수 있을 뿐 아니라 경쟁자의 추월을 막거나, 다음의 코너에서 안쪽으로 경쟁자를 추월할 수도 있을 것이다.

코너의 바깥쪽에 형성된 둔덕을 이용하여 터닝하는 연습을 하려면, 준비가 잘 된 모토크로스 트랙에서 발견되는 것과 같은, 습기가 있으면서도 단단하지 않은 흙으로 된 코너를 찾는다. 코너에 접근하면서, 브레이크를 걸기 직전까지 일어서서 공격 자세를 취하고, 브레이크를 검과 동시에 앉아서 저속 기어로 변속하고, 몸을 시트의 앞쪽으로 당겨 앉고 과감하게 바이크를 기울이며, 안쪽 다리를 내뻗어 균형을 잡은 상태에서 지면에 미끄러지거나, 나가떨어지는 것을 막기 위해 필요하다면 발까지 내딛을 준비를 한다. 이처럼 접근하는 연습을 레이스에서와 똑같이 이상적인 각도와 그보다 못한 각도 모두에서, 그리고 오른쪽과 왼쪽 모두에서 되풀이한다. 바깥쪽에 둔덕 형성된 코너에 진입하는 속도가 높더라도, 둔덕을 이용해 속도를 늦추고 터닝할 수 있을 것이기 때문에 제동력은 적어도 된다. 그리고 코너를 빠져 나오면서 가속을 할 수 있도록 기어가 들어가 있어야 한다. 둔덕을 치는 순간 (두 손가락으로) 재빠르게 클러치를 약간 슬립시켜 엔진 회전속도를 높여, 뒷바퀴를 스핀시켜 터닝을 쉽게 하고, 코너로부터 달려 나갈 충분한 힘을 얻어야 한다.

평탄한 곳에서 고속으로 터닝하기 위해서는 전혀 다른 접근이 필요하다. 바이크를 선회시키기 위해 터닝 포인트 출구에서 파워슬라이드를 할 수 있으며, 또는 토질이 좋으면 기존의 둔덕을 사용하거나 나 자신이 부드러운 흙으로 반경이 일정한 둔덕을 만들어 코너를 레일링하여 높은 속도로 터닝 포인트 출구로 나선다. 둔덕이 형성된 코너나 홈이 패인 코너에서 이루어지는 레일링은 노면의 울퉁불퉁한 정도, 그리고 주행실력에 따라 일어선 자세 또는 앉은 자세로 할 수 있다.

때로는 스위퍼(sweeper)에 서 있기만 하는 것이 더 쉬울 수 있다. 스위퍼에는 고속에 의해 가속 요철(bump)이 생기기 때문이다. 항상 가장 빠른 라인을 찾는다(그것이 항상 순조로운 라인은 아니다). 가능하면 제동과 가속 요철을 피하도록 애쓴다. 코너에서는 타행(coast)을 해서는 절대로 안 된다. 터닝 포인트 입구에서 브레이크를 훌륭하게 제어하고, 터닝 포인트 출구에서는 빨리 부드럽게 스로틀로 돌아간다. 항상 가장 빠른 라인을 찾고, 라인을 바꾸는 것이 좋다고 생각하거나 추월하는 데 필요하다면 기꺼이 그렇게 해야 한다. 코너를 터닝할 때는 어떤 라인을 고르든 항상 속도를 유지하도록 노력한다.

모토크로스의 패인 홈 주행 연습

패인 홈은 모토크로스, 특히 흙이나 모래가 부드러운 곳에서는 아주 흔하다. 홈은 코너, 직선 코스, 후프(whoop), 점프하는 지면 등 경주로의 거의 어디에서나 발견할 수 있다. 홈을 주행하는 열쇠는 홈 밖에서 아니면 홈 안에서 달리는 것이다. 이는 원하는 라인을 유지하기 위해 몸을 좌우로 움직일 수 있는 능력을 가지고 있음을 의미한다. 라이더라면 누구나 앞바퀴는 홈 밖에 나와 있지만 뒷바퀴가 홈에 빠지는 사이드 슬리핑(side slipping), 그보다 더 나쁜 것은 두 바퀴가 모두 서로 다른 홈에 빠지는 크로스러팅(cross-rutting) 등을 피하고자 할 것이다. 패인 홈은 앉은 자세나 일어선 자세로 주행할 수 있지만, 바이크가 라인을 유지하도록 하기 위해서는 일어선 자세가 더 빨리 변속하거나 움직일 수 있다. 후프, 점프 또는 험한 홈이 있는 구간을 통과하여 주행하는 상황에서는 일시적으로 두 다리로 오토바이를 붙잡아 제어하거나 안정시키는 것이 좋은 연습이다. 옳은 홈을 고르는 것은 때로는 가장 어려운 부분이며, 서로 다른 홈을 시도할 때를 알아야 경기에서 우승할 수 있다. 레이싱을 시작 때 타는 홈은 레이스 코스

라인 변경

1 누군가를 추월하거나 또는 단지 앞선 라이더의 방해를 피하고자 할 경우, 둑이 있는 코너에 달려들어 일찍 터닝하여 라인을 바꿀 수 있다.

2 매번 똑같은 라인에 들어가는 것을 피한다. 라인은 경주하는 동안 수 없이 바뀐다.

의 모든 구간을 바꿀 것이다. 깊은 홈에서 제동을 할 때 주의하고, 홈이 패인 코너에서 바이크를 정확하게 기울이는 데 정신을 집중해야 한다.

모토크로스의 점프를 연습하는 법

모토크로스의 트랙에 과감하게 도전할 때, 점프의 속도와 거리에 따라 특별한 테크닉을 필요로 하는 여러 가지 점프를 해야 할 경우가 있을 것이다. 보통의 모토크로스 점프에는 짧고 가파른 슈퍼크로스 스타일의 점프, 탁자 위에서 하는 것 같은 점프, 계단을 오르내리는 점프, 더블 점프, 트리플 점프, 그 속에 키커가 있는 점프 등이 포함된다. 키커는 점프하는 면의 끝부분의, 단단한 흙으로 된 수직의 선단이며, 과감하게 달려들지 않으면 오히려 바이크의 뒷부분이나 옆을 '차내는(kick)' 바람에 제어할 수 없게 되기도 한다. 라인을 세심하게 고르고, 키커를 피할 수 없을 경우에는 역으로 키커를 공격하여 더 높이 도약한다.

모토크로스 레이싱에서는 모든 점프에 진지하게 임하고 주의를 기울여야 한다. 가장 나쁜 경우는 건성으로 점프를 시도했다가 바이크와 함께 나가떨어지는 것이다. 어떤 점프라도 똑같이 기본이 중요하다. 점프 직전까지 계속 가속하여, 충분한 속도를 유지한 상태에서 점프를 벗어나야 한다. 속도를 유지

3 트랙의 바뀌는 조건에 맞추어 필요한 새로운 라인으로 변경이 가능할수록……

4 더 좋은 결과를 얻게 될 것이다.

하지 못하면, 평지가 아닌 곳에 아니면 한 번 더 점프해야 할 곳에 착지하는 경우도 있다. 모토크로스에서는 트랙에서 더블 점프나 트리플 점프를 모두 할 필요가 없지만, 우승 트로피를 차지하고자 한다면 아마도 그 방법을 배워 두어야 할 것이다. 레이싱은 올바른 등급에서 해야 한다. 만약 같은 등급의 다른 레이서들이 고난도 점프를 하고 있는데 자신은 못하다면 위험할 수 있기 때문이다.

고난도 점프 테크닉에는 비탈의 내리막에서 앞바퀴를 먼저 착지하는 것이 포함된다. 큰 점프를 해서 공중에 있을 때, 뒤 브레이크를 가볍게 톡톡 작동시켜서, 또는 작은 점프의 경우, 점프 직후에 스로틀을 초핑(chopping)하여 그렇게 할 수 있다.

시트 바운스(seat bounce)는 점프 직전에 라이더가 체중을 사용해 뒷바퀴의 서스펜션을 압축했다가, 서스펜션이 다시 올라올 때 두 다리로 벌떡 일어서서 더 높이 점프를 할 때 사용한다(더 높이 점프하려면 동시에 가속해야 한다). 스크러빙(scrubbing)은 제임스 버바 스튜어트(James "Bubba" Stewart)가 개발한 고난도 테크닉으로, 버바 스크러브(Bubba Scrub)라고도 한다. 이 테크닉은 라이더가 점프할 마지막 순간에 고도를 낮추어, 바이크의 타이어가 착지했을 때 다시 가속하기 위해 갑자기 바이크를 홱 기울일 때 사용한다.

모토크로스에서 사용되는 또 하나의 점프 테크닉은 프리점핑(pre-jumping)이다. 점프하면서 체

바깥쪽에 부드러운 둑이 형성된 코너에서의 터닝

1 바깥쪽에 부드러운 둑이 형성된 코너에서는 먼저 과감하게 돌진한 뒤, 저속 기어로 변속하고, 제동하고, 앞쪽으로 당겨 앉으면서, 다리를 앞으로 내뻗는다.

2 마지막 순간에 브레이크를 놓고……

공시간을 줄이고 싶을 때 버바 스크러브처럼 이 테크닉을 사용한다. 프리점프를 하는 방법은 보통의 공격 자세로 점프지점까지 접근하며, 점프 직전을 제외하고는 발판과 핸들에 체중을 실어 가능한 한 서스펜션을 많이 압축한 뒤 시간에 맞추어 점프와 동시에 몸을 뛰어오르게 한다. 이 테크닉을 제대로 구사하면 그다지 높이 점프하지 않고 지면으로 내려올 수 있을 것이며, 오래 체공하는 것보다 더 빨리 가속을 시작할 수 있다. 이 테크닉은 위에서 설명한 시트 바운스와 비슷한 것 같지만 다르며 정반대의 목표를 가지고 있다. 이들 테크닉은 연습을 통해 감을 익힘으로써 배울 수 있다.

배우고 있는 다른 새로운 기술과 똑같이 점프를 취급한다. 점프를 연습할 때도 끊임없이 실험하고 무리를 하면서도 지나친 것과 충분한 것을 제대로 파악한다. 공중에서 바이크의 높이를 쉽게 바꾸려면 스로틀이나 브레이크를 잠깐 작동시키는 것을 잊어서는 안 된다. 바이크의 앞부분을 더 높이 올리려면 엔진의 회전속도를 높이고, 앞부분을 내리려면 스로틀을 끄거나 뒤 브레이크를 사용한다. 점프를 잘하는 라이더는 때때로 다리를 사용해 바이크를 움켜잡거나(니그립) 누르는 방법으로 공중에서 바이크를 안정시키거나 제어한다. 끊임없이 연습하고 제어 능력과 자신감을 얻음에 따라 차츰 난이도를 높여가는 것이 점프를 배울 때 무엇보다 중요하다.

3 둑 안쪽으로 바이크를 기울이면서 핸들을 약간 꺾고, '클러치 잇'을 하며······.

4 힘껏 가속해 코너를 빠져나간다.

안쪽 라인을 타기

1 안쪽 라인은 보통 가장 인기가 높기 때문에 사진과 같이 홈이 패일 수 있다.

2 일어선 자세로 접근한 다음에, 마지막 순간에 풀썩 앉으면서 그 안을 파고들고……

3 코너를 돌면서, 즉시 가속하기 시작한다.

4 몸을 너무 뒤로 기울이지 않으며, 반드시 양 어깨를 핸들과 평행을 이루게 하고, 코너를 돌아야 한다.

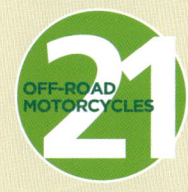

21 트라이얼

"모터사이클을 진지하게 탄다는 것은
아무 곳에서나 빨리 달리는 것이 아니다."

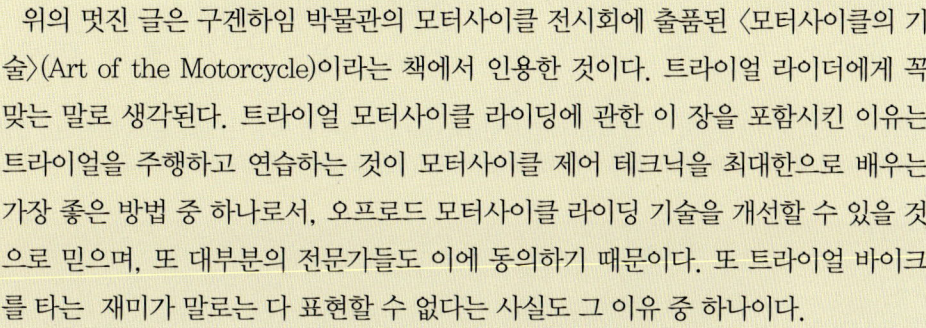

위의 멋진 글은 구겐하임 박물관의 모터사이클 전시회에 출품된 〈모터사이클의 기술〉(Art of the Motorcycle)이라는 책에서 인용한 것이다. 트라이얼 라이더에게 꼭 맞는 말로 생각된다. 트라이얼 모터사이클 라이딩에 관한 이 장을 포함시킨 이유는 트라이얼을 주행하고 연습하는 것이 모터사이클 제어 테크닉을 최대한으로 배우는 가장 좋은 방법 중 하나로서, 오프로드 모터사이클 라이딩 기술을 개선할 수 있을 것으로 믿으며, 또 대부분의 전문가들도 이에 동의하기 때문이다. 또 트라이얼 바이크를 타는 재미가 말로는 다 표현할 수 없다는 사실도 그 이유 중 하나이다.

트라이얼 라이더는 극한적인 도전을 즐기고, 좀처럼 만족을 모르는, 오프로드 라이더들 중에서도 유별난 사람들이다. 훌륭한 트라이얼 라이더는 어려운 것도 쉬워 보이게 할 수 있지만, 물론 그것이 쉬운 것은 아니다. 그들이 어려운 것을 아무런 수고도 하지 않는 것처럼 할 수 있는 것은, 아주 세세한 것에 대한 그들의 주의와 엄청난 노력의 덕분이다.

다음은 독특한 트라이얼 모터사이클, 트라이얼 경기라는 아주 힘든 스포츠, 모든 모터사이클 라이더에게 트라이얼 라이딩이 주는 값진 이점, 그리고 트라이얼에서 사용되는 기본적인 몇 가지 특수 테크닉 등에 대한 간단한 배경 설명이다. 이 책의 기

"트라이얼을 해 본 경험이 많으면 어떤 종류의 모터스포츠도 주행할 수 있을 것이다. 트라이얼 주행에서 유래된 기술은 다른 모든 종류의 모터사이클 훈련으로 전수된다. 트라이얼을 할 때 라이더는 바이크와 일체가 된다. 클러치, 브레이크, 스로틀 제어, 자세 등이 완벽해질 것이며, 원하는 어떤 종류의 모터사이클의 주행에도 도움이 될 것이다. 주행 능력을 연마하고 싶다면 트라이얼 바이크를 구입하기를 권한다."

코디 웨브(Cody Webb)
2002년도 AMA 전국 고등학교 트라이얼 챔피언, 2003년도 AMA 전문가 트라이얼 챔피언, 2007년 및 2008년 AMA 전국 실내 트라이얼 챔피언, 2010년 AMA 전국 트라이얼 챔피언.

본적인 훈련과 이 장에서 소개하는 트라이얼 라이딩 기본기술에 숙달하면, 난이도가 더 높은 트라이얼 훈련과 교습을 받을 수 있을 것이다. 얼마 동안 트라이얼 바이크를 타고나면, 이전에는 결코 주행할 엄두도 내지 못했던, 험한 지형도 더트-바이크나 듀얼스포츠로 쉽게 주행할 수 있다는 것을 깨닫고 새삼 놀랄 것이다. 트라이얼 바이크와 모터사이클링의 관계는 록-크라울러(rock-crawler)와 사륜 바이크의 관계와 같다. 트라이얼 바이크는 크기도 작고 출력도 높지 않지만, 가벼우며 빠르게 가속할 수 있도록 설계되어 있다. 오늘날의 모토크로스 바이크와 마찬가지로 트라이얼 바이크는 특별하게 제작되고 불필요한 장식이 없는 경기용이며, 시간이 지날수록 더욱더 특화되고 있다. 트라이얼 바이크는 특별한 목적—라이더를 험한 장애물로 구성된 구간을 통과시키는 것—을 위해 설계되었다.

트라이얼 경기에서는, 라이더는 한 번에 한 사

트라이얼 라이더는 다른 종류의 바이크 라이더보다 바이크와 더욱 더 일체가 된 것처럼 보인다. 트라이얼은 원래 관람용 트라이얼(Observed Trials)이라고 했으나, 오늘날에는 젊은 라이더들을 끌어들이기 위해 모토트라이얼(Mototrial)라고 한다.

람씩 지나가며, 불가능한 것처럼 보이는 장애물 (자연적인 것과 인위적인 것 모두)이 즐비한 코스를 통과하는 동안, 끊임없이 심판의 테스트를 받는다. 라이더의 주된 목표는 항상 경계를 넘어서지 않고, 지면에 발을 딛는 것(dabbing)이나, 최악의 경우에 시동을 꺼뜨리는 것이나 쓰러지는 것, 또는 뒤집어지는 것 따위를 피해야 한다. 실수할 때마다 벌점을 받는다. 벌점이 가장 적은 라이더가 우승자가 된다.

불행하게도 트라이얼 바이크는 대부분의 판매점에서 구할 수 없으며, 중고도 찾기 힘들다. 신품이나 중고 바이크를 구할 수 있는 가장 좋은 곳은 각 지역의 트라이얼 라이딩 클럽이다. 클럽의 회원 가운데는 바이크를 더 좋은 것으로 바꾸려는 사람도 있고, 개인적으로 각 회사의 제품을 기꺼이 판매 대행하려는 회원도 있을 것이다. 현재의 트라이얼 브랜드는 가스가스(Gas Gas)(스페인), 셰르코(Sherco)(스페인), 베타(Beta)(이탈리아), 몬테사(Montessa)(스페인), 오사(Ossa)(스페인), 스코르파(Scorpa)(프랑스) 등이 있다.

트라이얼 라이딩기어는 오프로드 라이딩기어와는 다르다. 트라이얼 바이크가 빠르지 않기 때문에 훨씬 더 가볍다. 트라이얼 라이더는 때때로 주행보다 걷거나 하이킹을 하는 경우도 많다. 진지하게 트라이얼 경기 참가자는 꽉 죄고 반발이 적은 바지와 셔츠를 착용하고 가벼운 장갑, 얼굴을 내놓은 헬멧, 하이킹용 바닥을 붙인 가벼운 부츠를 신을 것이다. 레크리에이션 트라이얼 라이더는 트라이얼 헬멧과 부츠, 그리고 가끔 비-오프로드용 또는 모토크로스용 바지와 셔츠를 착용하기도 할 것이다.

트라이얼 바이크는 오직 일어선 자세로만 주행하도록 설계되어 있으므로 대부분의 초보자에게는 매우 힘들다. 그러므로 초보자는 트라이얼 바이크를 타기 전에 먼저 앉을 수도 있고 또 그러면서 지면에 적어도 한 발은 내딛을 수 있는 더트-바이크 주행방법부터 배우기를 권한다. 그러나 일어선 자세로 더트-바이크를 주행하는 것이 편안해지면, 이제 트라이얼 바이크를 탈 준비가 된 셈이다. 트라이얼 바이크에 앉는 유일한 시간은 가만히 앉아 있을 때뿐이다. 트라이얼 바이크를 주행하는 유일한 방법은 일어선 채 주행하는 것이기 때문에 공격 자세나 에너지 절약 모드로 주행하는 법을 배우지 않을 수 없다. 또한 몸의 균형을 유지하면서 올바로 앉아 있기 위해 여러 가지 소중한 주행 습관들 가운데 체중을 이리저리 옮기는 방법, 하체로 바이크를 실제로 움직이는 법, 주행 중 올바로 발을 내딛는 '대빙'을 하는 법까지 보여 준다. 트라이얼 바이크를 타는 것은 육체적으로 힘들다. 트라이얼의 라이더는 가끔 모터사이클링의 체조선수라고도 불린다.

트라이얼의 경기는 테크닉이 요구되는 지형을 벌점을 얻지 않고 바이크로 주행할 수 있는 능력을 테스트한다. 누가 가장 빠른가, 또는 모토크로스에서처럼 "누가 결승선을 먼저 통과하는가?" 하는 것에 관한 문제가 아니다. 트라이얼 경기에 참가하는 것은 채점이 이루어지고 있는 상태에서 두 발을 올린 채 한계에 머물러 있어야 하기 때문에 처음에는 좌절을 느낄 수도 있다. 트라이얼에 낯선 사람이라면, 얼마동안 트라이얼 바이크를 주행하다가, 마음에 들어서 정말로 실력을 쌓고자 할 경우에 트라이얼 경기에 나가기를 권한다. 주행 실력이 빨리 늘게 되는 것은 바로 그때이다. 트라이얼 경기에 참가하는 선수들은 기꺼이 서로 충고를 마다하지 않을 것이다. 그들은 험난한 트라이얼 구간을 통과하는 데 필요한 테크닉을 사용하는 것이 라이더 자신에게 달려 있음을 알기 때문이다. 트라이얼이라는 스포츠는 최상의 극한적인 오프로드 주행이며, 인기와 관심을 모으고 있는 국제적인 모터스포츠이지만, 많은 사람은 단지 각 지역의 주행 구역에서 트라이얼 바이크로 주행하기만을 즐길 뿐이다. 불행하게도 트라이얼 경기는 제대로 홍보되어 있지 않으며, 보통 먼 지방에서 개최된다. 그 때문에 일반적인 라이더는 거기에 참가하거나 구경하기를 망설인다.

어린이들에게도 트라이얼 바이크 라이딩은 상당히 안전한 방법으로 테크닉의 기본을 쌓을 수 있는 이상적인 방법이다. 그래서 속도를 내는 것은 그들이 할 줄 아는 유일한 것이 아니라 필요에 따라 사용하는 도구가 된다. 저속의 기술은 고속의 기술보다 발달시키기 어려울 수도 있으며 사람에 따라서는 좌절감을 줄지도 모른다. 만약 어린이에게 무엇을 하고 싶은지 물으면 보통 모토크로스라고 대답할 것이다. 그들이 잡지나 텔레비전에서 보는 것이라고는 그뿐이기 때문이다.

안타깝게도 대부분의 어린이는 트라이얼에 대해 모르거나 그것을 접하지 못한다. 그렇지 않다면 아마 트라이얼을 시도해 보려고 할 것이다. 부모는 자녀가 어릴 때 그들이 하는 것을 통제하고 있으므로, 비록 자녀가 궁극적으로 원하는 것이 속도를 추구하는 스포츠라고 하더라도 그것을 하기 전 트라이얼에 대해 약간의 경험을 쌓도록 할 수 있는 좋은 기회가 어린 시절이다. 어린이는 트라이얼을 통해 달리기에 앞서 걷기를 배우게 될 것이며 여러 가지 힘든 주행에 더 많은 대비를 할 수 있게 될 것이다.

아직 트라이얼 바이크가 없더라도 기존의 더트-바이크로 트라이얼 테크닉을 연습할 수 있다. 물론 교습 과정의 속도를 앞당기는 도구 같은 것은 없다. 트라이얼 라이딩은 그 어느 것보다 기술적인 모터사이클 주행 기술을 발달시킬 것이다. 트라이얼 바이크는 아주 가볍고, 핸들링이 쉽고, 기능도 많으므로, 비록 나가떨어지거나 꼼짝달싹하지 못하게 되더라도 가벼운 바이크에는 아무 문제가 없다는 것을 알면 험난한 지형에서도 시도할 자신감을 갖게 될 것이다. 바이크의 무게가 가볍기 때문에 라이더의 의도에 따라 쉽게 반응한다. 주행자가 제대로 하든 못하든 오토바이는 즉각적으로 피드백을 하게 된다. 트라이얼 바이크를 주행하면, 바이크에 도움을 주기 위해 라이더의 몸이 얼마나 많이 움직이는지, 그리고 올바른 자세가 많은 차이를 만들어 낸다는 것을 알 수 있을 것이다. 또한 트라이얼 기술은 클러치 사용을 극대화하는 방법, 앞 브레이크에 대한 감을 발달시키는 방법, 비탈을 오르내리는 방법, 터닝하는 방법, 뒷바퀴에 대한 감지의 중요성, 지형을 판독하고 좋은 라인을 선택하는 방법, 여러 가지 제어를 동시에 사용할 수 있는 방법, 환경을 훼손하지 않고 접지력이 있는 구역과 없는 구역을 확인하는 방법, 트라이얼을 모르는 사람보다 더 훌륭하게 주행하는 방법까지도 가르쳐 준다.

트라이얼의 진정한 가치에 대한 증언으로는, 대부분의 뛰어난 오프로드 모터사이클 레이서, 특히 새로운 AMA 전국 인듀로크로스 시리즈에 참가하는 레이서들을 보면 그들의 공통된 특징—트라이얼의 배경이 있거나 자신을 트라이얼 라이더라고 생각하면서 주행하는 것—을 발견할 수 있을 것이다. 트라이얼 라이딩은 육체적으로 매우 힘들지만, 많은 프로 모터사이클-레이서들이 트라이얼도 함께 훈련하며, 한편 경험이 많은 라이더들은 트라이얼을 탄 뒤에, 뒤 자신의 기술이 아주 개선된 것에 항상 놀란다. 이것은 어쩌면 라이더들이 이점을 얻기 위해 찾고 있던 것일지도 모른다.

트라이얼을 시도하고자 한다면 다음과 같이 해 본다.
- 친구나 트라이얼 클럽의 회원으로부터 트라이얼 바이크를 빌린다.
- 판매상으로부터 신품 트라이얼 바이크를 구입하거나, 가능하면 중고라도 구입한다.
- 하루 동안 최신 모델의 트라이얼 바이크를 주행할 수 있는 캘리포니아의 모토벤처스 트라이얼 주행장에 와서 중요한 기본기에 대한 교습을 받는다.

중요한 트라이얼 라이딩 테크닉을 연습하는 방법

초보 트라이얼 라이더들은 몇 가지 특별한 테크닉을 배우고 연습하기를 원할 것이다. 트라이얼 연습 목표는 발을 딛거나, 쓰러지거나, 경계를 벗어나지 않고, 가능한 한 깔끔하게 주행하는 것임을 염두에 둔다. 트라이얼 바이크로 가파른 언덕을 올라가고 오르막의 점프를 하는 것은 재미도 있고 기술도 쌓는 것이지만, 그것이 전형적인 트라이얼 구간을 대표하는 것은 아니다. 이들 구간은 급박하고 테크닉이 필요하며 표시가 잘되어 있고 벌점을 매길 수 있을 정도로 어렵게 설계되어 있다.

초보자의 최초의 목적은 모든 제어를 편안하게 사용하는 것이다(가끔은 하나 이상의 제어를 사용하기도 한다). 그리고 스로틀을 잡고 비틀면서 손가락 하나로 클러치와 앞 브레이크를 편안하게 사용하는 것도 원하게 된다. 아주 천천히 주행하거나 멈추는 것에 익숙해야 하며, 그러기 위해서는 몸의 균형을 유지하는 동안 클러치를 많이 사용하지 않으면 안 된다. 정지해 휴식하며 두 발을 올린 채 편안하게 몸의 균형을 잡는 법을 배우고, 공격 자세나 에너지 절약 모드로 주행하는 방법도 배워야 한다.

그 다음에는 몸의 균형을 잡는 방법을 완벽하게 하는 데 집중한다. 트라이얼 바이크의 터닝 연습에는 또한 양쪽 옆으로, 그리고 앞바퀴와 뒷바퀴 모두 사용해 껑충 뛰는(hop) 것까지 포함된다. 그러면 한정된 공간에서 급격하게 터닝할 수 있다. 한 번에 10cm씩 옆으로 껑충껑충 뛰려면 움직이고자 하는 방향으로 약간의 움직임(기울임)과 함께 팔다리를 많이 뛰어오르게 해야 한다. 먼저 앞바퀴를 껑충 뛰는 방법을 배운 뒤 뒷바퀴를 그렇게 하는 방법을 배운다.

그 후에는 비탈을 오르는 네 가지 테크닉―버니홉, 롤업, 잽(zap), 스플래터(splatter)등―을 익혀야 한다. 아주 훌륭한 라이더는 더트-바이크를 주행할 때도 이들 극한적인 트라이얼 테크닉을 사용할 수 있다.

버니홉(buny hop)

버니홉을 연습하려면 평평하고 탁 트인 곳에 돌같은 물체를 놓고 어느 타이어도 그 물체를 건드리지 않으면서 1단 기어로 건너뛴다. 이 테크닉은 그 물체를 휠리하는 것이며, 뒷바퀴가 그 물체에 닿기 직전에 스로틀을 꺼야 한다. 그리고 두 다리를 사용해 재빨리 체중을 앞쪽으로 이동시켜, 뒷바퀴와 뒷바퀴 서스펜션의 부하를 줄인다. 이렇게 하면 뒷바퀴가 지면에서 떨어져 그 물체를 뛰어넘는 데 도움이 된다. 이 연습은 뒷바퀴에 대한 라이더의 깨달음을 크게 발달시켜 준다. 뒷바퀴가 항상 어디에 있는지를 알고, 적시에 체중을 이동시켜, 계단을 오르기를 돕는 것이 대단히 중요하다. 모토벤처스에서는 재미를 위해 빈 음료수 깡통이나 플라스틱 물병을 사용한다. 이 경우, 라이더가 잘못하더라도 깡통이나 물병이 파손될 뿐이다.

롤업(roll-up)

롤업을 연습하려면 바이크가 지날 때 스키드 플레이트에 긁힐 만한 크기의 작은 돌이나 통나무를 놓는다. 1단 기어로 장애물에 접근한 다음에 장애물과 접촉하기 직전에 휠리를 하지만, 앞바퀴를 그 위에 올려놓는 대신에 위쪽의 3분의 1 정도 되는 부분과 충돌하고 뒷바퀴가 그것을 치기 직전에 돌이나 통나무를 사용해 그 위로 뛰어 오르는 '롤업'을 하여, 더욱 큰 휠리를 한다. 롤업을 하면 스키드 플레이트가 그 물체와 접하지 않게 되며 더욱 큰 장애물도 쉽게 뛰어넘을 수 있다. 롤업은 인듀로크로스의 레이서들이 험난한 코스에서 빠른 바이크로 큰 장애물을 뛰어넘기 위해 사용하는 테크닉이다.

1 롤업은 트라이얼에서 가장 흔히 볼 수 있는, 올라가는 테크닉이다.

2 장애물의 꼭대기 부분으로 휠리를 한 다음에, 장애물을 이용해 바이크를 '롤업'하여……

3 스키드 플레이트를 건드리지 않고 장애물 위로 올라간다.

4 전문가 수준의 이 테크닉은 오프로더들이나 듀얼스포츠 라이더들도 사용할 수 있다.

잽(zap)

잽을 연습하려면 아랫부분이 패이거나 뒷바퀴가 올라설 면이 없는 중간 크기의 바위를 찾는다. 롤업을 할 때의 끝에서와 마찬가지로 그 바위에 다가가지만, 앞바퀴를 바위의 위쪽 4분의 1 정도 되는 부분과 더욱 세게 충돌시키면서 잠시 클러치를 잡아당겨 재빨리 엔진의 회전속도를 높인 다음에, 클러치를 놓으면서 두 다리로 뛰어올라 압축된 서스펜션이 리바운드 되게 한다. 이 같은 신체적인 움직임에 의해 뒷바퀴는 앞바퀴가 바위에 접할 때 있던 지면에서 점프해 앞바퀴가 처음 바위에 접했던 곳으로 올라감으로써 표면이 없고 언더커트(undercut)된 바위와의 접촉을 피할 수 있다. 이 테크닉은 프로들이 어려운 바위를 오르거나 작은 틈새를 뛰어넘을 때 사용하는, 마술처럼 보이는 테크닉이다.

1 잽은 작은 틈새를 건너거나 사진처럼 언더커트된 수직면을 올라가는 데 유용하다.

2 잽을 하기 위해서는 휠리를 해 앞바퀴로 장애물의 윗부분을 친다.

3 앞바퀴가 장애물을 칠 때 잠시 클러치로 엔진 회전속도를 올린 다음에, 클러치를 놓고 두 다리를 들어 올려 서스펜션이 다시 리바운드 되게 하면…….

4 라이더와 바이크가 바위의 상단으로 솟아오른다.

OFF-ROAD MOTORCYCLES 259

스플래터(splatter)

스플래터를 연습하려면 용기와 강철 같은 신경을 가져야 하며, 바이크를 붙잡아 주는 보조자도 필요할 것이다. 라이더가 큰 스플래터를 제대로 하지 못하더라도, 보조자가 바이크를 붙잡아 줌으로써 바이크가 라이더 위로 떨어지는 것을 막아 바이크와 라이더 모두를 구할 수 있다.

스플래터를 연습하려면 롤업이나 잽을 하기에는 너무 높은 바위로 시작한다. 보조 역할을 할 만한 바위를 찾아, 오르막의 높이에 따라 달라지지만 1m 정도 떨어진 곳에 놓는다. 오르막에는 2단, 심지어는 3단 기어로 힘차게 다가간 뒤, 클러치를 잡아당겨 엔진의 회전속도를 높였다가, 보조용 바위를 사용해 윌리를 하면서 클러치를 놓는다. 핸들을 단단히 잡아당기면서 보조용 바위를 램프로 이용해 뒷바퀴를 솟아오르게 한다. 급격한 가속, 바위 램프, 핸들을 잡아당기는 라이더 등에 의해 라이더의 몸은 허공을 비행하면서 뒤쪽으로 회전할 것이다. 그렇게 되면 라이더는 다른 어떤 테크닉에서 보다 바위로부터 떨어진 상태에서 뒷바퀴부터 먼저 수직의 바위 표면과 접촉하게 될 것이다. 이것을 지대로 하면 뒷바퀴의 탄력과 구동력에 의해 1m 정도 더 나아감으로써 바위의 맨 위로 올라서게 될 것이다. 스플래터는 얼핏 불가능해 보이는 수직의 높은 오르막이라도 최고 수준의 트라이얼 라이더라면, 올라갈 수 있게 하는 테크닉이다. 트라이얼 라이더에게 스플래터는 모토크로스 라이더의 트리플 점프와 같다.

1 스플래터는 롤업이나 잽을 하기에 너무 높은 물체를 오를 때 사용된다.

2 스플래터는 트라이얼의 트리플 점프로서, 2단 또는 3단 기어로 힘껏 가속한 뒤 휠리를 해야 하며, 공중으로 떠오르는 데 도움이 된다면 보조용으로 작은 바위도 이용할 수 있다.

3 공중에서는 뒤쪽으로 몸을 회전시킴으로써 뒷바퀴가 먼저 물체와 접촉하게 해야 한다.

4 남아있는 탄력에 추가로 물체와 부딪친 뒷바퀴의 구동력에 의해 나머지 문제가 처리될 것이다.

Glossary of Terms

• 용어 정보

아펙스(apex) : 코너의 안쪽에 가장 가까이 있는 터닝 포인트(방향 전환점). 아펙스를 코너의 뒤쪽으로 옮기면 "늦은 아펙스", 아펙스를 코너의 앞쪽으로 옮기면 "빠른 아펙스"가 된다.

암펌프(arm pump): 힘들게 주행할 때 팔뚝이 부풀어 올라 주행을 계속하기 어렵게 되는 현상으로서, 보통 적절한 훈련, 올바른 식사, 그리고 완벽한 수분 섭취로 치료된다.

ATV: All-Terrain Vehicle의 약자. 전천후 차량, 오프로드용 소형 사륜차.

백 잇 인(back it in): 터닝에 들어갈 때, 파워 상태 또는 제동 상태에서 바이크의 터닝을 쉽게 하기 위해 뒷바퀴를 미끄러지게 하는 것.

밸런스 휠리(balance wheelie): 바이크가 뒷바퀴만으로 거의 수직인 상태에서 뒤로 쓰러지기 직전의 균형점에 있거나 그에 가까울 정도가 되는 휠리를 말함.

바크버스터(barkbuster): 라이더의 손이나 핸들을 보호하는 장구로서 나무가 울창한 곳을 다치지 않고 주행할 수 있게 해 준다. '나무껍질(bark)'을 '깨뜨리는 것(buster)'이라는 뜻.

범(berm): 바이크가 코너를 돌 때, 바퀴가 미끄러지면서 지표면의 흙을 밀어내서 코너의 바깥쪽에 흙이 쌓여 생긴 둔덕.

범 숏(berm shot): 모토크로스 트랙에서 코너의 둔덕(범)에서 재빠르게 터닝하는 것.

블립(blip (the throttle)): 스로틀을 급격하게 비트는 것.

블록패스(blockpass): 코너에서 앞선 라이더의 안쪽에서 터닝을 하고, 코너를 빠져 나오면서 그를 추월하거나 가로막는 것

보그(bog): 엔진 회전속도가 너무 낮을 때 일어나는 현상. 시동의 꺼짐

보틀넥(bottleneck): 트레일이 좁아져 레이서가 하는 수 없이 한 줄로 통과하게 되는 것. 앞서 달리는 라이더가 멈추거나 꼼짝달싹할 수 없게 되면 '병목 현상(bottleneck jam)'을 유발한다.

보텀-아웃(bottom-out): 서스펜션이 압축 한계까지 완전히 압축되는 것.

브레이크슬라이드(brakeslide): 바이크가 회전하는 것을 돕기 위해 코너 입구에서 뒤 브레이크를 로크업(lockup)시켜, 뒷바퀴를 미끄러지게 하는 동작.

불도그(bulldog): 매우 가파른 언덕을 주행해 내려오는 데 사용되는 테크닉. 거세한 황소와 씨름하는 카우보이의 모습과 비슷하다.

범프스타트(bumpstart): 기어가 들어가 있는 바이크를 타고 내리막을 내려가면서 클러치를 놓아 엔진을 시동하는 것.

버니홉(bunny hop): 주행하는 동안 무엇인가를 뛰어넘기 위해 뒷바퀴를 지면에서 들어 올리는 데 사용되는 테크닉.

벗 스티어(butt steer): 라이더가 시트에 앉아 있는 동안 바이크가 요철에 부딪쳐 발생하는 충격이 온몸을 통해, 핸들을 잡은 두 팔에 전달되어, 엉뚱한 방향으로 조향되는 현상.

케이스 잇(case it): 도약대, 바위, 통나무 등을 넘으려고 할 때, 바이크의 스키드 플레이트(언더캐리지)가 이들을 건드리는 것.

지네(centipede): 험한 구간에서 옴짝달싹하지 못하게 되지 않으려고, 앉은 자세에서 두 발로 노를 젓는 것처럼 바이크를 미는 동작, 지네의 움직임과 비슷한 데서 유래.

치터 샌드(cheater sand): 축축하고 단단해서 큰 접지력을 발휘하는 모래.

촙 더 스로틀(chop the throttle): 스로틀을 아주 바르게 또는 급격하게 끄는 것.

클래스(class): 모토크로스 레이스에는 바이크의 규격(예: 배기량 또는 출력), 라이더의 실력, 그리고 연령에 따라 여러 클래스(등급)가 있다.

클러치 잇(clutch it): 클러치를 살짝 당기거나 슬립시켜, 더 많은 힘을 얻기 위해 엔진 회전속도를 일시적으로 머뭇거리게 하거나 높이는 것.

카운터 발란싱(counterbalancing): 저속에서 일어선 자세로 바이크를 기울이고, 바이크가 쓰러지지 않도록 하기 위해 몸을 반대방향으로 움직여 균형을 잡는 것.

카우 트레일링(cow trailing): 소나 다른 동물이 왕래하면서 만들어진 길을 따라 주행하는 것.

크로스 그레인(cross-grain): 물이 흘러내리는 방향과 90도가 되는 사이드힐 코스(산허리 횡단 코스)를 오프캠버로 주행하는 것. 일반적으로 크로스 그레인 트레일은 테크닉을 많이 필요로 하므로 달리기 어렵다.

크로스 럿(cross-rut): 앞바퀴와 뒷바퀴가 나란한 두 홈에 각각 하나씩 들어가 있는 것.

크로스 업(cross-up): 바이크의 방향과 라이더의 어깨가 향하는 방향이 다른 것. 이 테크닉은 또한 세계 모토크로스 챔피언이었던 로저 디코스터(Roger DeCoster)가 고안한 최초의 FMX 기술 중 하나인데, 그는 공중에서 핸들을 비틀어 바이크를 옆으로 기울였다.

대브(dab): 라이더가 몸의 균형을 잡기 위해, 벌점을 감수하면서, 한 발을 땅에 딛는 것을 뜻하는 트라이얼 용어.

댐핑(damping): 서스펜션의 압축이나 리바운드의 제어를 돕기 위해, 앞바퀴나 뒷바퀴의 서스펜션을 조정하는 것을 가리키는 용어. 때로는 '댐프닝(dampening)'이라고 잘못 말하는 경우도 있다.

더블 점프(double jump): 도약대와 착지대가 덜어져 있는 점프대를 공략하는 기술.

도넛(doughnut): 급격하게 360도 원을 그리면서 스핀하는 것.

듀얼스포츠(dual-sport): 공도와 오프로드 겸용 모터사이클. '듀얼퍼포스(dual-purpose)'라고도 한다.

엔도(endo): end-over-end의 줄임말로서, 바이크를 급감속 또는 급정지할 때, 라이더가 핸들 위로 튀어 올라, 나가떨어지는 것.

인듀로(enduro): 울퉁불퉁한 오프로드 레이스로서, 너무 일찍 도착하는 것을 피하기 위해 시간을 엄수하는 기술까지도 요구한다. 오프로드용 모터사이클을 의미하는 용어로도 사용한다.

인듀로 크로스(endurocross): 오프로드 모터사이클 레이싱의 최신 형태로서, 작은 경기장에 험난한 장애물이 가득 설치된 코스를 달린다.

페이드(fade): 주행 도중에 체력이 떨어져 속도가 늦어지기 시작하는 것. 페이드는 위험하며, 적절한 식사와 운동으로 피할 수 있다.

팬 더 클러치(fan the clutch): 엔진의 회전속도를 높이기 위해, 클러치 레버를 급하게 당겼다 놓았다 하는 것.

픽세이트(fixate): 트레일에서 장애물을 너무 오래 보다가 그것과 부딪치는 것. '타깃 픽세이션(target fixation)'이라고도 한다.

플랫 트래킹(flat tracking): 타원 트랙의 파워 슬라이딩, 보통 좌회전. 타원 트랙에서의 레이싱을 나타내기도 함.

플릭 더 클러치(flick the clutch): '팬 더 클러치' 참조.

플라잉 더블유(flying W): 빠르게 주행하다 보지 못한 요철에 부딪치는 바람에 시트가 엉덩이를 쳐서 엉덩이가 위로 뜨고, 동시에 두 발도 높이 올라가기 때문에. 뒤에서 보면 그 모습이 W자가 날아가는 것처럼 보이는 데서 유래

FMX: 자유형 모토크로스. 점프를 하면서 극한적인 기술을 구사하는 스포츠이다.

4행정 엔진(four-stroke engine): '섬퍼(thumper)'라고도 한다. 크랭크축이 2회전하는 동안에 흡입/압축/폭발/배기의 1 사이클을 완성하는 엔진. 작동이 부드럽고 큰 파워를 내지만, 무겁고, 값이 비싸며, 유지 관리가 어렵다. 2행정 엔진보다 오염이 적다.

마찰 경계(friction zone): 바이크가 앞으로 발진하기 시작해, 클러치를 놓아야 할 시점.

풀-록(full-lock): 핸들(프런트 포크)을 오른쪽이나 왼쪽으로 끝까지 조향하는 것.(돌리는 것)

자가 판매업자(garage dealer): 점포 없이 자기 집에서 모터사이클을 판매하는 사람.

고스트 라이드(ghost ride): 라이더가 바이크를 어딘가로 가게 해 놓고, 자신은 일부러 바이크에서 내려오는 것.

G-아웃(G-out): 내리막길을 바닥까지 내려온, 뒤 갑자기 오르막길로 오르기 시작하면, 서스펜션이 압축 한계까지 완전히 압축되는 것.

핸들링(handling): 험준한 지형을 주행할 때 바이크가 얼마나 잘 작동하는지를 나타내는 말. 또는 라이더가 조작하는 데로 바이크가 잘 작동하는 것을 나타내는 말

헤드셰이크(headshake): '스피드 워블(speed wobble)'이라고도 한다. 섀시나 서스펜션의 세팅이 잘못되었을 때 가끔 발생하는 형상으로, 핸들이 좌우로 흔들리는(진동하는) 현상.

히어로 더트(hero dirt): 완벽한 접지력을 발휘하는 더트(dirt)(지표면)

하이 센터(highcenter): 통나무나 바위 위를 주행할 때 스키드 플레이트가 걸리는 바람에 뒷바퀴가 허공에서 마구 스핀하는 것.

하이 사이드(high side): 바이크가 코너의 안쪽이 아니라 바깥쪽으로 넘어져 나가떨어지는 것. 라이더는 보통 공중에 떴다가 거칠게 떨어진다.

홀샷(holeshot): 모토크로스에서 스타트한 다음에 첫 번째 코너에서 앞서기 시작하여 우승하는 것.

후크-업(hook-up): 가속할 때 뒷바퀴가 구동력을 얻기 시작하는 것.

제팅(jetting): 바이크가 올바로 달리도록 하거나 고도 변화를 보상하기 위해 기화기의 메인제트를 교환하는 것을 말한다. 전자제어 연료분사장치가 도입됨에 따라, 제팅은 과거의 유물이 되어가고 있다.

키커(kicker): 점프하는 곳(도약대) 선단의 립(lip)이나 턱으로서, 주의를 기울이지 않으면 바이크의 뒷부분이 제어 불가능한 상태에 빠진다.

노비(knobbies): 오프로드용 또는 모토크로스용 타이어의 접지면의 깊은 홈 또는 튀어나온 부분. 도는 그런 타이어를 말하기도 한다.

레인 레이싱(lane racing): 두 라이더가 트랙이 둘인 길에서 각자 자신의 라인을 빠르게 달리는 레이스.

라인(line): 두 타이어가 지나가는 특정의 좁은 길.

립(lip): 점프대 선단의 30~60cm 되는 부분이며, 수직 턱인 경우도 있어, 조심하지 않으면, 더 높이 점프하게 되거나, 옆 또는 앞으로 나가떨어질 수도 있다.

루프 아웃(loop out): 언덕을 오르거나 휠리를 할 때, 뒤쪽으로 넘어지는 것.

루즈 잇(lose it): 앞 타이어나 뒤 타이어가 갑자기 접지력을 잃을 때의 느낌.

로 사이드(low side): 바이크·가 바깥쪽이 아니라 안쪽으로 넘어지면서 나가떨어지는 것. 이것은 바이크가 터닝할 때 가장 흔히 저지르는 실수 가운데 하나이며, 다행스럽게도 바이크나 라이더가 다치는 경우는 드물다.

러그(lug): 달리는 속도나 들어가 있는 기어에 비해 엔진 회전속도가 너무 낮은 것.

마누엘(Manuel): 트레일의 요철과 같은 장애물을 일어선 자세로 휠리를 해 통과하는 주행 테크닉. 처음 시도한 BMX 스타의 이름에서 유래됨.

마인더(minder): 프로 트라이얼 라이더와 함께 주행하면서 사고가 일어나면 라이더의 바이크를 붙잡아, 바이크에 의해 라이더가 다치지 않도록 해 라이더와 바이크를 보호하는 것을 임무로 하는 사람.

미니-바이크(mini-bike): 소형 더트-바이크.

몽키-벗(monkey-butt): 너무 오래 주행해 엉덩이 부분에 뾰루지가 생기거나 살갗이 벗겨지는 것. 주행용 팬티를 착용하면 도움이 될 수 있다.

모토(moto): 모토크로스 레이스. 보통 각 대회마다 등급별로 두 번의 레이스를 한다.

모토군(moto-goon): 모토크로스 바이크를 타지만, 실력이 썩 좋지 않은 사람

머슬 메모리(muscle memory): 완벽하게 연습하면 근육이 기억해 반복할 수 있게 되는 것. 근육 기억력

노즈 휠리(nose wheelie): '스토피(stoppie)'라고도 한다. 앞 브레이크를 사용하여 급정지하거나 급감속할 때 뒷바퀴가 공중에 뜨는 바람에 잠시 동안 앞바퀴 휠리를 하게 되는 것.

넘 벗(numb butt): (1) 주행을 너무 많이 하는 바람에 엉덩이에 아무 느낌이 없는 것. (2) 튠업을 하는 사람에게 자신의 바이크의 성능에 대해 설명하지 못하는 사람.

오프-캠버(off-camber): 비탈을 똑바로 올라가거나 내려오지 않고 옆으로 난 산허리 길.(산허리 횡단로)

오버 발란스드(overbalanced): 균형을 유지하

기 위해 대단히 노력하다가 균형을 잃는 현상.

오버 더 바스(over the bars): endo를 참조. 라이더의 몸이 바이크의 앞쪽 위로 튀어나가는 것.

오버 유어 헤드(over your head): 자신의 실력에 비해 너무 빠르게 주행하는 것, 무서워하는 것처럼 보이는 것, 제어 불능의 상태 등.

핀드(pinned): 마치 강철 핀을 삽입하여 스로틀을 열어 놓은 것처럼, 스로틀이 완전히 열린 상태.

피벗 턴(pivot turn): 선 채 출발하려다 다른 방향으로 가기 위해 바이크를 재빠르게 스핀시키거나 급하게 꺾는 동작.

플레인드 아웃(planed out): 바이크가 모래나 진흙 속으로 파고드는 것이 아니라 올바른 속도에 도달하여 쉽게 그 위를 주행하기 시작하는 것.

파워밴드(powerband): 엔진이 가장 강한 힘을 내고 있는 엔진 회전속도 범위.

파워슬라이드(powerslide): 코너에서 바이크를 기울이고 파워를 가할 때 발생하는 현상, 뒷바퀴를 스핀시켜 바이크의 방향을 쉽게 바꿀 수 있다.

파워 휠리(power wheelie): 앞바퀴를 공중에 뜨게 하기 위해, 가속이나 파워(균형 대신에)만 사용하는 것.

프레셔라이징(pressurizing): 손과 팔 그리고 발과 다리로, 핸들 그리고/또는 발판에 체중 또는 힘을 가하는 것.

펄세이팅(pulsating): 앞 브레이크를 꼭 잡는 느낌을 아직 발달시키지 못했을 때 앞 브레이크 레버를 쥐었다 놓았다 하는 동작

푸시(push): 공격적으로 주행할 때, 코너에서 앞 타이어가 접지력을 상실하여 넘어지거나 미끄러지는 것.

레일(rail): 코너를 빠르게 돌 때, 바이크의 두 바퀴가 로크되어 마치 철로(rail) 위를 달리는 것처럼 나란히 도는 것.

리어 스티어(rear steer): 코너를 돌 때, 모터사이클을 파워슬라이딩하여 조향하는 것

뒷바퀴 인지(rear-wheel awareness): 적시에 다리로 튀어 오르거나 충격을 흡수할 수 있도록, 뒷바퀴가 어디 있는지 정확하게 알고 있는 것

리바운드(rebound): 서스펜션은 스프링이 압축된 다음에는 다시 위쪽으로 이동하거나 다시 튀어 오른다.

레브(rev), rpm: 엔진의 (분당) 회전속도. 대략적으로 분당 회전속도가 높으면, 출력이 높다고 말할 수 있다.

록 클리핑(rock clipping): 뒷바퀴가 작은 바위에 스치는 것으로, 그렇게 되면 뒷바퀴가 갑자기 옆으로 세게 밀려, 보통 제어 불능 상태에 빠진다.

돌밭(rock gardens): 크기와 형태가 다양한, 단단하거나 무른 돌들이 널려 있는 트레일

롤러(roller): 단단하게 박혀 있지 않아서, 그 위를 주행할 때 움직이는, 작은/중간 크기의 돌(또는 통나무)

롤업(roll-up): 작거나 중간 크기의 바위를 올라가는 트라이얼 테크닉으로, 트레일 라이더도 사용하는 테크닉

루스트(roost): 스핀하는 뒷바퀴가 만들어내는 흙먼지와 돌가루.

럿츠(ruts): 보통 빗물이나 흐르는 물에 의해 생기는 지면의 홈. 패인 홈

새그(sag): 바이크 서스펜션의 유격 또는 처짐량

스크러빙(scrubbing): 점프를 할 마지막 순간에 빠르게 바이크를 기울여, 공중에서의 고도를 낮추어 착지하는 즉시 가속하기 위한, 모토크로스 테크닉. 개발자인 제임스 버바 스튜어트(James "Bubba" Stewart)의 이름을 다서 버바 스크러브(Bubba Scrub)라고도 한다.

섹션(section): 트라이얼 경기에서 레이서의 기량을 채점하기 위해 전체 코스를 작게 나눈, 코스의 일부 구간

셋업(setup): 라이더의 체중, 기술, 취향 등에 맞추어 바이크의 제어장치와 서스펜션을 조정하는 작업

쇼트 시프트(short shift): 엔진회전속도를 낮추어, 가속과 감속을 더 부드러우면서도 더 쉽게 제어할 수 있도록 하기 위해, 최적 변속단보다 1단 더 높은 단으로 변속하는 행위

싱글트랙(singletrack): 모터사이클이나 산악자전거가 한 대씩만 지나갈 수 있을 정도로 좁은 트레일.—오프로드 라이딩을 즐기기에 가장 좋은 길

스케치(sketchy): 제어가 제대로 이루어지지 않은 주행, 항상 기회를 포착하거나, 사고가 일어날 듯한 스키드 플레이트(skid plate): 흙이나 돌, 바위, 통나무 등에 접촉했을 때, 엔진을 보호하고 바이크가 미끄러지게 하는, 엔진 하부에 설치된 금속판 또는 플라스틱 판.

슬링 샷(sling shot): 바이크를 앞뒤로 움직여 클러치의 엉킴을 풀어 주는 동작

스네이크 바이트(snake bite): 딱딱한 지면을 지나치게 바른 속도로 달리거나 타이어 공기압이 낮은 상태로 주행하여, 뱀에 물린 상처처럼 튜브 두 군데가 동시에 지면에 눌려, 타이어에 펑크가 나는 것

소일 샘플(soil sample): 지면에 나가떨어지는 것.

스핏 백(spit back): 4행정 엔진에서 연료제트의 크기를 잘 못 선정하거나, 엔진이 과열되어 엔진이 갑자기 정지하는 것

스플래터(splatter): 뒷바퀴를 먼저 발진시켜 높은 수직면을 오르는, 트라이얼 테크닉.

스퀴드(squid): 모터사이클을 부적절하게 주행하거나, 부적절한 행위를 하는 사람.

스토피(stoppie): 노즈 휠리(nose wheelie)라고도 한다. 급히 정지함으로써 뒷바퀴가 뜨는 동작

슈퍼크로스(SuperCross): 보통 대형 스타디움에서 열리는, 실내 모토크로스.

스왑(swap): '스와핑 엔즈(swapping ends)'의 줄임말. 보통 일련의 험한 요철을 빠른 속도로 주행할 때 뒷바퀴가 격렬하게 앞뒤로 왔다 갔다 하는 것

스위프 라이더(sweep rider): 그룹 라이딩에서 맨 꼬리에서 주행하면서, 뒤처지는 사람이 없도록 하는 사람.

스위치 백 트레일(switch back trail): 가파른 비탈을 오르내리기 위해 만들어진 트레일이며, 급하게 터닝하는 코너가 많다. 스위치 백 트레일의 코너는 특히 비탈을 내려가는 오른손잡이 라이더에게 어려운 코스다.

탱크 슬랩(tank slap): 바이크의 포크가 마치 연료 탱크의 양쪽을 두들기는 것처럼 좌우 조향 스톱(steering stops)을 격렬하게 치는 현상

스레쉬 홀드 또는 임계점(threshold): 임계점은

급제동할 때 타이어가 로크업 되어 스키드(미끄러지기)하기 직전을 말한다.

스로틀 해피(throttle happy): 스로틀을 불규칙하게 사용하거나 너무 빠르게 그립을 비트는 것.

타이어 아이언(tire irons): 휠에서 타이어를 탈착하거나 펑크가 난 타이어를 수리할 때 사용하는 긴 레버.

트레일 브레이킹(trail braking): 바이크가 선회하는 것을 돕기 위해 코너에 들어가면서 브레이크, 특히 뒤 브레이크를 살짝 거는 것

트레드 라이틀리(tread lightly): 환경에 미치는 영향을 최소화하면서 오프로드를 주행하는 기법.

트라이얼(trial): 특수한, 고도로 기술적인 형식의 모터사이클 경기로서, 속도가 아니라 벌점으로 점수를 매긴다.

트리플 점프(triple jump): 첫 번째 점프를 이용해 두 번째 점프를 깨끗하게 처리한 뒤 세 번째 점프를 하여 언덕 아래에 착지하는 것.

2행정 엔진(two-stroke engine): '링딩(Ring Ding)'이라고도 한다. 크랭크축이 1회전할 대 흡입/압축/폭발/배기의 1 사이클을 완성하는 엔진. 질량출력이 높고, 유지·수선·교체하기 쉽지만, 안타깝게도 4행정 엔진보다 더 많은 오염 물질을 배출한다.

투-트랙(two-track): 투 트랙의 길은 4륜차에 의해 생기며, 모터사이클은 두 트랙 가운데 하나를 골라 주행할 수밖에 없다.

언더스티어(understeer): 코너에서 핸들을 더 많이 꺾어 앞바퀴가 약간 밖으로 미끄러지게 하여 핸들의 꺾임각보다 더 크게 원을 그리면서 선회하는 것

벨로시타이즈드(velocitized): 빠르게 주행한 뒤에는 속도에 둔감해져, 감속하거나 정지하는 데 얼마나 시간이 걸리는지에 대해 과소평가하게 된다. 이것은 고속도로 나들목을 빠져 나오면서 감속하거나 정지해야 할 때 흔히 느낄 수 있다.

와시트 아웃(washed out): 코너에서 앞바퀴가 접지력을 잃어버려, 라이더가 나가떨어지는 것.

휠리(wheelie): 가속하면서 앞바퀴를 들어 올리는 동작으로, 장애물을 넘어서거나 실력을 과시하는 데 사용된다.

위스키 스로틀(whiskey throttle): 갑자기 가속을 하면서도 그에 대비가 되어 있지 않을 경우 라이더의 몸(그리고 오른팔과 손목까지)이 그 가속 때문에 뒤쪽으로 당겨질 수 있으며, 그래서 스로틀을 끌 수 없게 되는 것.

잽(zap): 중간 높이의 언더커트된 바위나 턱을 오르는 데 사용되는 트라이얼 주행 테크닉.